管理科学与工程前沿译丛

Springer

Cloud Computing for Logistics

云计算在物流体系中的应用研究

[德]迈克尔 · 腾 · 霍姆佩尔(Michael ten Hompel)
[德]雅各布 · 瑞霍夫(Jakob Rehof) 主编
[德]奥利弗 · 沃尔夫(Oliver Wolf)
李顺喜 吴超仲 刘冬梅 译

北京理工大学出版社
BEIJING INSTITUTE OF TECHNOLOGY PRESS

图书在版编目（CIP）数据

云计算在物流体系中的应用研究/（德）迈克尔·腾·霍姆佩尔，（德）雅各布·瑞霍夫，（德）奥利弗·沃尔夫主编；李顺喜，吴超仲，刘冬梅译．—北京：北京理工大学出版社，2016.5

（管理科学与工程前沿译丛）

书名原文：Cloud Computing for Logistics

ISBN 978－7－5682－2415－4

Ⅰ．①云…　Ⅱ．①迈…②雅…③奥…④李…⑤吴…⑥刘…　Ⅲ．①计算机网络－应用－物流－研究　Ⅳ．①F253.9

中国版本图书馆 CIP 数据核字（2016）第 123700 号

北京市版权局著作权合同登记号　图字：01－2016－0442

Translation from the English language edition:

Cloud Computing for Logistics

edited by Michael ten Hompel, Jakob Rehof and Oliver Wolf

出版发行／北京理工大学出版社有限责任公司

社　　址／北京市海淀区中关村南大街 5 号

邮　　编／100081

电　　话／（010）68914775（总编室）

（010）82562903（教材售后服务热线）

（010）68948351（其他图书服务热线）

网　　址／http://www.bitpress.com.cn

经　　销／全国各地新华书店

印　　刷／北京通州皇家印刷厂

开　　本／710 毫米×1000 毫米　1/16

印　　张／11.75

字　　数／210 千字

版　　次／2016 年 5 月第 1 版　2016 年 5 月第 1 次印刷

定　　价／64.00 元

责任编辑／封　雪

文案编辑／封　雪

责任校对／周瑞红

责任印制／王美丽

前言

物流目前正处于一个复杂的阶段：全球化不断增强，网络化程度呈几何级数增长，“批量规模”已经成为现实。物流的数据量正在以每10年1000个因素的速度增长。与此同时，物流系统和过程的稳定性正在减弱。因此，关于供应链管理的柔性化的必要性没有任何争议。

当前，云计算正在发挥着“快刀斩乱麻”的作用。作为一个系统环境，云计算拥有潜力去设计特定程度的复杂性，并兼具处理的灵活性，它不仅仅是新的应用或市场，更是关于物流系统颠覆性的设计。云计算还可以提升这些系统控制和组织方面的能力。

弗劳恩霍夫应用研究促进协会的创新集群——“基于云计算的物流”，是一个不平凡的例子，它表明：可以通过物流和信息，为创新驱动发展提供力量。物流商城创造了市场和基础设施，以帮助供应商和用户来测试云计算的可能性。对于其用户，物流商城将确保云计算在物流意识上不仅仅是一个“云”，更是推进物流公司发展的解决方案。

物流无疑是信息技术（IT）最重要和最具创新性的应用行业之一：它已经内化并推进了云计算，因为它很早就意识到了互相连接的便利。然而，正如德国物流协会（BVL）的基础文件《物流和IT的创新驱动企业所在地：德国——物流信息技术的新的领导作用》指出的那样，云计算的潜力远没有被发掘出来。弗劳恩霍夫物料流和物流研究所（IML）和软件及系统技术研究所（ISST）正在应对这些挑战，并捆绑它们的能力用于弗劳恩霍夫创新中心物流和IT（FILIT）的研究。

资助感谢：

北莱茵-威斯特法伦州（德国）科技创新厅（部）

弗劳恩霍夫协会（德国弗劳恩霍夫应用研究促进协会）

迈克尔·滕·霍姆佩尔

雅各布·瑞霍夫

奥利弗·沃尔夫

2014年12月

目录

第 1 章

物流相关的 ERP，WMS，TMS 和 SCM 软件系统和功能概述

安德烈亚斯·纽特斯特，蒂姆·戈本，马库斯·维萨特，
迪特马尔·尔宝，简斯·斯科尔博姆

摘　要：软件系统是当前物流的重要组成部分，包括 ERP（企业资源规划）系统、WMS（仓库管理系统）、TMS（运输管理系统）和 SCM（供应链管理）系统。本章提供了关于这些软件系统定义、典型功能的概述以及当前物流和技术要求的简单介绍。

关键词：物流软件；ERP；WMS；TMS；SCM

1.1　介　　绍

物流分析和物流模型中商品、人员和信息的流通几乎涵盖所有经济系统，并为流通的设计和实现提供建议。因此，研究的重点是基于经济、环境和社会目标对网络和流通进行布局、组织、控制和管理。

物流软件系统在本文中被定义为用来支持物流任务（指软件和数据）的

安德烈亚斯·纽特斯特（✉）
弗劳恩霍夫物料流和物流研究所，多特蒙德，德国
e-mail：andreas. nettstraeter@ iml. fraunhofer. de

系统，它包括在整个物流供应链中的规划和预测工具。它涵盖了从内部物流到物流运输供给的供应链管理的所有物流领域。在这些领域中典型的软件系统有企业资源规划（ERP）系统、仓库管理系统（WMS）、运输管理系统（TMS）和供应链管理（SCM）系统。

ERP，WMS，TMS 和 SCM 之间的整体联系和信息流如图 1 所示。SCM 并不局限于一家公司，还应用于跨国公司之间的供应网络中。ERP 和 WMS，TMS 一样，是公司的基础。SCM 和 ERP 之间的区别变得越来越模糊。现今许多 ERP 都支持多站点并提供跨站点的规划和处理功能，因此可用于供应链管理。

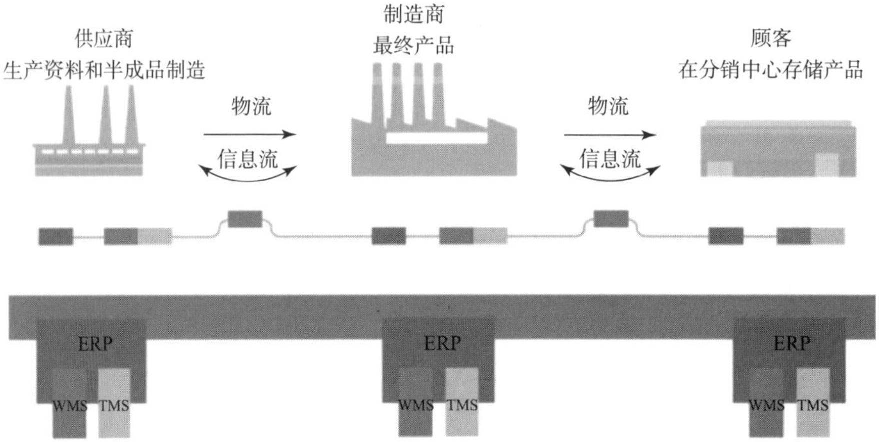

图 1　ERP，WMS，TMS 和 SCM 之间的联系和信息流

1.2　系统的定义

1.2.1　ERP

20 世纪 90 年代，具有多功能的 ERP 主要应用于大型公司的一些部门。小型和中型的公司使用专家决策支持系统来完成资源规划、生产、仓库管理和财务管理。随着硬件和软件成本的降低，完全集成的 ERP 对于中小企业来说不再是可望而不可即。近年来 ERP 获得了越来越多的扩展功能，许多以前分散的专家决策支持系统整合进 ERP。今天，ERP 是一个全面规划、协调和管理全公司任务的工具。其优点在于可以有效利用公司现有的资源（如资金、人力和信息资源）。除了在物流中的应用（如库存管理或部署），ERP 涵盖了一家公司的几乎所有功能，例如财务、会计、管理、制造、研发。现代的 ERP 能够

适应不断变化的业务流程，同时必须采用开放的技术标准以便能转变为灵活的软件解决方案。图 2 显示了典型 ERP 的关键功能和扩展功能。

市场	客户管理	框架合同	供应商评估	订单进度	货物收据	仓库及仓库控制
关键功能	报价和订单管理	物料规划	电子采购	订单和生产能力规划	多站点/多公司	航运
扩展功能	销售	需求规划	采购	生产	仓库管理	批量控制和可追踪性
相关过程测试	研究和开发	质量管理	客户服务	人力资源	财务会计	库存控制
文件管理	文本数据	主要数据	备件	工资	控制	性能指标
运输管控	串行控制	测试计划和检测说明书	回收	人力资源发展	报告	计划和控制

图 2　典型 ERP 的关键功能和扩展功能

ERP 的市场包括超过 200 个供应商，但不是每个供应商都提供了一个自主开发的 ERP。ERP 的市场可以分为以下几类：

①软件开发商：开发和销售自己的产品，并对所有的技术和功能特性负责。

②经销商：作为软件开发商的合作伙伴销售 ERP 给客户。经销商在细分市场中很强劲，而在这个细分市场中软件开发商并不分销和出售自己的 ERP。

③配套的供应商：也与软件开发商致力于通过行业专用模块或功能来扩展软件系统的功能范围。对于用户来说这个所有功能集成的兼容环境是一个很大的便利。

④执行合作伙伴：支持为客户在 ERP 中实施服务。也有软件开发商、经销商和配套供应商同时互为执行合作伙伴。

1.2.2　WMS

20 世纪 70 年代以来，仓库和库存管理方面的软件系统日益被用于支持物流流程。最初，这些系统是用于管理数量（存储或箱）和位置以及它们之间关系的系统[1]。附加的功能可以管理运输工具，因此，WMS 起初作为库存管理系统。

在节省了主要的潜在物流，特别是仓储方面的成本后，WMS 不再只是管理库存的系统，而是具有卓越的优化和管理功能的集成软件系统。

因此，今天的 WMS 具有控制、监测、优化复杂的仓储和分销系统的功能，仅次于管理数量和存储位置或控制以及安排运输方式的基础功能。运用综合的方法和工具来监督系统的状态，是现代仓库管理的功能范围，也是一种精选的业务和优化策略。因此，WMS 的业务是对实地仓储系统的运作和优化。

因为客户不断要求更多功能以实现降低仓库成本的目的，所以 WMS 供应商不断地扩大软件系统功能的范围。其结果是，现在的 WMS 越来越多地提供了一些原本属于 ERP、SCM 和 TMS 的功能，如整个订单的执行，支持所有进程中的接收、发送信息和控制面板。进一步的功能通常越来越多地属于标准的现代 WMS，包括行程和路线的规划、供应商的库存管理以及在多客户端方案案例中的计费和增值服务。这些核心和附加的功能（图 3）靠可选择的子系统（插件）信息的交流与采集（如通过光、声音来控制）或者系统自身来识别产品（如射频识别设备、手持设备）。

最佳日期前的管理	危险材料的管理	资源规划	增值服务	供应商库存管理
关键功能	订单处理	订单释放	主数据	顾客
扩展功能	入库（入境）	存放	仓库控制	序列号
双/多深度的储存	航运（出境）	检索	订单分拣	批号
运输方式	存货盘点	信息系统	库存管理	多客户端能力
回收	叉车控制系统	码头/堆场管理	多仓库功能	空箱和装载设备管理

图 3　典型 WMS 的关键和扩展功能

1.2.3　TMS

之前，以 IT 为基础的 TMS 已经在外部应用，运输相关的物流通常是借助运输和物流服务提供商的软件来进行。为了防止更多的复杂问题出现，路径规划软件被加以应用。就运货商而言，社会物流对部分托运人的外部物流简单的功能要素覆盖在过去的 ERP 中。

20 世纪 90 年代末，由于全球紧密相连的物流链日趋复杂，出于管理这些复杂系统的需要，复杂的运输链得以发展，这些系统被称为 TMS。由这个系统产生的任务包括规划、优化采购和分销结构，考虑到成本或时间的限制，对多式联运运输链或交付运输进行优化、控制和实时监控。通过远程通信业务实现移动单元的整合（运输方式、装卸的辅助装备等）是传递的结果。

TMS 一般具有规划、控制和监测以及优化运输网络和物流链的功能。这些系统的基本功能是对订单的管理、调度、运输规划和优化、跟踪和追踪车队及资源管理，参见图 4。

文件管理	商业智能	多式联运运输链管理	厂区监控	远程信息联系处理环节
关键功能	客户管理	工作流程管理	人力资源管理	路径规划
扩展功能	订单管理	时间安排	运输规划/优化	导航
供应链事件管理	跟踪/追踪	车队和资源管理	运费管理	附件处理管理
报价管理	装载空间规划/优化	交通战略规划	主数据	回收管理
基本协议管理	条件和进料建模	司机工作时间管理	位置管理	访问控制

图 4　典型 TMS 的关键和扩展功能

运输管理系统在市场上已经存在了数年，企业提供的运输管理解决方案可以分为以下几种：

①纯粹的运输管理软件开发商提供自己的产品或结合其他软件元素进行扩展。一方面，专业化的软件解决方案被认定为一个特定的行业；另一方面，它也出现在正在发展的企业中。因此，发展中的企业与供应商一起合作，组成销售伙伴来卖给特定的客户。

②销售合作伙伴更多地以服务为导向，完全集中地关注运输管理。此外，还有一些所谓的经销商不但销售软件还提供咨询服务。这使得该群体可以提供大范围的不同产品——从纯粹的道路上的解决方案到运输方式的结合——分别具有不同的功能。这也是其能变得非常灵活且能提供广泛功能的原因。

③供应商也可以描述为一个上述类型的组合。供应商通常是一些中型或大型的企业，拥有自己的发展规划部门以及运作良好的销售部门。对于 TMS 来说，这个群体是应当关注的焦点，供应商们正在开发和实现直接的软件解决方案，还提供顾客咨询。

另外，大的供应商提供的产品范围和功能范围往往比小企业的更广。而且，这个供应商群体能够进一步开发超过系统界面的软件解决方案，如ERP，WMS，也能够给大客户提供一个完整的方案。直到现在，能提供ERP，WMS，还能提供TMS的企业的数量还是有限的。然而，考虑到目前的扩展情况，一些ERP供应商也在逐渐向TMS发展。在大多数情况下，TMS功能范围的扩大会显著提高整个系统成本。

由于市场上有各种各样的产品，因此无论大小企业都可以找到合适的TMS。

在运输密集型行业中，软件解决方案的应用是十分重要的。在过去的几年中，由于对运输方案的需求，TMS有了很大的发展。这就意味着TMS几乎是不可或缺的。在这方面，用户的目标是趋同的。高效节约资源、成本和优化订单管理，已经逐渐成为终极目标。规格上的差异主要和企业大小及相关范围的订单有关。

TMS供应商的关键能力，涉及规划、优化采购和经济生态的最低成本分销结构。然而，系统在功能范围和技术基础上也存在不同之处。尤其是更大的供应商在系统中会提供更具有战略规划元素的功能。仅有很少的系统提供一些跨行业的功能（如运输成本管理或规划）。

TMS的复杂性在于多种框架结构和限制条件的集成。同时开放的全球运输网络也在显著增加部分TMS开发商的竞争压力，以至于开发商们特别注重不断开发自己的系统。

过去几年的市场发展表明，要专注于发展TMS以满足新的需求。最近发现一个新的趋势是多式联运。即使是复杂的欧洲范围的运输链以及拥有不同运输方式的全球运输链，也都期望着对规划和控制的支持，就像道路运输一样。在这种背景下，多式联运运输和物流链的生态评估扮演着重要的角色。

1.2.4 SCM

SCM涉及组织间的生产和物流网络。供应链的概念在某种程度上是有一定偏差的，因为SCM不仅仅是入厂物流，更是“用来满足客户需求的所有阶段的商业活动”[2]。区别于单一供应或分销链，SCM涵盖所有网络，因此，价值网络的概念是更加合适的。相似地，SCM的组织范围的定义，在实际和科学文献中是不同的。一种观点是，SCM整合了所有物流规划和执行采购、生产以及配送单一厂家的产品的任务；另一种观点在学术论文中极为常见，它认为SCM包括所有的采购、运输、生产和分销活动，即不同企业从原材料供应商跨越到最终客户的网络，其中也包含回收和售后服务。

SCM概念的不同，导致出现各种各样SCM软件的定义。一个极端的立场是，SCM 必须涵盖所有物流规划，在跨企业的生产和物流网络中执行任务。然而，在 SCM 软件市场中，是没有这样的软件解决方案存在的。尽管有一些软件厂商提供整个工作任务的计划和执行的解决方案，但这些系统不能跨企业应用。秉着务实的态度，我们推荐这样一个关于 SCM 的概念，SCM 是对组织内外的物流以及信息流的设计、规划和执行。基于此，我们提出一个任务模型，它包含 IT 技术支持的所有活动，并应用于生产和物流网络的管理（图 5）。这个系统可以更进一步地分为三个主要部分：SCD、SCP、SCE。第一组服务于网络的设计——供应链设计（SCD）涵盖了选址规划等一些事情，其中选址规划包括运输系统设计和仓库大小设计的问题，而这些取决于客户的需求和生产能力。供应链规划（SCP）包括给一个指定的网络规划工作；基于客户的需求，生成整体采购、制造和分销计划。此外，一些 SCP 根据客户和供应商的合作需求和产能规划，提供一些特性。可承诺的功能是在供应链层面上用于到期的客户查询。SCM 功能的最后部分被称为供应链执行。除了供应链项目管理，SCE 的功能和 ERP，TMS，WMS 软件系统的功能有所重叠（图 5）。这种 SCM 工作模型的最初版本是专门为 1998 年到 1999 年 SCM 软件市场的对比研究而开发的，主要修订是在 2003 年。由此产生的 SCM 系统软件的模型包括典型模块和基于国际范围的供应链运作参考模型（SCOR）。

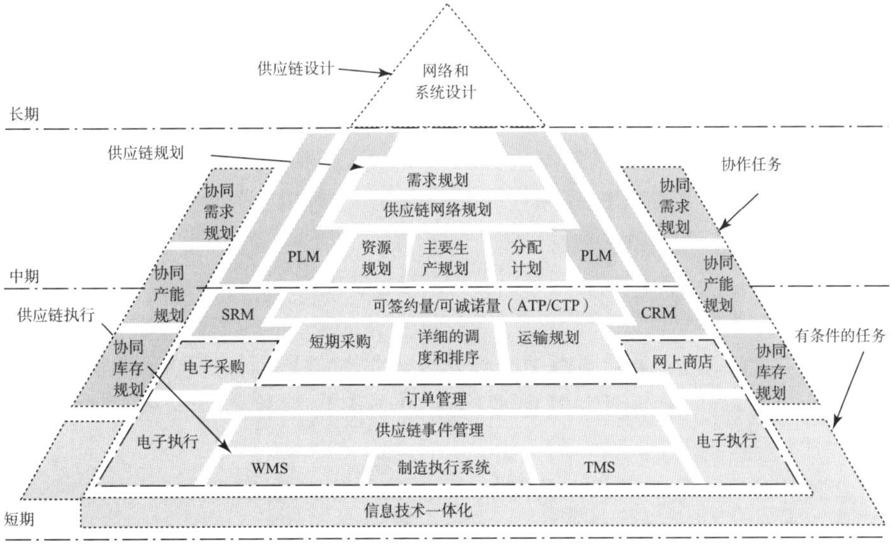

图 5 典型 SCM 的关键功能和扩展功能

1.3 系统的要求

当前物流系统的发展表明，现代信息技术越来越多地被应用到物流的各个领域。只有通过这样的紧密结合，物流的复杂性问题才能够得到处理，现在只有少数物流公司能够在离开 IT 系统的情况下高效运行。软件解决方案和错综复杂的应用领域一样多。然而，无论是从客户的角度还是从软件开发商的角度来看，使用 IT 技术都存在许多困难；还有很多障碍置于用户和供应商之间，从用户和供应商的视角来看，两者对 IT 在物流之中的使用有相反的观点。下一节将会给出一个关于用户对物流软件系统要求的简短概述。此外，许多技术发展的趋势会使它们找到合适的方法融入物流 IT 系统中，这些内容将在 1.3.2 节中涉及。

在 2015 年的 208 个物流软件的用户和软件开发商的调查问卷中，其中有 10 个要求是最为重要的[3]。这些要求被分成了两组，系统特定的物流需求和全球的技术要求。物流方面的要求如下：

1.3.1 物流的要求

①提高规划和控制物流过程中对商品的生产和运输的准时性。这可以通过使用更精确的调度方法和现代的识别系统来实现。

②创造足够强大的物流系统，使其能够在遇到错误或者不可预见的意外事件时继续运作。可能的解决方案是需要一个预期的系统，它要有充足的可测量资源，一体化仿真和替代场景的计算。

③加强不同系统之间的互用性，例如数据及文件之间的交换。这需要紧密结合的开放式或标准化的接口技术。

1.3.2 技术的要求

在未来物流 IT 系统的调查中，技术要求被经常提到，简要说明如下：

①柔韧性：系统必须可以根据将来的变化和新的（目前未知的）要求扩展。

②独特性：常规的要求以及增加的要求可以很容易实现。

③灵活性：软件应直接可用，而不需要长期的执行阶段或额外的 IT 基础设施。

④开放/标准化接口：软件应该使用公共和开放的接口与其他系统进行信息交换，这样可以使其他系统即使没有集成一体化也可以连接。

⑤低成本：资本和运作成本必须最小化。

⑥直观的人机界面：图形化的人机界面应该是一目了然和易于理解的。

⑦可用于移动设备：该软件应该可以通过公司外部的移动设备访问，如智能电话或平板电脑等。

这些要求使得物流软件系统的开发商不得不关注于当今科技发展的趋势，以便可以找到满足这些要求的解决方案。

参考文献

[1] ten Hompel, M., Schmidt, T.: Warehouse Management. Organisation und Steuerung von Lagerund Kommissionier systemen. Springer, Berlin (2008).

[2] Supply Chain Council: SCOR 10.0 Model Reference. Supply Chain Council, Cypress (2010).

[3] ten Hompel, M. (ed.): IT in der Logistik. DVV Media Group, Hamburg (2012).

第 2 章

物流 App 商城——物流云平台

达米安·达尼鲁克，伯纳德·霍尔特坎普

摘　要：所有物流流程的共同特征是：个性定制和客户业务需求的动态变化。云计算使新的商业模式能够为物流客户提供高度个性化的 IT 技术服务，以满足客户需求。本文在对物流特定的云服务要求和关于云计算在物流领域的研究结果进行概述之后，提出了物流 App 商城，它是实现领域内特定云平台的一种途径，该平台可应用于贸易、物流 IT 服务的使用以及物流流程。

关键词：物流 App 商城；云计算；云平台；业务服务流程

2.1　介　　绍

2011 年，全球物流市场的总值约为 9 810 亿欧元[1]。根据 BVL（德国公

达米安·达尼鲁克（✉）
弗劳恩霍夫物料流和物流研究所，多特蒙德，德国
e-mail：Damian. Daniluk@ iml. fraunhofer. de
伯纳德·霍尔特坎普
弗劳恩霍夫软件及系统技术研究所，多特蒙德，德国
e-mail：Bernhard. Holtkamp@ isst. fraunhofer. de

迈克尔·腾·霍姆佩尔等，物流云计算，物流课堂讲义，DOI 10. 1007/978 – 3 – 319 – 13404 – 8_ 2

认的物流机构）介绍，在 2014 年德国的物流行业是其经济排名第三的行业，它的市场容量约为 2 350 亿欧元并提供了 290 万人的劳动力。作为典型的物流领域的代表，德国物流市场的特点是：让能力和竞争力较弱的中小型企业来利用自己的 IT 资源。

贸易和工业要同时考虑把物流作为成本因素和竞争力因素。因此，外包和合同物流受益于规模效应和协同效应成为了一个越来越明显的趋势。这种方式的物流服务市场已经从传统运输—转船—仓库服务，发展为一个专业物流服务商在日益增长的市场中提供的更个性化的服务。还有一个趋势是服务变得日益复杂，电子商务行业的发展是其原因之一。在德国，网购导致每年超过 1 亿个额外的包裹。每个包裹都是单独有序的，一经需求就选择、包装、运输、分配和交付。与此同时，邮递物品的数量呈指数级增长。这意味着现如今物流服务提供商的客户需要个性化的物流服务，包括：

①灵活和广泛的服务范围。

②个人物流流程和增值服务。

③透明的成本和性能。

④短期合同。

显然对许多物流服务提供商而言，这些要求增加了以下问题：

①对于 IT 的扩张通常缺乏足够的投资基金（或投资意向）。

②运营必要的 IT 基础设施通常缺乏专业技能。

③开发新的 IT 组件并将其集成到现有的 IT 领域是很耗时的。

很多物流公司既没有足够的 IT 技术和能力，也没有减小资本需求和物流现状之间的差距。此外，立法改革也越来越多地给物流部门带来了压力，而且，街道运费和电子通关的需要意味着新的 IT 服务的应用，如控制驾驶和休息时间。这同样适用于跟踪技术的引进、货物的连续状态监测和追踪。

在这种情况下，云计算是一项面临着重要挑战的新型科技。文章余下内容结构如下：本节讨论了物流应用程序（App）领域特定云服务的要求；第 2. 2 节总结了德国弗劳恩霍夫研究所对云计算在物流领域的接受情况的研究结果；第 2. 3 节概述了物流应用服务平台的发展；最后在文章结尾做出总结并对未来工作进行了展望。

2. 2　物流领域的云计算

云计算被认为是一个在所有应用程序（App）领域都会影响信息技术使用的大趋势。福雷斯特预计，到 2020 年，全球云计算市场将从 2011 年的 407 亿美元增长到超过2 410亿美元，公共云市场的总规模也将从2011年的255亿美元增长到1 593亿美元[2]。

我们通常采用NIST[3]的工作定义，将云计算定义为“用于启用方便，按需网络访问共享的可配置的计算资源（如网络、服务器、存储、应用程序和服务）的公共集”，这些资源可以被迅速提供并发布，同时最小化管理成本和服务提供商的干涉。这个云模型增强了可用性，并由五个基本特征、三个服务模型和四个部署模型组成。它的基本特征是按需自助服务消费者、广泛的网络访问、资源池使用多租户模型服务多个使用者、服务提供快速弹性的资源和计量能力。所确定的服务交付模型是：软件即服务（SasS），消费者可在云基础设施上运行供应商提供的应用程序；平台即服务（PasS），消费者可以在云基础设施上使用提供商的工具和平台；基础设施即服务（IaaS），消费者可以在云基础设施上运行任意软件。

最近，大型IT公司已经投资了数百万美元在云技术的发展和商业云服务的供应上。跨度从IaaS解决方案如亚马逊的弹性计算云[4]，到PasS提供像微软Windows Azure（微软基于云计算的操作系统）[5]和SaaS提供的Salesforce CRM[6]。它们的共同特点即为它们的一般性质：它们都应用在广泛的使用场景，但不提供业务相关的功能，此类云提供被称为“水平云”。在未来云计算[7]的报告中，欧洲专家小组认为应用程序（App）领域特定的云服务供应，也被称为“垂直云”，是一个重要的商业机会。德国卓越集群效率集群物流——鲁尔公司（www. effizienzcluster. de）赞同这一观点，并宣布开发一个特定领域的物流云作为战略目标。

2. 2. 1　物流云服务的要求

物流应用程序（App）通常有被行业需求所隐含的特定的特征。将物流应用程序转移到云端，这些特征会被认为是为了提供一个适当的、替代现有的、可定制的软件解决方案。物流背景下特定的云服务的基本要求包括：

①客户特定的外围设备的集成。

②实现物流软件的短时响应。

③确保数据的安全性和透明性。

④及时以低成本实现高效定制的业务流程。

许多这样的需求本质上不仅仅是技术上的要求，也是对云计算技术要求的进一步审视。

用于内部物流的典型的软件系统包括仓库管理系统（WMS）。除了数量的管理、确定仓位地址和运输订单等基本功能外，仓库管理系统还包括广泛的控制系统结构和各种操作的实现和优化策略。界面上带有 WMS 的典型外围设备包括[8]：

①叉车和手持终端：这些组件是无线电脑的移动应用程序（App），如叉车或手动操作。它们用于数据的实时和简单收集，例如作为挑选的产品。

②条形码阅读器（红外扫描仪）和读写应答器（RFID 扫描仪）：将它们连接到扫描仪（如 USB）或无线电脑上，WMS 会处理捕获的数据。

③（标签）打印机：在 WMS 的背景下，打印机服务是指货物收据文档的创建、选择列表或商品问题。特殊标签打印机可以编写附加在转发托盘上的胶粘标签。

2.2.2 实现短时响应

在物流的应用程序中，遵守软件响应时间的上限是非常重要的。例如，如果花太多的时间来更新挑选高性能用户对话的应用程序，员工就无法继续他的工作（如扫描产品），这阻碍了他的日常工作，导致生产力下降。为了防止这样的事情发生，云应用程序应该有更高性能，如应用程序对用户输入的响应时间必须尽可能短，避免影响用户效率。特别是使用云计算可能不会导致前端用户性能的明显下降。

实时地控制物流系统是一个特别的挑战，其中，连续输送机系统符合了响应时间小于 10 ms 的标准。这只能通过物质流动现场控制来实现，可加上云计算中短时间关键型应用程序。另外，自主设计输送机模块逐渐允许实时操作的解耦，导致了云和物质流控制的直接结合。

1. 信息和数据安全

信息和物质流动在物流领域已经达到了非常高水平的复杂度。一方面是所涉及实体（供应商、客户、运输工具、机械、商品、IT 系统等）的多样性；另一方面是多个相关实体之间的依赖关系。物流负责材料的规划、控制、优化和外部信息流动。作为企业合作的一部分，越来越多的短期合作形成，这取决于公司的核心竞争力。这种发展的趋势日益明显。

如果没有现代的 IT、无线数据传输和移动设备，今天的物流是难以想象的。权力分散和网络在物流领域发挥着越来越重要的作用，这种发展导致对现有安全概念有了新的需求，特别是在物流领域，物流服务提供商的客户有合法的、巨大的利益来保护自身的数据（例如生产力、销售数据和主数据）。此外，使用移动设备（GPS、远程信息处理、RFID 阅读器、个人电脑、智能手机和笔记本电脑）在物流行业是普遍的现象。重要的是要开发在云计算中安全使用移动硬件的概念。

2. 个人业务流程、时间和成本的实现

时间因素在很多方面阻碍 IT 物流方案的灵活性和创新性。如今物流系统的实现时间与使用时间成比例。因此，商业模式和策略在工业和商业领域典型的生命周期是 2 ~3 年。物流行业适当的建模业务流程经常有 6 ~10 个月的实现时间。如果另外有一个新的、高效的 IT 解决方案提供所需的物流服务，那么将实现周期延伸平均 12 ~24 个月。这种战略投资的操作时间平均是 3 ~5 年。这段时间后，一般会因为新的或变更的需求而对 IT 解决方案进行调整，导致计划、实现费用和使用时间之间出现问题[9]。

IT 组件可以缓解这一问题，它可以通过动态组合简单而快速地适应新的需求来支持更复杂的过程。对于云计算基础设施，这意味着它必须有支持松散耦合形式的自治的 IT 服务功能。在编排 IT 服务的基础上[9]可以建立一个完整的业务流程。

2.2.3 云计算物流的认可度

在本书中，多特蒙德的弗劳恩霍夫物料流和物流研究所对云计算在物流领域的接受程度进行了分析[9]。在这个分析中，采访了物流服务、商业和工业不同领域的物流 IT 服务的提供商和潜在用户。目的是找出基于物流和 IT 人员考虑条件下使用关键物流应用的云计算方法，如仓库管理系统。

研究结果不言自明：云物流解决方案的被接受程度是非常高的。今天绝大多数（56%）的企业领导人已经可以想象到租用和运行物流软件外部服务器。这表明市场对互联网和物流软件的使用是开放的，并且这种形式的软件分销具有巨大潜力。

2.3 物流 App 商城

2.3.1 前景

一个过程必须适应每一个新的或变更的要求，因此，底层的 IT 基础设施也要适应这些经常变化的需求。

现如今典型的物流流程在异构 IT 环境中运行。这些系统大多是标准软件，像 SAP（企业管理系列软件）、Oracle（全球大型数据库软件公司）或更专业的物流软件系统，如仓库管理系统或生产计划系统（PPS）。所有这些系统不能完全满足物流客户的要求：合同持续时间短，按次计费和个人 IT 服务供应。标准软件的大部分功能是很少使用或者不使用的，但由于整体架构必须付费；

定制软件投入太高，但高成本和高风险能够适应新的或变更的需求，然而适应性的改变并不会增强解决方案的灵活性。

引入云计算在互联网上提供不同的 IT 服务是一种新的机会。这个 IT 范例的概念是抽象的底层软件和硬件。在此基础上，用户不必对正在使用的物理硬件和软件进行管理和操作。另外一个优势就是，软件每次使用可以按需获取和支付[10]。

在云概念里提供服务包括三个不同的利益相关者：运营商的云计算环境（CCE）负责管理；供应商提供应用程序（App）或 IT 服务；客户购买和使用服务[11]。

鉴于动态的变化需求，只要物流客户需要，云计算就会给他们提供租用 IT 服务的机会。此外，使用 CCE 提供服务，能够使客户和物流服务提供商通过外包 IT 基础设施把关键业务集中到云计算上。客户和物流服务提供商都不需要建立和管理一个内部的 IT 基础设施，只需要连接到互联网与云交互。此外，按次计费对客户又是另一个优势。对云计算提供者也是一个新机会，通过连接他们的产品与其他独立提供服务的提供商来获得更大的市场相关性和设计新的报价（根据口号“系统集成将会超过各部分相加之和”）[12,13]。

2.3.2　概念

云计算的主要思想——“一切皆服务”——会从根本上适应并完成物流业务流程，此流程通过使用在浏览器中执行的合适的工具，连接起单个的 IT 服务来设计，因此，为物流客户提供一个单独处理自己进程的机会，一个适当的流程建模方法是必要的。这个服务交付模型被定义为业务流程服务（BPaaS）。用 BPaaS 缩写命名模型对把现有流程的总体想法外包到云计算上有重要意义[14]。在这里，更具体地说，这种模式的特征是建模和过程执行都是云平台的一部分。这个想法是物流 App 商城的基础，而弗劳恩霍夫创新集群“物流云计算”的发展[15]。集中建模和执行流程，构建出了使用一个云平台就可以提供多个服务的 IT 服务。今天的大部分可用的方法过于复杂而不能被使用小软件工程技能的物流客户使用。一方面，物流 App 商城的愿景是创建一个可以自动执行部署提供业务流程的方法；另一方面，在技术细节上，后勤人员不得超负荷。

物流 App 商城和 BPaaS 提议的主要思想在图 1 和图 2 中可以看出。今天，整体软件解决方案被取而代之的是小而专的 IT 服务，物流师可以结合优越的服务，支持个人业务流程。

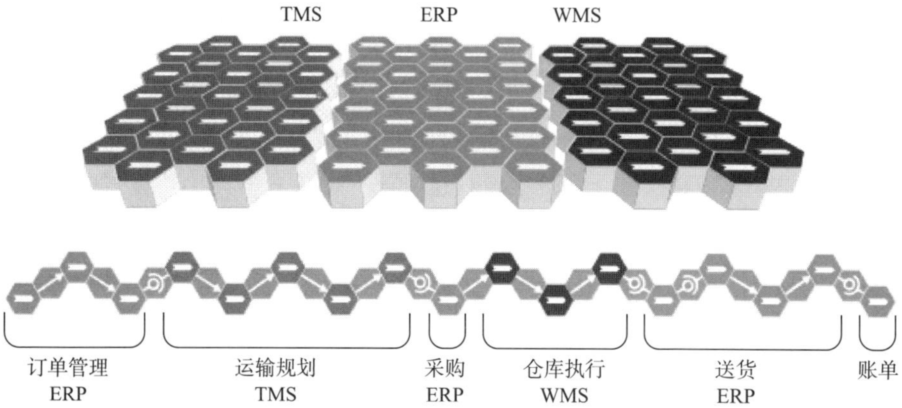

图 1　现代整体软件解决方案和业务流程中的交互

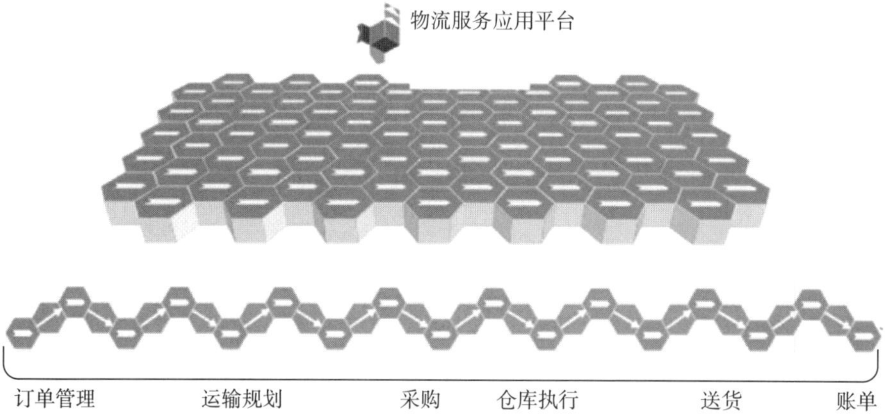

图 2　物流 App 商城个人物流业务流程

除了 BPaaS 解决方案，物流 App 商城也能够作为软件即服务（SaaS）云模型来提供典型的 IT 服务。主要原因是使尽可能多的软件提供商提供支持广泛物流流程的 IT 服务。结合 BPaaS 技术的 IT 服务，其需求远高于只由 ASP（应用服务提供）的 SaaS 提供的 IT 服务。原因是 BPaaS 要求 IT 服务使用相同的业务对象数据模型，以便在建模进程的上下文中，不同服务提供商的 IT 服务对他们之间的数据交流有共同的理解。它详细描述了这个数据模型和证实它如何支持物流业务流程，减少了 IT 业务缺口[16]。此外，BPaaS 上下文的 IT 服务应该有一个外观和感觉一致的 GUI（图形用户界面）用来支持业务流程。这迫切要求服务提供商在他们现有的物流 App 商城上对 IT 服务进行广泛修改。相比之下，供应商需要做的只是在物流 App 商城上轻微地修改他们基于 Web 的服务，以便提供 SaaS 产品（比照 3.4 节）。

物流 App 商城概念（图 3）的一部分是开发人员可以提供和运营云服务。一个目标群体是有集成商业功能的公司。作为物流过程设计师，他们把兼容的用于 BPaaS 上下文中的 IT 服务，结合为支持完整物流业务流程的更广泛的 IT 解决方案。另一个群体是物流客户，他们通过物流 App 商城提供的 IT 解决方案下订单和消费。

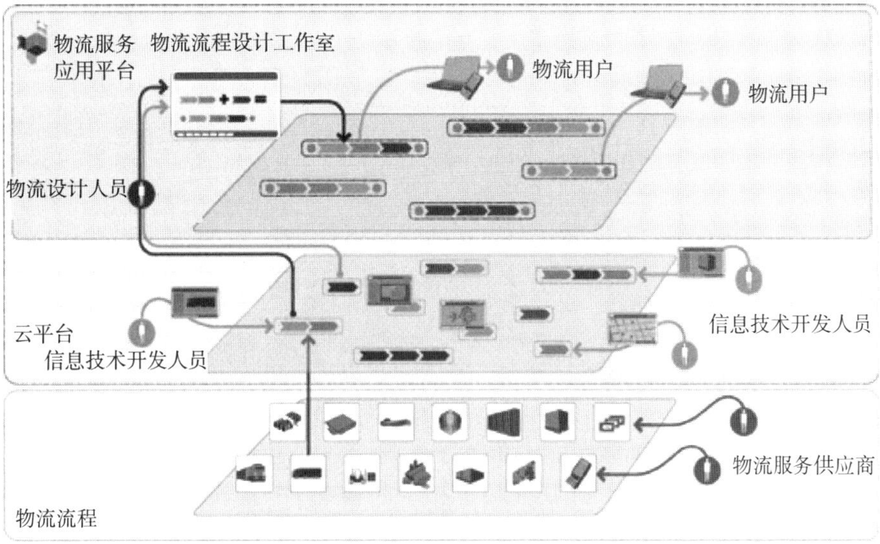

图 3　物流 App 商城的概念和利益相关者

概念上物流 App 商城还支持物理服务的集成。这样的服务可以通过物流服务提供商提供物流 App 商城。这种例子包括运输服务——把货物从源头运输到目的地。

总的来说，物流 App 商城是一个全面、规范的集成的平台，它为 IT 开发人员提供 PaaS，为物流客户提供 SaaS/BPaaS。物流 App 商城背后的使用模型可用在公共云和私有云的操作上。物流 App 商城的商业运作是面向公众的。

物流 App 商城的设计基于两大支柱：第一个支柱是前端的购物商场市场（MMP）。MMP 为可供应产品提供了一个公开可用的在线商店；第二个支柱是一个平台，它允许物流客户在 MMP 上租用后操作和使用 IT 解决方案。在 MMP 订购产品后会提供所谓的自定义访问框架（CAF）。

2.3.3　物流 App 商城的组件

下面的部分将从功能的角度介绍物流 App 商城的一些基本要素及物流 App

商城的构架综述[17]。

1. 用户管理

在物流 App 商城，用户管理作为一个跨组件，用于 MMP 和 CAF 的实现。物流 App 商城的每一个用户账户分配给一个明确的公司，在物流 App 商城中称为客户端。客户端区分为三种类型，即运营商、供应商和客户。运营商有一个完整的物流 App 商城入口，通过它，运营商可以访问所有必要的管理模块；供应商和客户要通过注册进入物流 App 商城。在这个过程中，每个公司都被分配一个特有的客户端数字。MMP 的登录除了用户名和密码外，还需要独特的客户号码。对于 CAF 的登录，客户端数字是没有必要的，因为 CAF 提供特定访问并通过一个独特的 ULR 分配给客户端。

物流 App 商城的用户管理允许客户端创建其公司的任意其他用户并将权限分配给每一个账户。MMP 和 CAF 的权限与功能相关，例如，用户类型的客户端，在完整的功能范围内，有所有可能的权限访问 MMP 和 CAF，使用所有可用的功能，并租用 IT 服务。

通过角色对用户权限进行分配。每个角色共有一组权限。一方面是在物流 App 商城的用户管理中创建角色，然后应用到 MMP 和 CAF 的功能中；另一方面是客户通过租用的 IT 服务输出角色，并应用到特定的 IT 服务权限中。用户信息和登录客户端的角色可以通过 IT 服务使用特定的物流 App 商城接口被请求。这个概念称为实现整个物流 App 商城的单点登录。用户只需要登录一次，便可以使用用户账户权限允许的所有功能和 IT 服务。

因此，将用户管理深植于物流 App 商城的基础设施是一个中心元素，它简化了物流 App 商城的可用性，降低了组织的成本。

2. 产品管理

为了在物流 App 商城上捕捉新的 IT 服务，对话框向导可以从 IT 服务提供者处以结构化的形式查询所有必要的产品信息。注册供应商可以访问 MMP 的向导。第一步是查询一般的产品信息，如产品名称、版本、分类和文本、标志和描述产品的广告传单；第二步是完成产品核算类型的规范。核算类型分为三种：一次性成本、固定费率成本（在定期经常性成本）和支持付费使用核算的基于事务的成本。事务可以被视为明显可识别的事件，由 IT 服务使用一个给定的物流 App 商城日志接口记录。通过分析这些日志，基于事务的账单是可能实现的。这三个核算类型的组合称为定价模型。定价模型可以分配给产品本身或任何相关的单独产品选项。规范相关的产品选择和定价模型是对话框向导的第三步。客户要求与产品选项描述附加服务相同的产品。这些附加服务，例如功能性产品外接程序，可以聚合为所谓的产品选项组。此外，它可以指定是否从选项组中只选择一个或几个作为排序过程的一部分。第四步是合同产品的设计和核算信息查询。这些细节包括最低合同期和取消期。第五步是产品的预览。供应商可以看到其产品将出现在公众 MMP 的产品目录中。物流 App 商城需要运营商在 MMP 的产品目录出现之前认证和发布产品，并且可以被客户租用。

一般来说，物流 App 商城的产品管理提供了一个全面的工具，通过 IT 服务供应商单独描述产品及其相关的核算类型。

3. 物流流程设计师

物流流程设计师（LPD）是物流 App 商城的核心，允许 IT 解决方案的建模，支持物流师的个人业务流程。为准备业务，LPD 支持的建模方法具有以下特点：

①LPD 可以被没有详细的 IT 知识的物流专家使用。

②过程中只包含可用的 IT 服务。建模一个任意的流程，仅仅关注它能不能被 IT 服务带动是不切实际的。

③LPD 支持在其建模过程不同的 IT 服务和 CCE 功能粒度。迫使 IT 服务供应商实现指定的、固定粒度服务，限制了 IT 服务的区别，阻碍范围广、多样化的 IT 服务覆盖的所有顾客的功能要求的增加。

④内部的 IT 服务建模的物流流程是可交换的。

⑤在 IT 系统不在云平台中运行的前提下，可以通过特定的接口集成到建模。这样，客户有机会逐步迁移到云平台中，仍然使用现有的 IT 系统，并通过云平台提供的 IT 服务进行连接。文献［18］详细讨论描述了 LPD 的方法。

4. 报告

物流 App 商城的每个客户端会访问特定文件区域。可调、定期报告的存储包含不同的动态数据：

①门票：使用物流 App 商城帮助台发送的关于门票的统计数据。

②硬件利用率：CAF 中 IT 服务操作的 CPU 利用时间和内存利用率细节。

③汇报：记录 CAF 中 IT 服务事务数据以便付费时核算。

报告是为不同客户端运营商、供应商和客户而专门定制的。例如，终端客户的交易报告包含每个租用产品的事务日志的数量。对供应商来说，报告包含了每个产品和每一个客户事务的数量。

物流 App 商城的报表组件允许客户端跟踪生产中与业务和核算相关的数据。

5. 帮助台

物流 App 商城包含一个集成的票务系统，支持请求处理。物流 App 商城中面向最终用户的一级支持已被运营商实行。运营商展现了客户直接支持的第一个请求实例。如果运营商由于对 App 的了解不够深入，而遇到不能处理的问题，将请求转发给应用程序的提供者。供应商因此需要二级支持，可以使用物流 App 商城集成的票务系统回复客户的请求。

由于票务系统属于物流 App 商城的基础设施，用户可以从 MMP 和 CAF 进行访问。这为讨论和解决客户的问题提供了一个平台。

2.3.4 App 集成接口

在物流 App 商城，提供 App 接口就是提供应用程序集成，并且必须由提供者实现。App 集成在很大程度上是基于 Web 服务接口提供的，这将确保接口可以通过几乎所有的现代编程语言。随后物流 App 商城的主要接口被简单描述。这些都是与软件即服务（SaaS）云模型相关的典型的 IT 服务。下面介绍用于物流 BPaaS 商城背景下的 IT 服务接口[19]：

①IT 服务 GUI 集成：提供了两个不同的接口。支持已经支持 Web 的 App。在所谓的内联框架的帮助下提供了一个简单的集成。它们允许包含 IT 服务 GUI 的浏览器窗口显示为另一个浏览器窗口的组件。此外，通过应用程序 GUI 可以集成技术。

②基于事务的核算：为每个 App 实现核算相关业务事务查询产品管理向导。在操作 App 通过一个接口报告其交易物流 App 商城期间，事务被记录为核算目的。

③连接外部外设：在物流环境中，典型的可靠连接外围设备是物流 App 商城提供的一个特殊的接口。这个接口允许 App 建立一个到外围的安全连接。

④文件存储：App 经常写日志文件、报告或使用一个共享的文件交换数据。这些文件也必须存储在类似物流 App 商城的云环境中。出于这个原因，物流 App 商城提供了一个接口，通过它 IT 服务可以读、写和删除存储在云中的文件和文件夹。

⑤错误处理：因为 App 和服务不在本地或公司内部基础设施中运行，所以报告错误变得尤为重要。物流 App 商城集成错误处理为票务系统提供了一个接口。使用这个接口，IT 服务可以使用 Web 服务或报告错误发送一个简单的电子邮件到票务系统。这两种情况下的错误处理是与票务工作流集成相关的。

⑥用户和角色管理：从物流 App 商城提供服务和 App 的关键需求只需要一次性的身份验证，用户不必重复登录就可以调用所有相关的服务和 App（单点登录）。因此物流 App 商城提供了一个 IT 服务接口，可以使用它查询用户和

角色信息。

2.4 结 论

物流 App 商城旨在为市场提供基于云访问和执行环境的物流服务和业务流程。当前物流 App 商城，可通过访问 www. logistics-mall. com 为公众提供 SaaS 交付模型的 IT 服务。

在下一步中，结合 BPaaS 交付模型下的物流 IT 服务和物理物流活动，将会向工作流的设计和执行方向扩展。关于流程执行概念实现的证据，是在参考情景形式中被现实的。这个参考场景包括在内部物流领域中仓库内不同类型的业务流程的执行。活动范围包括进货、存储、运输和出库。通常用于物流外围设备的集成实现的部分，如标签打印机和手持扫描仪，用 LPD 建模和其设计方法也通过参考场景进行了证明和验证。迄今为止的结果表明提出的方法可行，这意味着提出的概念是适用于工业的。

参考文献

[1] Doll, A., Friebel, D., Rückriegel, M., Schwarzmüller, C.: Global Logistics Markets. http://www. rolandberger. at/media/pdf/Roland _ Berger _ Studie _ Global _ Logistics _ Markets_ fin_ 20140820. pdf (2014). Accessed 24 Nov 2014.

[2] Forrester Research: Sizing the cloud-a BT Futures Report. Understanding and Quantifying the Future of Cloud Computing. http://www. forrester. com/Sizing + The + Cloud/fulltext/-/E-RES58161 (2011). Accessed08April2013.

[3] Mell, P., Grance, T.: The NIST Definition of Cloud Computing. Working Paper National Institute of Standards and Technology. http://www. nist. gov/itl/cloud/upload/cloud-def-v15. pdf (2009). Accessed 08 April 2013.

[4] Amazon Elastic Compute Cloud (Amazon EC2). http://aws. amazon. com/ec2/ (2013). Accessed 08 April 2013.

[5] Microsoft Windows Azure. http://www. microsoft. com/windowsazure (2013). Accessed 08 April 2013.

[6] Sales Force CRM. http://www. salesforce. com (2013). Accessed 08 April 2013.

[7] Jeffrey, K., Neidecker-Lutz, B. (eds.): The future of Cloud Computing-Opportunities for European Cloud Computing beyond 2010. Expert group report, European Commission, DG INFSO (2010).

[8] ten Hompel, M., Schmidt, T.: Warehouse Management: Automation and Organisation of

Warehouse and Order Picking Systems. Springer, NewYork (2007).
[9] Meinhardt, M. B., Rahn, J.: Empirical Qualitative Analysis of The Current Market Situationin the Context of Cloud Computing for Logistics. In: ten Hompel, M., Rehof, J., Wolf, O. (eds.) Cloud Computing for Logistics, Lecture Notesin Logistics, Springer (2015).
[10] Schuldt, A., Hribernik, K. A., Gehrke, J. D., Thoben, K. D., Herzog, O.: Cloud Computing for Autonomous Control in Logistics. In: Fähnrich, K. P., Franczyk, B. (eds.) 40th Annual Conference of the German Society for Computer Science (GI2010), LNI175, Gesellschaftfür Informatik, pp. 305 – 310. Leipzig, Germany, 27Sept-1Oct (2010).
[11] Kaisler, S., Money, W. H.: Service Migration in a Cloud Architecture. In: 44th Hawaii International Conference on System Sciences (2011).
[12] Goyal, P., Mikkilineni, R.: Policy-based Event-Driven Services-Oriented Architecture for Cloud Services Operation and Management. In: IEEE International Conferenceon Cloud Computing (2011).
[13] Scholz-Reiter, B., Rippel, D., Sowade, S.: Limitationsin Modeling Autonomous Logistic Processes-Challenges and Solutions in Business Process Modeling. In: IEEE International Symposiumon Assembly and Manufacturing (ISAM), pp. 1 – 6, 25 – 27 (2011).
[14] Bentounsi, M., Benbernou, S., Atallah, M. J.: Privacy-Preserving Business Process Outsourcing. In: IEEE 19th International Conference on Web Services (2012).
[15] Fraunhofer Innovation Cluster "Cloud Computing for Logistics". http://www.ccl.fraunhofer.de/en.html (2013). Accessed 08 April 2013.
[16] Böhmer, M., Schmidt, M., Weißenberg, N.: Seamless Interoper Ability in Logistics: Narrowing the Business-It Gap by Logistics Business Objects. In: ten Hompel, M., Rehof, J., Wolf, O. (eds.) Cloud Computing for Logistics, Lecture Notesin Logistics, Springer (2015).
[17] Holtkamp, B.: The Logistics Mall—An It-Architecture for Logistisc-as-a-Product. In: ten Hompel, M., Rehof, J., Wolf, O. (eds.) Cloud Computing for Logistics, Lecture Notesin Logistics, Springer (2015).
[18] Bochon, I., Ivens, V., Nagel, R.: Challenges of Cloud Business Process Management. In: ten Hompel, M., Rehof, J., Wolf, O. (eds.) Cloud Computing for Logistics, Lecture Notesin Logistics, Springer (2015).
[19] Eggemann, J., Leveling, J., Weiß, N.: Business Apps Meet the Challenge of Covering Continually Changing Logistics Requirements. In: ten Hompel, M., Rehof, J., Wolf, O. (eds.) Cloud Computing for Logistics, Lecture Notesin Logistics, Springer (2015).

第 3 章

运用实例定性分析物流云计算市场

玛仁·毕安卡·沃尔夫，琼纳斯·拉恩

摘 要：为了确定市场参与者对物流云计算市场的看法、需求和要求，德国弗劳恩霍夫物料流和物流研究所（Fraunhofer IML）对物流、IT 技术的用户和供应商进行了市场实证分析，运用定性访谈深入研究了这个概念（物流云计算市场，译者注）的潜力及面临的障碍。根据此市场分析结果可得出关于物流和 IT 行业未来发展的结论。

3.1 介 绍

云计算现在已经成为现实。经历最初的风波和出于谨慎的考虑后，该技术

玛仁·毕安卡·沃尔夫（✉）和琼纳斯·拉恩
弗劳恩霍夫物料流和物流研究所，多特蒙德，德国
e-mail：Maren. wolf@ iml. fraunhofer. de
琼纳斯·拉恩 e-mail：Jonas. Rahn@ iml. fraunhofer. de

迈克尔·腾·霍姆佩尔等，物流云计算，物流课堂讲义，DOI 10. 1007/978 – 3 – 319 – 13404 – 8_ 3

已能够在市场上站住脚跟，并且如今已被广泛使用。业内各界已经认识到分布式计算的优势，并把它用在各自的业务领域中。相关数据清晰表明，过去几年快速增长的预算让我们感受到了由技术带来的根本性变化——云计算如同一场颠覆性创新，已经永久性地塑造和改变了 IT 市场①。类似物流这样需求波动很大的商业领域，将会从云端灵活分布的资源中获益。

3.2 新 标 准

如今在很多地方使用云计算已经被视为理所当然的事，不需要进一步地讨论。而几年前云计算还被认为是未来的趋势。尽管它是引起激烈讨论的原因，但几乎从未被认为会与公司政策相关。这点显然已经改变：根据联邦信息技术协会、电信公司和新媒体（BITKOM）显示，云计算在 2013 年已经第四次被选为信息和电信行业的热门话题②。弗雷斯特市场研究公司（Forrester Research）预计，2013 年会有几乎半数的北美和欧洲公司将制定预算投资于私有云，许多软件开发经理也计划使用云应用③。

3.3 现 状

据德国研究咨询公司（Experton Group）估计，“2013 年德国公司将在云上面投入大约 5% 的 IT 成本”④，相当于在 2012 年的投资基础上增长了 52% 左右。2013 年，在业务云的“云服务、云集成、咨询以及云技术”上的商业投资总额将达到近 46 亿欧元。预计在 2014 年还会增长 50% 左右，这意味着总投资额会达到 69 亿欧元⑤。

根据其他的预测分析，德国的云计算市场将同前一年那样保持发展，在

① 普吕泽尔[21]

② 2010 年，45% 被调查的信息、通信和技术（ICT）公司表示，云计算是最重要的 IT 技术趋势。2011 年为 62%，2012 年为 66%，2013 为 59%。详见德国信息技术、通信、新媒体协会（BITKOM）出版于 2010 年 1 月 13 日、2011 年 1 月 18 日、2013 年 1 月 16 日的新闻稿。

③ 斯塔藤[22]。

④ Experton Group 2013：亚纳塔和费尔藤：当前德国云计算市场的市场数据——5% 遭遇壁垒[13]。

⑤ 拜耳[1]。

2013 年增长 47%（业务云和消费云总和），数额达到 78 亿欧元（2012 年为 53 亿欧元）。同时预测第二年会持续增长 30% ~40%①。德国的云市场销售额预计将在 2016 年达到 201 亿欧元。该结论来自高科技协会 BITKOM 基于 Experton Group 针对当前预测的一份报告。

欧盟委员会（European Commission）发表声明称，它们的新策略是利用云计算促使欧盟国内生产总值 2020 年前每年增长 1 600 亿欧元②。根据德国信息技术、通信、新媒体协会（BITKOM）和国际数据公司（IDC）估计，如果法律体制现代化，宽带基础设施完善化，则每年增加的国内生产总值可高达 2 500 亿欧元③，同时还将创造 380 万个就业岗位。而缺少政策支持的云计算对于欧盟国内生产总值的推动则可能低至 880 亿欧元④。

3.4　采用云计算

采用云计算的公司数量也在过去的几年里发生了很大变化：2011 年，只有 28% 的受访公司对云计算态度开放并感兴趣，2012 年该比例上升到 35%。那些态度犹豫不决的公司数有所下降，这表明企业改进了信息政策，因此其不确定性逐渐减弱。所有关于这个话题的讨论显然都能够帮助决策者做出决定，那些态度犹豫不决的公司数也从 33% 减少到 20%⑤。

公司的规模影响其对云计算技术的开放程度，55% 拥有超过 2 000 名员工的公司态度比较开放，而规模较小的公司显然更为保守⑥。

3.5　云计算在行动

2011 年，28% 的德国公司已经在使用至少一种形式的云计算（另有 22% 的公司计划实施或商议实施），2012 年该比例上升至 37%（计划中的公司比例

---

① BITKOM 于 2013 年 3 月 6 日发布新闻稿（Experton Group 的当前预测）：云计算销售额上升达 80 亿欧元[2]。

② 欧洲委员会[5]。

③ 肯普夫[14]。

④ 国际数据公司（IDC）：定量评估欧洲云计算的市场需求和提升可能面临的障碍，第 9 页[12]。

⑤ 毕马威股份公司，BITKOM & PAC：云监控 2013，第 7 页[17]。

⑥ 同⑥，第 8 页。

上升到29%）。来自信息、电信和金融行业的公司最乐于使用云计算技术。紧随其后的是来自运输和物流、化工医药、汽车工程、机械和设备工程以及商务行业的公司。

许多公司对云计算态度变得积极的部分原因在于，IT技术管理成本降低，执行新的应用程序和解决方案花费的时间变短，IT服务的可扩展性很强，更强的机动性和地理分布式访问IT资源，IT技术成本降低，组织柔性化增强，性能和可用性提升，创新能力更高。此外，挖掘新客户群体和节约成本（硬件和员工）也发挥了重要作用。现在的主要难题不再是数据保护而是数据丢失。其他已明确的风险还有逐渐贬值的先进信息技术和不甚明朗的法律形势①。

3.6　公众的认知

公众对云计算仍存在疑虑：根据CSC——全球IT服务供应商最近的一项研究表明，70%的德国人担心他们的云数据。他们主要担心自己在其他国家留下的个人数据和随之可能发生的失控。他们也不相信云服务供应商会可靠地执行法定删除要求。大多数的德国受访者（86%）希望云服务供应商能提供数据保护和技术安全保障。82%的受访者想要安全标准认证通过法律认证②。

BITKOM称，尽管存在以上这些问题，每秒钟都有德国人在云中保存他们的照片、音乐、联系人和日程表③。14～29岁年龄段人群对云的平均使用率高达97%④。

3.7　公共云和私有云

2012年，83%私有云服务的用户认为他们的使用体验良好，比2011年高了25%。同期公共云服务的评级则略微下降：2012年的满意用户相比于去年的81%降低至74%。

2012年，34%的德国公司运用了私有云解决方案（较前一年增加了7%，

---

① 毕马威股份公司，BITKOM & PAC：云监控2013，第4页。

② CSC：IT技术安全[4]。

③ 马茨[19]。

④ 路波尔[18]。

29% 的公司在计划实现或商议使用)，有 10% 则决定使用公共云（较前一年增加了 4%，另有 11% 的公司处于规划阶段)。2/3 的公共云用户同时也在使用私有云。这意味着许多公司都使用公共云应用程序作为自己私有云的补充。超过 3/4 的云用户认为他们的使用体验良好①。

3.8　当前困难

3.8.1　资源利用不充分

云计算的优势还没有被完全发挥出来。原因之一是云存储系统的使用率不高：虽然固定数据载体的理想使用率大约为 50%，但全球范围内的云存储使用率只有 17%。德国的使用率略高一点，达到 26%。然而，如果考虑到中小公司这一比例则降至 7%。中小公司有超过 90% 的可用并已付费的云存储空间未被使用，所以使用成本无法降低也就不奇怪了②。

3.8.2　服务水平协议（SLA）和统一标准未达成

服务水平协议（SLA）通过详细规定服务的范围和质量来确保供应商和客户不产生误会和纠纷。然而，设计 SLA 的双方都需要掌握相关技术知识。SLA 的条款和细则应定义双方就服务有效性、容许故障率和故障响应时间达成的允许范围。SLA 同时还应定义不遵守规定条款和细则的后果以及除外责任和限制条件。它还必须包含终止 SLA 的条款以及确切的返回和删除数据的指导方针(例如，合同到期或其中一方破产)③。

3.8.3　数据保护和安全问题

虽然云因其可扩展性似乎适用于信息技术密集型产业的分支行业，但许多市场参与者却限制其使用。突出问题和悬而未决的偏见仍阻止了一些公司外包应用程序到云。事实上，有许多疑虑是毫无根据的，云计算其实可以帮助提升数据保护功能、数据可用性和应用程序性能④。

甚至在普华永道（Pricewaterhouse Coopers）的《2012 年全球信息安全状

① 毕马威股份公司，BITKOM & PAC：云监控 2013，第 4 页[17]。

② 博克莱[3]。

③ 尔兹[15]。

④ 毕马威股份公司（KPMG AG)，BITKOM & PAC：云监控 2012，第 17 页[16]。

态调查》中，大多数受访企业（54%）表示通过云服务的应用程序增强了信息安全性①。

3.9 云计算的用户

云用户的数量增加了：2011 年有 28% 的公司受益于云计算，而在 2012 年这个比例上升到了 37%。2011 年计划或者商议使用云的公司数量攀升至 22%，2012 年则达到了 29%②。根据国际数据公司（IDC）的调查《德国云计算 2012——革命的演变》表明，仅到 2012 年中期，云计算对 56% 的受访公司来说是 IT 战略的正式组成部分，对 34% 的受访公司来说是经营战略的正式组成部分③。云似乎也在中型企业中树立了自己的地位，根据《云指数 Q4/2012》指出，截至 2012 年年底，四分之一的德国中型企业正在使用软件即服务（Saas）、基础设施即服务（IaaS）和（或）平台即服务（PaaS）解决方案。

大数据、移动应用、社交商务和社交协作等新趋势鼓励使用云计算，因为它们需要全球数据可用性以及灵活的运算和存储能力④。

中小企业是云的最大受益者，需要量身定制兼高性价比的解决方案，但是大多数公司没有足够预算投资到大量应用程序中。随着按次计费的收费方式出现，中小企业现在可以获得之前所承担不起的解决方案，可以租赁高质量的产品而无须支付许可费。

如此看来，中小企业保持竞争力的唯一途径就是采用云。小公司恰恰缺少高效和可升级的 IT 基础设施用于管理与日俱增的数据⑤。

3.10 物流云计算

过去的几个月里，有几项在物流行业中对云计算展开的不同调查已经完成并作为研究成果发表了。其中由软件供应商 INFORM GmbH 开展的一项在线调查显示，68.3% 的受访公司目前已经做好使用云计算完成物流任务的准备——

① 普华永道（PwC）：2012 年全球信息安全状况调查的主要研究结果，第 24 页[20]。

② 毕马威股份公司（KPMG AG），BITKOM & PAC：云监控 2013，第 10 页[17]。

③ 国际数据公司（IDC）[11]。

④ 霍夫曼：在德国进行的研究。IDC：紧密连接大数据和云计算。ECIN：云计算 2013——加大投资，增强社会协作和新的采购选项[8]。

⑤ Techconsult 公司；休利特帕卡德有限公司[23]。

然而只有12.7%真正做到了，原因在于对这个概念缺少认识（29.5%）和几乎半数受访公司都提到的安全顾虑。有13%的受访公司将必须依赖外部服务供应商视为使用云技术的一大障碍。还有5%则表示困难在于缺少特定行业的解决方案。原因可以说是林林总总。访问柔性化（38%），运营成本降低（25%），业务流程执行时间更快（18%），平台独立性（12%）和没有云计算就无法实现的IT资源访问（7%）被看作云计算的优势。受访者表示，云计算解决方案可用于供应商和客户之间的沟通，控制供应商和管理供应链项目①。

对物流行业而言，云当前几乎完全集中在私有云的使用上。只有6%的受访公司在《云监控2013》中表示使用公共云解决方案。物流行业和零售批发行业在公共云的使用中排名垫底——物流行业略靠前一点②。

云计算研究所（IFCC）代表Axit AG开展的研究《物流云计算的优势》的结果也证实了当前的趋势：60%的受访者相信未来属于云③。物流服务供应商对该技术更加开放——几乎有63%的受访者都对云感兴趣（其中超过1/3的受访者已经制定了一个云策略）。这进一步说明，关于云的讨论有助于增强人们对云会持续发展这一事实的信任——乐意程度随着经验的增长而提高。正如前面提到过的，开放程度也会随着公司规模增大而提高：拥有超过1 000名员工的公司对云计算的兴趣高于平均水平。④

特别是中小企业通常缺乏足够的IT专业知识和能力，或必要的资本弥补物流信息技术需求和现状之间的差距。在很多方面，时间通常是阻碍企业发展灵活创新的物流解决方案的因素。如今实施物流系统花费的时间与系统使用的时间相比要长得多。因此，目前的商业模式和贸易与商业策略典型的生命周期为2~3年。当模拟完整的（物流）业务流程时，系统实施时间平均为6~10个月。一个全新的、更有效的IT解决方案还需要提供所请求的物流服务，这将延长实施时间至12~24个月。从公司的战略投资角度来看，系统的总使用时间（3~5年）显然是太短。

因为法律法规的调整，物流行业的压力也日益增大。除了经常提到的通行费，新的工作时间法和电子报关的必要性都意味着需要使用新的IT服务，例如用于控制驾驶时间和休息时间。为连续监测的货物引入追踪服务也是同样的

---

① INFORM公司：物流和云——幻想还是现实？INFORM公司的趋势晴雨表显示，尽管存在安全问题，中型公司对于使用来自云的物流信息技术服务的观念尤其开放[9]。

② 毕马威股份公司，BITKOM & PAC：云监控2013，第26页[17]。

③ 云计算研究所（IFCC）；Axit AG：研究“使用物流云计算”，第6页[10]。

④ 云计算研究所（IFCC）；Axit AG：研究“使用物流云计算”，第15页[10]。

道理。

行业和技术层面施加在物流服务上的压力，展现了软件即服务（Saas）解决方案和云计算这些作为提供 IT 服务的范例和具有增长前景的市场的应用示范领域①。

3.11　物流云计算新概念：弗劳恩霍夫创新集群的物流云计算

弗劳恩霍夫创新集群（The Fraunhofer Innovation Cluster）的物流云计算，由弗劳恩霍夫物料流和物流研究所（the Fraunhofer Institute for Material Flow and Logistics，IML）和弗劳恩霍夫软件及系统技术研究所（the Fraunhofer Institute for Software and Systems Engineering，ISST）共同提出，是在一个通用设计的基础上结合了物流和信息技术服务的设计与结构。计划开展的研究和已完成的开发工作汇集在“物流商城”——一个从单独的物流信息技术功能到完整的工艺链都能作为产品提供的一应俱全的交易核心市场。这使得公司能够在物流商城中整合并管理所需要的物流服务。运行期间将一项单独的物流信息技术服务换成其他供应商提供的服务，这不仅会造就新的商业模式，同时也避免对服务供应商的依赖。

互联网既是一个技术平台也是物流商城的一个路标，而云计算则是互联网的未来。这里再总结一次云计算的主要优势。云计算能最小化转向门户网站的成本和障碍，原因在于云计算功能是由供应商提供的，企业不需要对昂贵的基础设施做大量投资。云计算的另一个优势即可扩展性在于云计算能力可以适应用户数量的变化。云计算是未来最有保障的技术。一个云是由成千上万台服务器组成的，总有更新的模型替代以保持最新状态。这意味着技术永远不会过时。云计算还提供了高度的有效性、灵活性和可持续性。企业可以减少生态足迹，因为云计算能够帮助企业更优化、更有效地使用资源和系统。最热门的话题仍然是如何保障云的数据保护能力。弗劳恩霍夫物料流和物流研究所提供了一个针对供应商和产品的认证程序以确保物流商城的互换性，为物流商城的用户和供应商的交易铺路。

物流商场使用 Web 2.0 技术，是为将来的物流行业开发的。以网络服务为基础，物流商城的信息和服务不仅可以被共享，还可以用于策划新的、高价值

---

① 汉堡[7]。

的物流运作流程。如同在在线商店里，（虚拟）用户点击所需的服务，就可以体验到全球开放的软件体系结构。应用程序被托管在商城运营商的服务器或供应商的连接系统内。客户只需支付他们使用的部分。由物流商城的运营商处理账单。

3.12 实证分析的结果

未来，云计算将在所有行业都不可或缺，计算机能力外包给云将成为各种商业模式的重要组成部分。目前这个话题仍然是有争议的。许多市场参与者担心云解决方案的安全性，并没有做好改变的准备。

弗劳恩霍夫物料流和物流研究所（the Fraunhofer Institute for Material Flow and Logistics，IML）于一项研究中仔细分析了物流市场运用这些解决方案的成熟度。他们在一系列的访谈活动里询问了物流软件的用户和供应商对云计算技术的态度。

弗劳恩霍夫研究院在 2011 年和 2013 年开展了市场分析《物流云计算》，来确定和分析物流行业的用户和供应商对云计算和物流商城模式这两方面的看法、需求和要求。项目团队进行定性访谈且以访谈结果为基础，研究云计算这一概念的潜力和面临的障碍，并判断哪些要求需要在物流商城中满足。通过研究受访者的接受程度和准备情况，可以得出关于物流行业专家对云计算的态度的结论。为了进行分析，他们将 2011 年的结果作为参考值与 2013 年的新结果进行比较。

用户组的参与者来自物流服务供应商、制造商和批发商/零售商三个业务分支的小型和大型企业。供应商组的参与者来自物流解决方案的小型和大型供应商。

结果表明，用户组具备与不具备创新精神的参与者比例各占一半，验证了在项目开始前所做的理论性假设：使用类似于物流商城的技术对每位参与者来说还为时尚早。当被更详细地询问时，56% 的用户组参与者表示愿意使用云的物流软件——如果他们的公司条件允许。实际上这个值比 2011 年下降了 8%。

2013 年与供应商组参与者的访谈结果显示，供应商组的创新精神略低于 2011 年。近一半的参与者（49%）愿意通过外部的在线商店出售他们的产品或服务，比 2011 年下降了 9%。共有 67% 的参与者（2011 年是 70%）愿意在云中运行他们的应用程序。与 2011 年相比，10% 的供应商组参与者已经处于使用云架构的具体规划阶段（图 1、图 2）。

你能想象在云中运行你的应用程序吗？

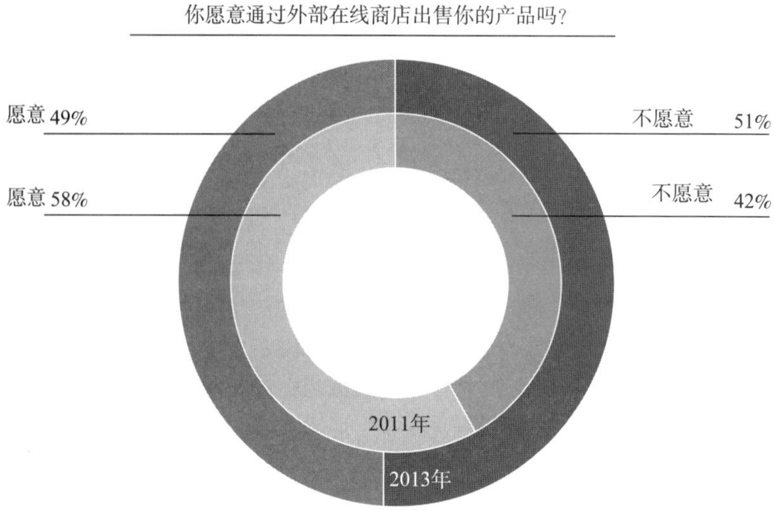

图 1　在线商店销售的产品或服务的接受程度（供应商）

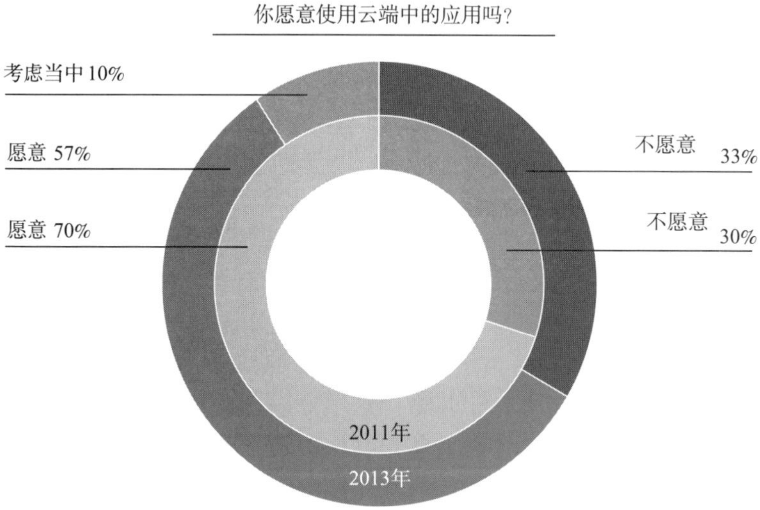

图 2　云应用的接受程度（供应商）

是否赞成这两个基本的物流商城理念与公司规模大小有很大关系。中小公司比大公司更愿意改变它们的观点。当更详细地描述物流商城时，58%（2011 年是 75%）的受访供应商表示会使用它。67%（2011 年是 70%）的供应商表示他们确信客户会愿意使用物流云计算。比较 2013 年和 2011 年的数据可以发现，在与客户关系的变化这个问题上，答案产生了巨大的转变。56%（2011

年是39%）的参与者认为，作为供应商他们对客户而言已经不再是主要接触点了，物流商城的运营商取而代之扮演了这个角色。

3.13　机遇和风险

除了众所周知的性能和安全性风险（63%），受访用户还提到以下关注领域：云服务器故障（27%），过度复杂（23%），与现有系统的兼容性问题（20%），供应商破产（14%），可能产生价格倾销（7%），可能形成垄断（6%），以及缺少同竞争对手的区分度（4%）。

根据供应商的意见，他们和他们的客户的主要优势在于有机会挖掘新客户群体和节省潜在的人员和硬件成本。他们也希望整合自己和其他供应商互补的应用软件能产生协同效应。这意味着他们将能给客户提供定制的解决方案。他们仍有数据保护和数据安全性方面的疑问，但这对顾客而言与其说是技术难题不如说是心理障碍（图3）。

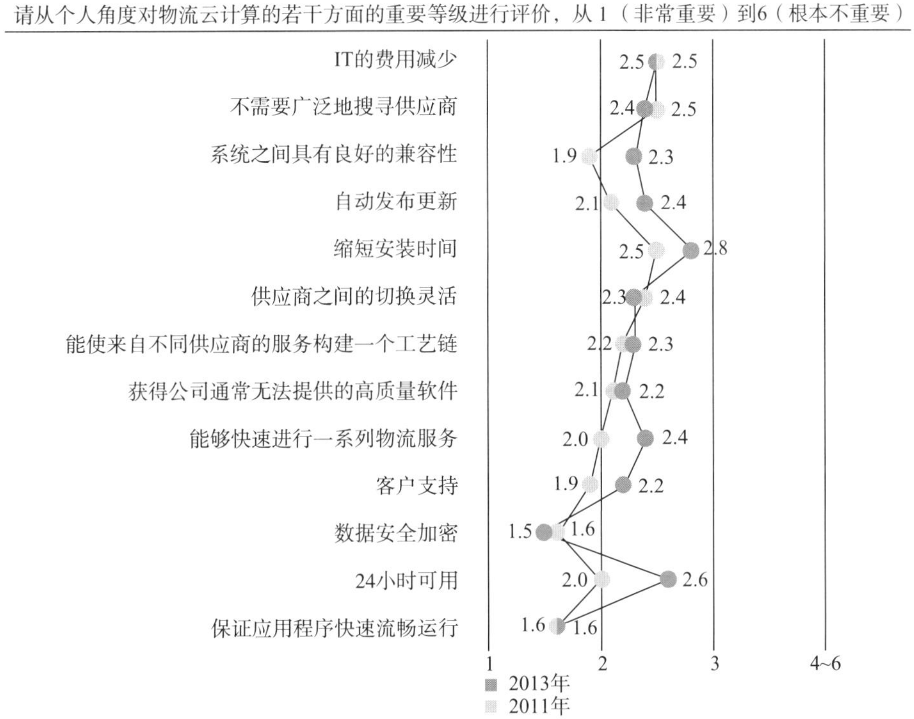

图3　用户评价的成功因素

用户组的参与者被要求从1（非常重要）到6（根本不重要）按等级对物流云计算的若干方面进行评价，如图3所示。受访者将数据安全加密（1.5）和保证应用程序快速流畅运行（1.6）作为最重要的两个方面。24小时可用、客户支持（2.2），以及获得公司通常无法提供的高质量软件（2.2）也被评为重要。系统之间良好的兼容性和能够使用来自不同供应商的服务构建一个工艺链都被认为是重要的，得分为2.3。

供应商对物流商城运营商的主要要求（图4，译者注）有：物流商城的免费试用（1.8），运营商投放供应商产品具有针对性的广告（2.1），CMS描述产品和服务的权限（2.1），提供硬件基础设施（2.2），CMR监控客户活动的权限（2.3）。

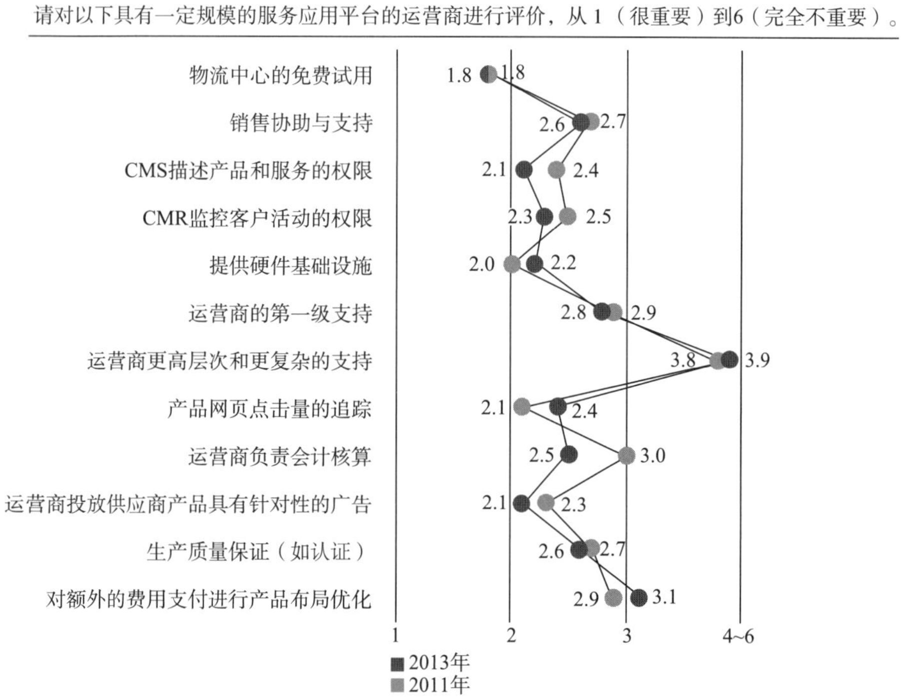

图4　供应商评价的成功因素

26%的用户（2011年是22%）表示愿意与物流商城运营商而不是与供应商订立合同。用户对计费模型（静态或动态）和合同期限的要求，以及所有可能的配置很快都会得到满足。

2011年，37%的受访公司使用了仓储管理系统（WMS），而在2013年，只有32%的公司回复称还在使用这类软件。但是，运输管理系统（TMS）的使用有所增加：2011年，30%的受访公司使用了这种软件，到2013年则有32%的公司都可以提供软件应用程序的相关信息。关于使用有效的企业资源规划系统（ERP）则明显存在更大的差异：2011年有1/3的受访用户明确表示在使用，2013年有46%的受访者已经采用了该系统。数据库管理系统（DMS）的使用也从2011年的27%增长到2013年的34%。

部分用户组参与者从未使用物流软件是因为他们的公司太小以至于没有专门的系统支持他们的物流运作流程，故而他们也没有这方面的预算。25%（2011年是30%）使用了物流软件的人表示，他们考虑过更换供应商。改变意愿偏低的原因在于，他们认为做出这个决定所带来的成本太高，甚至不能通过评估更换供应商后他们在性能和功能上得到的提升来判断。他们往往会通过投诉让他们目前的供应商做一些改进，所以看起来不再需要做出改变。

3.14 结　　果

结果清楚地显示了德国管理者的创新精神：接受率为56%，该值比2011年下降了12%。尽管有所下降，这个比例仍表明超过一半的受访者目前已经准备好并且愿意从云端租用物流软件。他们回答“你能否想象使用在互联网服务器上运行而不是在你公司的电脑本地运行的物流软件”这个问题的答案为是。那些回答否的受访者在定性访谈中则表示，他们对这个话题不够熟悉是原因之一。这里需要注明的是，当问到这个问题时还没有向他们解释物流商城的概念。该问题的目的是确定受访者对物流云计算这个构想的态度。部分在调查中拒绝使用云计算的受访者解释说他们认为该技术还没有发展到能令他们改变当前的IT战略的地步。

3.15 结论和展望

物流市场所提供的日益同质化的服务和产品使客户越来越难选择合适的供应商。从供应商的角度来看（小型和中型公司），用户关注的焦点总是在价格上，因此中小公司很难保持竞争力，而多年来某些知名公司已经在市场上站稳了脚跟。不过大公司同样面临着保持竞争力的挑战，因为客户不断要求功能多多益善。客户想要灵活的、定制式的解决方案并能够“按需随选”。这种来自客户的需求推动了未来适用于公司提供物流解决方案的市场平台出现。就像一个购物广场，一个B2B（企业到企业的电子商务模式，译者注）客户希望能够选择他们想要的产品和服务并进行组合。为了能够进一步提高客户满意度和满足所有的需求，未来两大专业——物流和市场营销要紧密配合并更好地整合起来。

"客户不找商品或服务本身，他们寻找解决方案。"① 这个谚语清楚地表明，客户关注的不仅仅是产品和服务，他们想要能够处理问题的解决方案，他们想要在购买后还能产生附加价值。这一切都回到个性化的问题上。物流商城作为提供定制式服务方案的手段，能增强解决方案的互动性和提高客户满意度。这种新手段，使物流商城不仅仅被看作产品和服务的交易平台，更被当成一个提供解决方案的平台，能够生机勃勃地发展下去。这将意味着客户的问题再不会不了了之。

市场分析的结果显而易见，云计算特别是物流云计算的时代已经来临。物流市场已经朝着这个方向迈进。

企业文化会随着时间改变。企业关注的焦点将投放在个性化解决方案上。以物流商城为代表的网络概念留下了很大的发展空间。每个公司——无论规模大小——都有机会成为这个新生事物的一部分并参与塑造它，专家已经肯定物流商城将成为行业内最大的物流平台。

参考文献

[1] Bayer, M.: Die Cloud Wird Gesellschaftsfähig, in: COMPUTERWOCHE, online, 6 Februar 2013: http://www.computerwoche.de/a/die-cloud-wird-gesellschaftsfaehig, 2532192.

[2] BITKOM Presseinformation vom 6. März 2013 (aktuelle Prognosen der Experton Group): Umsatz mit Cloud Computing steigt auf fast 8 Milliarden Euro, online: http://www.bitkom.org/de/markt_statistik/64086_75301.aspx.

[3] Böckle, R.: Symantec-Studie. Versteckte Kosten in der Cloud, in: Channel Partner, online, 5. Februar 2013: http://www.channelpartner.de/2601143.

[4] CSC: IT-Sicherheit: 70% der Deutschen haben Angst um ihre Cloud-Daten, online, 6. Dezember 2012: http://www.csc.com/de/press_releases/93261-it_sicherheit_70_%25_der_deutschen_haben_angst_um_ihre_cloud_daten.

[5] Europäische Kommission: Mehr Schwung für das Cloud Computing, online, 27. September 2012: http://ec.europa.eu/news/science/120927_de.htm.

[6] Grönroos, C.: Service Management and Marketing: A Customer Relationship Management Approach, Wiley, Chichester (2000).

---

① 克罗如斯：服务管理与营销。一种客户关系管理办法，第4页[6]。

[7] Hamburger Abendblatt: Microsoft und Telekom erwarten Durchbruch für Cloud Computing, online, 07. 10. 2010: http://www. abendblatt. de/wirtschaft/article1654862/Microsoft-und-Telekom-erwarten-Durchbruch-fuer-Cloud-Computing. html.

[8] Hofmann, K.: In Deutschland durchgeführte Studie. IDC: » Die Verzahnung von Big Data und Cloud Computing wird enger «, in: IT-Business, online, 1. Februar 2013: http://www. it-business. de/index. cfm? pid = 4840&pk = 393096&print = tr.

[9] INFORM GmbH: Die Logistik und die Cloud—Vision oder Wirklichkeit? INFORM-Trendbarometer zeigt: Trotz Sicherheitsbedenken ist vor allem der Mittelstand offen für Logistik-IT-Services aus der Cloud, online, 18. Januar 2013: http://www. inform-software. de/produkte/invent-xpert/news/article/die-logistik-und-die-cloud-vision-oder-wirklichkeit/.

[10] Institut für Cloud Computing (IFCC); Axit AG: Studie zum » Nutzen von Cloud Computing für die Logistik «, online, Juli 2012: http://www. axit. de/cloudlogistik/.

[11] International Data Corporation (IDC): Cloud Computing in Deutschland 2012—Deployment-Modelle und Management, Integration, Security und Compliance im Fokus, online, Juli 2012: http://www. idc. de/consulting/mc_ cloud2012_ reg. jsp.

[12] International Data Corporation (IDC): Quantitative Estimates of the Demand for Cloud Computing in Europe and the Likely Barriers to Up-take, online, Juli 2012: http://ec. europa. eu/information_ society/activities/cloudcomputing/docs/quantitative_ estimates. pdf.

[13] Janata, S., und Velten, C. (Experton Group): Aktuelle Marktzahlen zum deutschen Cloud-Computing-Markt—5%-Hürde erreicht, online, 30. Januar 2013: http://www. experton-group. de/research/ict-news-dach/news/article/aktuelle-marktzahlen-zum-deutschen-cloud-computing-markt-5%25-huerde-erreicht. html.

[14] Kempf, D.: Vortrag im Rahmen der Pressekonferenz zum Cloud Monitor 2013, online, 21. Februar. 2013: http://www. bitkom. org/files/documents/BITKOM _ Vortrag _ PK _ Cloud_ Monitor_ 21_ 02_ 2013_ final_ web. pdf.

[15] Kilz, S.: Wasserdichte Verträge und SLAs aushandeln, in: Computerwoche, online, 27. Februar 2013: http://www. computerwoche. de/a/wasserdichte-vertraege-und-slas-aushandeln, 2533212.

[16] KPMG AG, BITKOM & PAC: Cloud-Monitor 2012, Hannover, online, 6. März 2012: http://www. kpmg. de/docs/cloud-monitor-20120529. pdf.

[17] KPMG AG, BITKOM & PAC: Cloud-Monitor 2013, Hannover, online, 6. März 2013: http://www. bitkom. org/files/documents/BITKOM _ KPMG _ PAC _ Studie _ Cloud _ Monitor_ 2013. pdf.

[18] Lüber, K.: Die Cloud—des einen Freund, des anderen Feind, in: Die Welt, online, 27. Februar 2013: http://www. welt. de/sonderthemen/cebit-2013/article113928252/Die-

Cloud-des-einen-Freund-des-anderen-Feind. html.

[19] Matz, A.: Die Wolke im Griff, in: Hamburger Abendblatt, online, 5. April 2013: http://www. abendblatt. de/ratgeber/article115026738/Die-Wolke-im-Griff. html.

[20] PricewaterhouseCoopers (PwC): Key findings from The Global State of Information Security Survey 2012, online, September 2011: http://www. pwchk. com/webmedia/doc/634653330562192188_ rcs_ info_ security_ 2012. pdf.

[21] Prüser, S.: Die Cloud—In aller Munde, aber noch lange nicht im Handel, auf: heise resale, online, 16. November 2011: http://www. heise. de/resale/artikel/Die-Cloud-In-aller-Munde-aber-noch-lange-nicht-im-Handel-1331924. html.

[22] Staten, J.: 2013 Cloud Predictions: We'll finally get real about Cloud, online, 3. Dezember [2012: http://blogs. forrester. com/james_ staten/12-12-03-2013_ cloud_ predictions_ well_ finally_ get_ real_ about_ cloud.

[23] Techconsult GmbH; Hewlett-Packard GmbH: IT-Cloud-Index, Q4/2012, online, April 2013: http://www. techconsult. de/index. php/43-uncategorised/231-clouindex1-13.

第4章

基于IT架构的物流云服务应用平台

伯纳德·霍尔特坎普

摘　要：物流云服务应用平台的云服务模式从软件即服务（SaaS）扩展到了业务流程即服务（BPaaS）。因此，云服务模式的架构不仅包含了基于网络的简单应用、传统应用和物流流程模板的B2B市场，还包含了基于执行环境下定制并用于实体化流程和其物流体系所包含应用的顾客特定云需求，为了建立起与外界云服务应用平台沟通的桥梁，我们需要一个特定的用于控制进站和出站信息流的网关。

关键词：物流云服务应用平台；云计算；软件即服务（SaaS）；业务流程即服务（BPaaS）

4.1 介　　绍

目前，相比于物流体系的运用时间，新的物流体系的执行时间是较长的。

伯纳德·霍尔特坎普
弗劳恩霍夫软件及系统技术研究所，多特蒙德，德国
e-mail：Bernhard. Holtkamp@ isst. fraunhofer. de

在贸易和工业领域，商业模式和战略有着2~3年的生命周期。新的物流流程的开发往往需要6~10个月。如果需要新的IT系统以支持这些流程，执行时间将增长至1年甚至2年。这样时间就会过长，战略投资也会过多。因此，运用物流特定云服务被认为是一个可行的方案。

因此，物流云服务应用平台提供IT资源和业务流程的虚拟化，以减轻各企业，特别是中小型的生产和物流企业，在包括高昂的软件许可在内的个体软件方案开发上的投资和运营成本上的压力。由此，这些企业可以更好地专注于自己的核心业务。

Logata是开发了物流云服务应用平台的弗劳恩霍夫创新集群“物流云计算”的重要合作伙伴。作为一个公共云方案，Logata是物流云服务应用平台的提供商和运营商。一方面，物流市场的余量低，竞争日益激烈；另一方面，Logata作为中小型企业，需要一种低成本的方案。为了避免软件组件高昂的执照许可费用，物流云服务应用平台常被用来聚合开源软件方案。

后文将进一步介绍物流云服务应用平台的架构。继开放组体系结构框架（TOGAF）架构开发模式[1]之后，将从业务架构开始讨论。物流云服务应用平台的架构预见已经在文献［2］中详细描述。在接下来的步骤中，会讨论一些设计决策，这与本文后续章节中所提出的技术架构有一定的相关性。我们所提出的物流云服务应用平台的版本，首先从应用软件即服务模式开始，并继续在这个版本上改进加强，使其朝着更高水平的物流云服务应用平台应用一体化的方向发展，并通过外部应用的使用来达到物流云服务应用平台最终版本的业务流程即服务的水平。我们将密切观察其使用现状，展望其进一步发展。

4.2 业务架构

业务架构的描述集中在三个方面：业务战略、组织和由物流云服务应用平台支持的关键业务流程。

4.2.1 业务战略

Logata是物流云服务应用平台的提供商；其目的是提供广泛的高品质的供应品。这意味着产品和竞争的供应商之间均衡的投资组合，可以使高质量供应商及其产品有保证，重点是为供应商提供物流IT应用与业务流程的支持。因此，物流云服务应用平台为供应商服务提供了丰富的投资组合，并作为一个有吸引力的销售和分销渠道来向大家呈现。这包括供品的客户关系管理（CRM）功能以及这些供应商、基础设施即服务（IaaS）、服务台、一级支持和供应商对客户的计费支持及其后续的跟踪。

除了作为物流云服务应用平台提供商的角色之外，Logata 也打算作为供应商提供自己在云服务应用平台的方案。目标群体由物流和生产领域年收入 7 000 万欧元左右或 IT 预算约为 140 万欧元的中小企业构成，通过对这个模型的设想，来定位每月统一的费用定价。其目标是为客户提供 IT 方案，使他们的 IT 成本降低 30%。在后一阶段，目标群体将向全球扩展。

4.2.2　组织

Logata 是物流云服务应用平台作为公共云方案的提供商。在这个角色中，Logata 负责收购供应商的物流 IT 应用和进行市场营销与公关活动，以增强客户目标群体对物流云服务应用平台的使用意识。

由于面对客户，Logata 还为终端用户提供了服务台和一级支持，这些用户就是已经在物流云服务应用平台预订服务的注册客户。对于供应商来说，Logata 作为一个信息交流中心，为云服务应用平台中供应商的客户做结算和发票，并为供应商对物流云服务应用平台服务的使用情况进行记账。供应商提供的 IT 应用程序作为“软件即服务”的方案，并为他们的应用提供二级支持。在第一阶段，Logata 也是物流云服务应用平台的技术操作者。

4.2.3　业务流程

当分析到物流云服务应用平台所支持的业务流程时，需要对以下利益相关者的角色加以区分：物流云服务应用平台提供商、物流云服务应用平台运营商、潜在云服务应用平台客户、物流 IT 供应商和终端用户。对于终端用户，我们可以进一步区分为管理员、普通用户和作为特权用户的经纪人。

物流云服务应用平台的潜在客户可以通过网上物流云服务应用平台主页的公共部分的指引，注册成为云服务应用平台客户。注册的终端用户可以在物流云服务应用平台上预订应用程序、服务和流程。他们可以使用预订功能，还可以接收使用情况报告和计费信息，如果遇到问题，用户可以联系服务台或提交故障单。

注册的供应商可以申请物流云服务应用平台的投资组合纳入他们的应用和服务。如果产品被接受，供应商将得到用来管理物流云服务应用平台商品目录中产品的方式。供应商也会收到使用报告和计费信息。供应商必须为他们的产品提供二级支持，如果遇到问题，他们也可以联系服务台或提交故障单。

物流云服务应用平台提供商通过市场营销和公关的过程来为所提供的方案吸引供应商和用户。物流云服务应用平台提供商校验注册信息，并进行审批。提供商也遵循物流云服务应用平台的管理，包括客户管理、计费和报告。物流云服务应用平台客户是IT应用的供应商，也是预订这些服务并在物流云服务应用平台运用的使用者。物流云服务应用平台提供商也运行服务台并为其客户提供一级支持。

物流云服务应用平台运营商运行着物流云服务应用平台的基础设施，包括监控和物流云服务应用平台的备份。运营商还为新客户设置使用环境，并整合云服务应用平台环境中新的应用。

4.3 设计和执行决策

安全和维护方面是设计和执行决策的推动力。安全对于云计算的采纳来说，一直都是个重大的问题，尤其是在德国。激励企业在云平台中使用业务紧急应用，意味着在采取适当的安全措施。另外为公司提供专属环境也是一个适当的措施。

厂商锁定是另一个问题，这阻止了公司转移他们的应用到特定的云服务提供商的云端。每个客户的专属环境使得云服务提供商更容易为他们的客户返回数据，或将客户从云端删除，而不会留下与安全和隐私相关的痕迹。

4.3.1 设计决策

物流云服务应用平台的一个关键决策是将商业部分从使用部分分离。这导致了物流云服务应用平台市场（MMP）与所提供的应用程序、服务和流程的投资组合的出现。客户可以在这里注册，注册客户获得途径到达市场中他们的私人部分来预订云服务应用平台产品，提交招标要求给供应商或阅读他们的使用报告及计费信息。供应商得到服务来管理他们在云服务应用平台目录中的产品，即编辑产品说明或他们的公司简介。

已在云服务应用平台预订应用的用户，可以通过客户访问框架（CAF）来访问他们的服务。每个客户公司都有自己的客户访问框架（CAF）以缓解服务水平协议管理，以及备份、恢复和维护窗口管理的压力。

为了减轻中央管理的压力，客户的自我管理功能通过物流云服务应用平台网关应用于用户管理与沟通管理，同时也应用于客户预先提出的在云服务应用平台应用程序中使用的外围设备。

单点登录服务覆盖了MMP、客户CAF和CAF的应用集成。

4.3.2 执行决策

正如之前所提到的，对于一般需要付许可费的执行决定需要尽可能多地使用开源软件。但豁免是为了虚拟化层而提出的。至于对威睿（VMware）和产品质量体验，到做出决定的时候，可以对虚拟化层使用 VMware vSphere。

在对各门户软件方案进行评估[3]后，Liferay 被视为门户发展的基础。出于对安全和维护的考虑，决定对 MMP 和 CAF 采取不同的门户实例。此外，每个客户公司在其自己的虚拟机上都有自己的 CAF 门户。这些在 MMP 和 CAF 之间共享的组成部分［如用户管理或基础服务（报告、故障标签和账单）］在物流云服务应用平台基础设施层（LMI）得到实施。只要应用程序不是多租户，那么每个客户在其虚拟机上都可以得到他们预订的应用实例。

4.4　物流云服务应用平台（阶段一）

为了实现快速地上市，物流云服务应用平台已经逐步发展。在第一阶段，物流云服务应用平台提供物流 IT 应用，采用“软件即服务”的模式（图 1）。

图 1　物流云服务应用平台作为 SaaS 公共云平台

客户在物流云服务应用平台市场（MMP）预订一个或多个应用，并通过他们的客户访问框架（CAF）访问所预订的应用。下面我们首先简单介绍一下物流云服务应用平台的逻辑架构；其次再仔细观察其技术架构；最后对 MMP 和 CAF 做更详细的讨论。

4.4.1　逻辑架构

我们可以站在不同的角度来看物流云服务应用平台的逻辑结构。在利益相关者看来，物流云服务应用平台的描述如图 2 所示。物流服务提供商或生产公司的购买者基本上看的是 MMP。他们使用 MMP 收集关于物流云服务应用平台投资组合的信息以注册成为客户。注册之后，他们再使用 MMP 预订应用。客户公司的经纪人也会使用 MMP 以获得使用情况报告和计费信息。客户管理员使用客户专属 CAF 来管理用户、用户的角色和访问权限，以及预定应用所必需的外围设备。客户公司的用户登录他们的 CAF 以访问预订的应用。

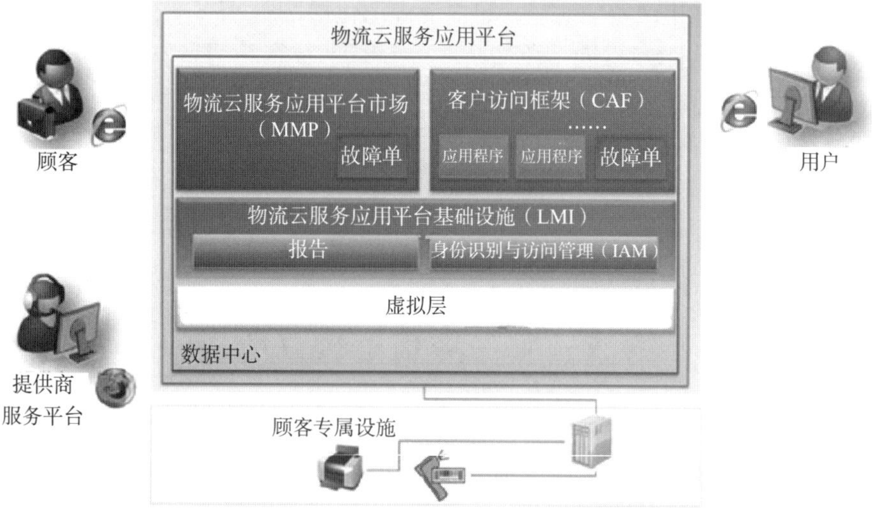

图 2　物流云服务应用平台（阶段一）利益相关者视图

如果物流云服务应用平台或预订的应用遇到问题，任何用户都可以通过 MMP 或 CAF 提交故障单。物流云服务应用平台提供商的一级支持通过整合故障标签系统的网络接口，处理来自其客户的故障单。

从技术角度来看，MMP 和 CAF 门户驻留于物流云服务应用平台基础设施（LMI）的顶部。LMI 和门户使用来自基本软件平台之下的组件。

底层为上层提供虚拟机，通过 VMware vSphere 4 Essentials Plus（图 3）来实现。

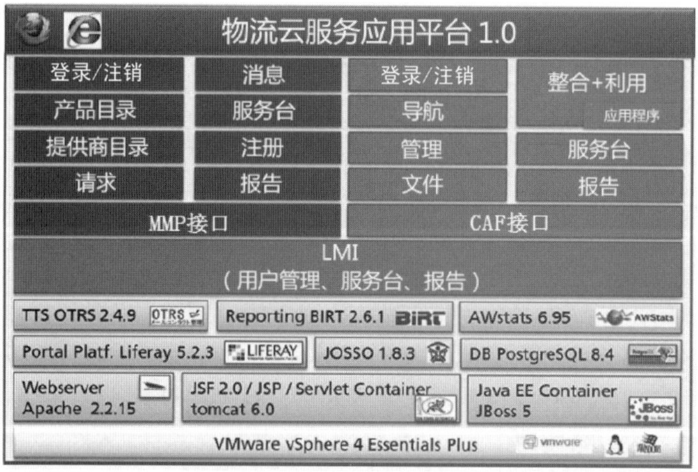

图 3　技术视角下的物流云服务应用平台逻辑架构

4.4.2　技术架构

在总体层面，MMP 和 CAF 具有相同的架构。前端部分由表示层和服务集成组件组成，后端部分由业务层和存储层组成（图 4）。各组成部分将在下面更详细地讨论。

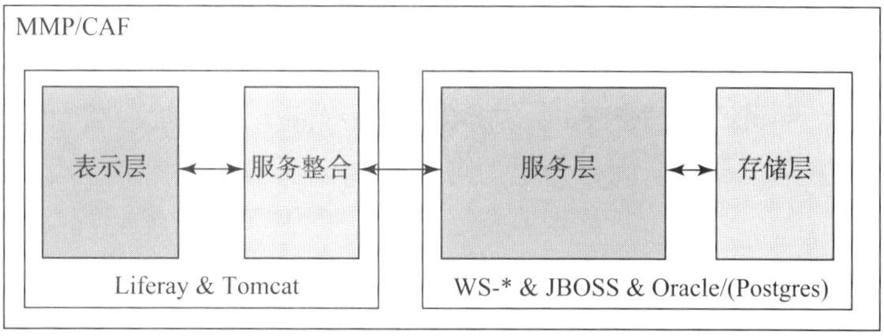

图 4　物流云服务应用平台总架构

图 5 展示了使用基本开源软件平台组件的 CAF 组件的执行状况。myWMS 和 Puzzle 代表 CAF 中的集成应用。黑色箭头表示从浏览器中用户发起请求到存储层组件的控制流程。

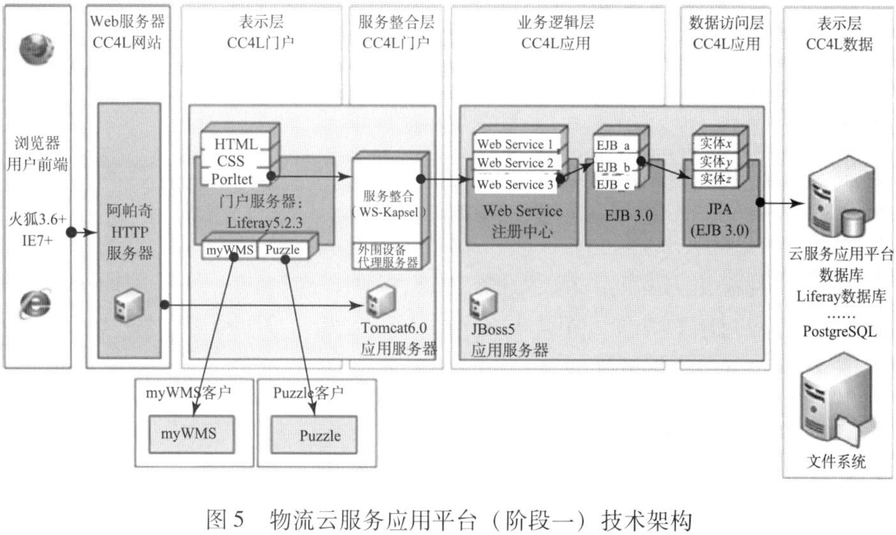

图 5　物流云服务应用平台（阶段一）技术架构

4.4.3 表示层

物流云服务应用平台表示层为2.3节中认定的不同的用户角色提供了不同的接口，也为用户角色的独立功能提供了接口。此外，MMP和CAF的接口也是不同的。

MMP表示层为利益相关者提供了特定接口。未注册的访客可以获得公共信息如应用投资组合、供应商目录，也可以获得注册服务的访问。当买家（来自注册的客户公司）登录时，MMP提供预定产品列表、供应商的相关列表和待处理列表。当供应商登录时，MMP提供产品管理、供应管理、客户联络管理、产品注册以及供应商行为的服务接口。云服务应用平台运营商提供消息和帮助管理功能、客户注册管理服务、系统管理服务、涉及运营商行为的服务以及产品管理服务（图6）。

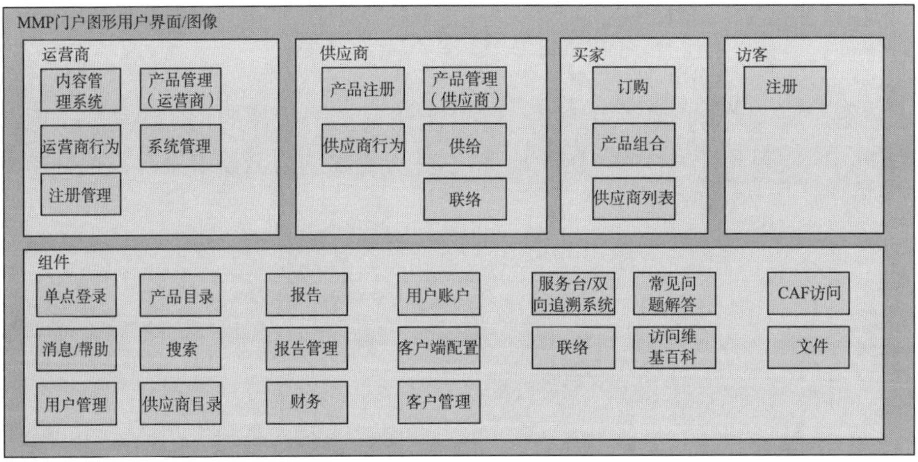

图6　MMP表示层组成

除了给利益相关者提供特定服务之外，MMP也提供一些通用服务，如单点登录、客户与用户管理、报告与报告管理、账单、消息访问、故障标签、搜索、文件管理和CAF的访问等。

CAF表示层为客户的用户角色提供服务接口。普通用户获得其拥有角色的应用的访问。经纪人可以访问报告和财务服务，并报告管理部门。管理员提供应用管理、文件管理、报告管理以及外围设备管理的服务接口。所有客户的用户角色获得单点登录、用户管理、服务台、文件管理等公共服务的接口（图7）。

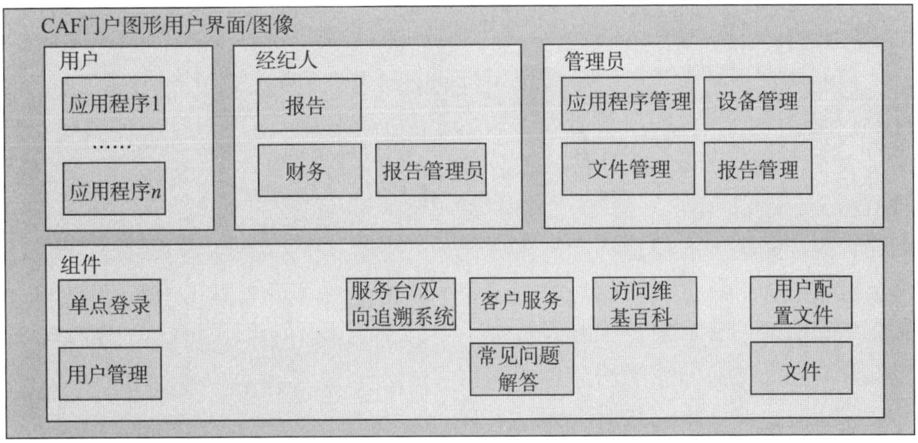

图7　CAF 表示层组成

4.4.4　服务层

物流云服务应用平台服务层提供有关产品和应用管理、客户和用户管理以及公共服务（账户、文件管理、报告、故障标签）的网络服务。其网络内容管理服务支持了 MMP 的内容管理。其外围设备管理服务支撑了客户在物流云服务应用平台中与所预订的那些应用相关联的外围设备管理（图 8）。

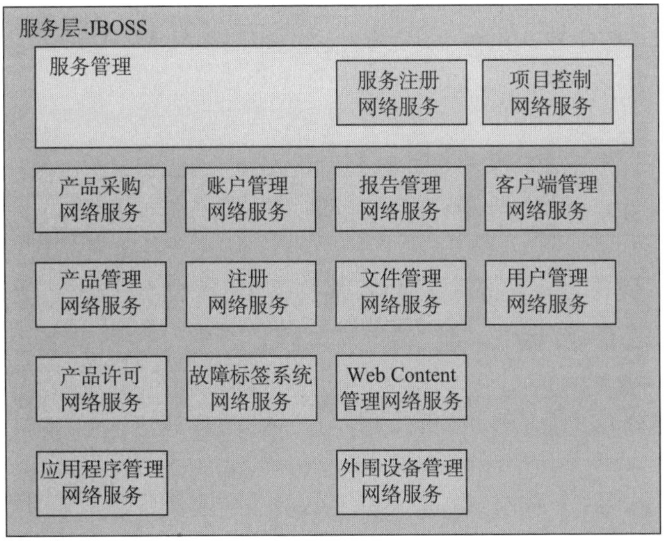

图 8　服务层组成

4.4.5 存储层

存储层管理着物流云服务应用平台的非易失性数据。其重要组成包括产品目录、租户注册表、用户注册表、角色注册表和 MMP 目录。产品目录被分成两个部分：产品记录，包含了 MMP 提供的有关产品类型的信息；产品实例记录，包含了客户预订时所设立的有关产品类型实例的信息。租户注册表管理了与供应商和已注册的终端用户企业的信息相关联的企业。角色注册表保存了在 MMP 产品目录中的由产品所支持的角色。用户注册表保存了物流云服务应用平台租户的用户账户信息（图 9）。

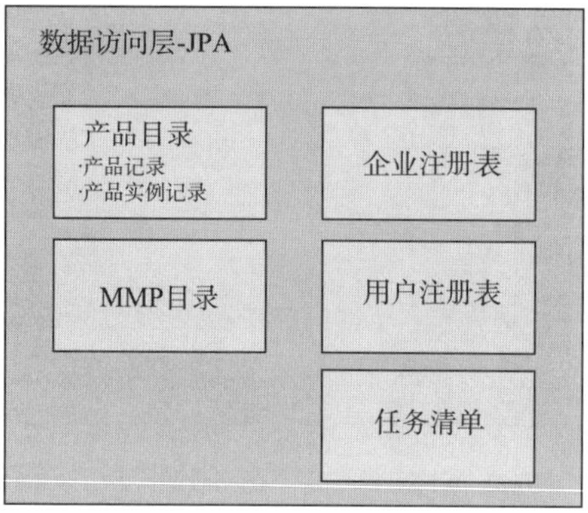

图 9　存留层组成

4.4.6 执行

物流云服务应用平台是通过开源软件的方式来执行的。重要组件已在 4.4.2 节中描述技术架构时提及。图 10 表示执行层以及与之相关的技术。

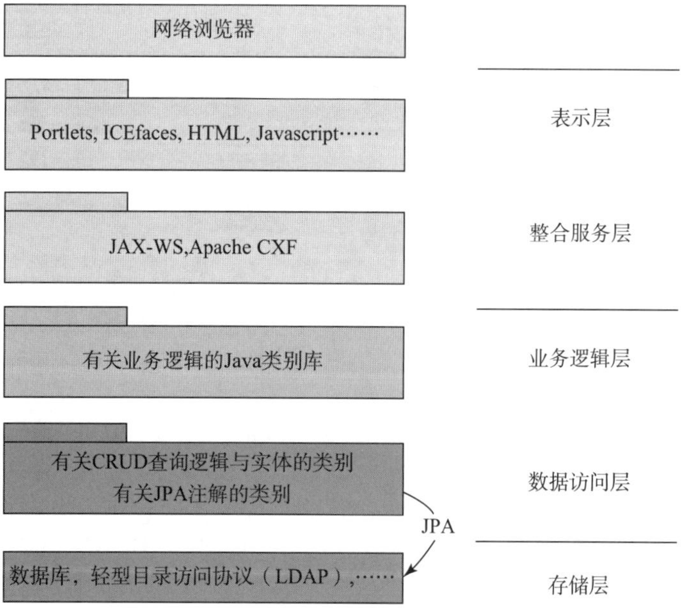

图 10　物流云服务应用平台执行层

物流云服务应用平台组件被部署在不同的虚拟机上，如图 11 所示。

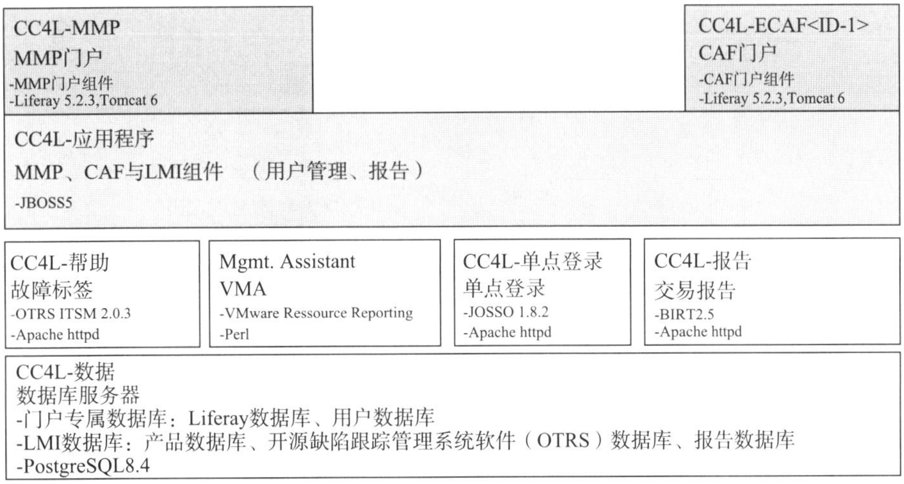

图 11　物流云服务应用平台部署模式

在我们的开发和测试环境中，物流云服务应用平台虚拟机在物理设备上运行，如图 12 所示。

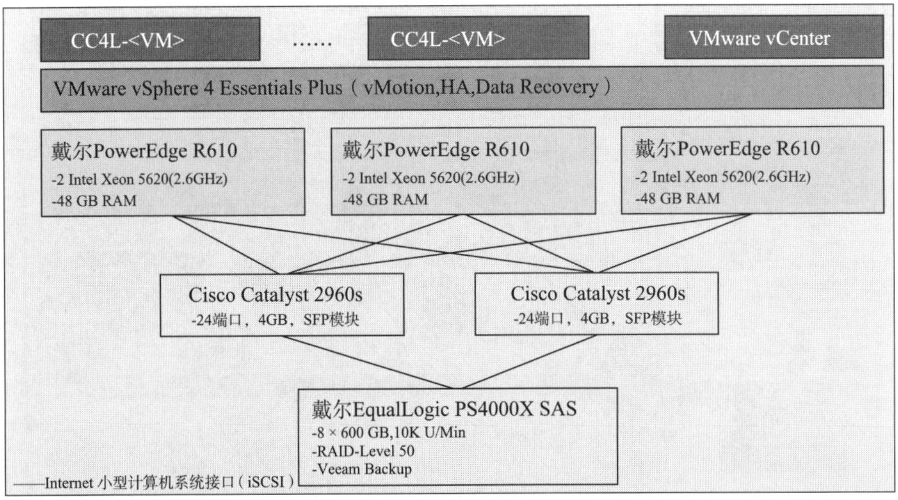

图 12　物流云服务应用平台物理基础设施（开发和测试环境）

4.5 物流云服务应用平台（阶段二、三）

通过在 CAF 中的应用以及云服务应用平台外部应用中提供的应用程序集成的支持，物流云服务应用平台在第二阶段中扩展了在第一阶段所支持的 SaaS 模式。CAF 中的集成支持由物流云服务应用平台总线和业务对象库提供。CAF 内部应用与物流云服务应用平台外部应用一体化以物流云服务应用平台网关的方式支承。在第二和第三阶段，物流云服务应用平台不仅支持传统的应用，也支持应用程序（App）。从物流云服务应用平台的角度看，一个应用程序执行以 IT 为基础的活动可以视为物流流程的一部分。应用程序可以被整合到复杂的工作流程中。这样使得它们可以是交互式的或完全自动化的。其功能可以在面向服务的体系结构（SOA）意义上的简单服务与复杂应用之间进行变动。应用程序通过 CAF 范围内的物流云服务应用平台总线或物流云服务应用平台网关来交流业务对象并与外部沟通。他们还可以在业务对象库的范围内共享对象。有关物流云服务应用平台应用程序的更详尽的描述在文献［4］中给出。

物流云服务应用平台总线引起了物流云服务应用平台业务对象在 CAF 范围内的相关联的应用之间的异步交流。该总线提供了一个 Web Service 接口，使之从发出的应用里接收业务对象。该总线缓冲业务对象，并通过 Web Service 请求将其传递到接收应用。

业务对象库存储了物流云服务应用平台里业务对象类型的实例。存储库可以存储这些在同一个应用中使用的对象，也可以作为多种应用的共享数据资源。物流云服务应用平台业务对象及其存储库的详细讨论将在文献［5］中呈现（图 13）。

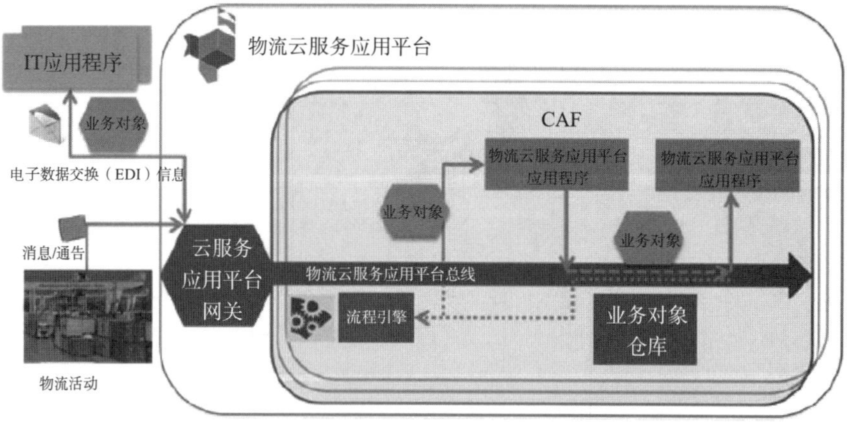

图 13　物流云服务应用平台（阶段二、三）逻辑视图

物流云服务应用平台在第三阶段还为物流业务流程管理提供了从流程设计到流程执行的工艺。基于网络的物流流程设计师，通过结合从云服务应用平台到可实行工作流的应用程序来为物流云服务应用平台的物流流程兼容性设计提供帮助。然后这些流程可以在流程引擎上调配，在第三阶段形成 CAF 的一个完整的部分。物流云服务应用平台中流程管理的详情可参考文献［6］。

4.5.1 物流云服务应用平台总线

物流云服务应用平台总线代表的是 CAF 的内部通信基础设施。它为相关联的应用之间的物流云服务应用平台业务对象交流提供 Web Service 接口。根据开放应用程序组集成规范（OAGIS），业务对象通过 XML 技术被传输到业务对象文档（BOD）[7]。

物流云服务应用平台总线可以提供一个被称作应用的业务对象文档（BOD）——Web Service 服务器，或传递业务对象到总线。总线转移业务对象到接收应用的队列中。对于每个相关联的应用，总线保存着这样一个缓冲业务对象文档（BOD）的队列，直到它们可以被传递给接收应用。该接收业务对象文档（BOD）Web Service 客户端通过 Web Service 访问将业务对象文档（BOD）从应用程序的队列中传输到应用连接器（图 14）。总线日志记录了所有传输，使业务对象的流程在必要时可被追踪。

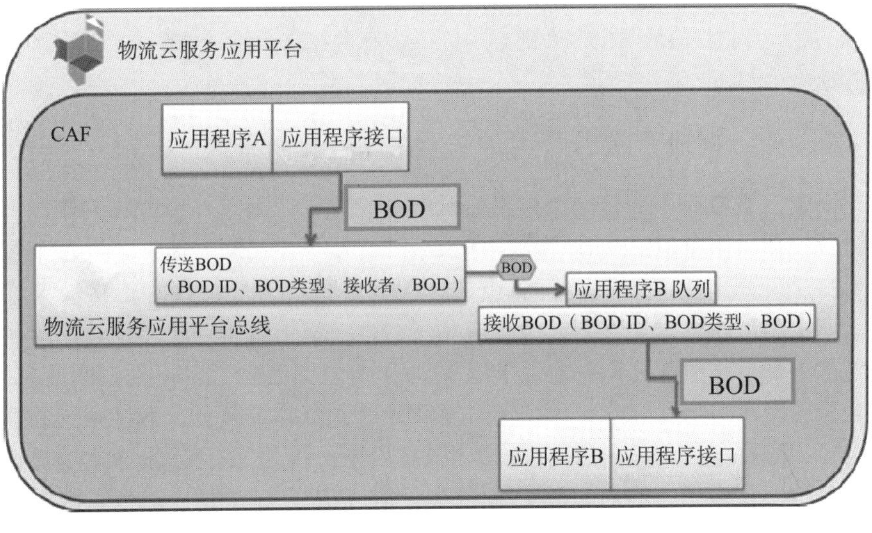

图 14　CAF 应用程序间 BOD 的传送

图 15 从技术的角度展示了第二阶段的物流云服务应用平台。

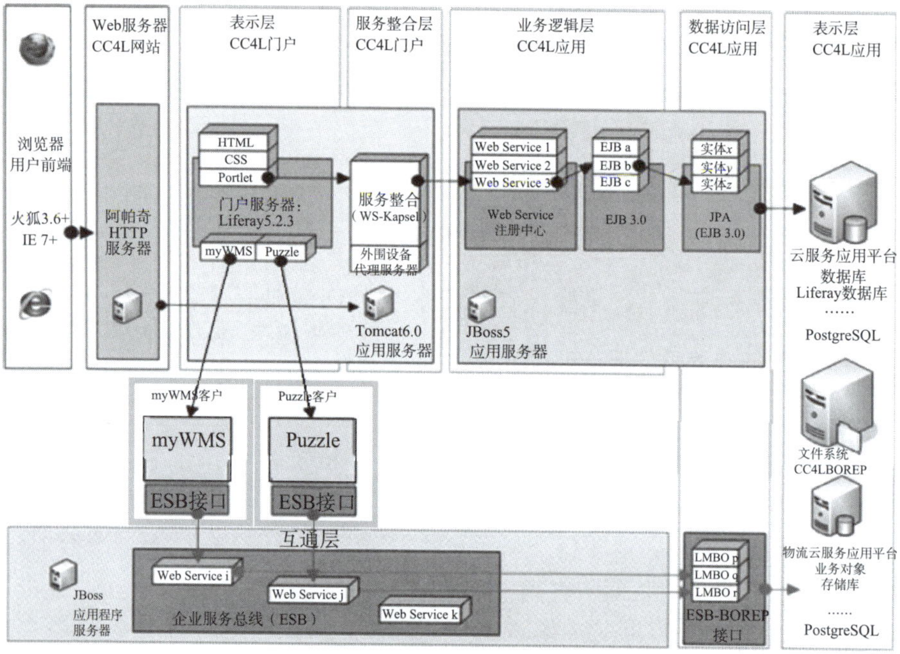

图 15　物流云服务应用平台（阶段二）技术视图

物流云服务应用平台总线是通过拓蓝（Talend）开源企业服务总线的方式实现的[8]。对于消息的缓冲则运用了阿帕奇（Apache）的 Java 消息服务（JMS）[9]。

4.5.2　物流云服务应用平台网关

物流云服务应用平台网关是物流云服务应用平台面向外部世界的接口。网关协调控制云服务应用平台应用程序及其外部对等体之间的通信。信息交流只在 CAF 产品实例与注册的外部各方之间是允许的。合作伙伴和连接需要在相应的网关目录中管理。每个云服务应用平台客户都需要管理自己预订的应用和他们的外部合作伙伴之间的通信连接。对于信息交流，可以使用不同的渠道。目前，Web Service 和文件传输协议（FTP）是被默认支持的，其他渠道在需要时才可以添加。作为一种交流方式，物流云服务应用平台业务对象是最优选择，其他类型电子文档需要结合一个在云服务应用平台中的转换应用才可以使用。

网关为了只能部分授权而限制了通信，还限制了具有明确关系的注册合作伙伴传输的指定对象类型的转换，例如如果合作伙伴 A 在网关目录上而且相应的关系很明确，那么它每次在 Web Service 中只能发送采购订单到达 CAF 的订单管理系统。对于每一个业务对象，网关还会检查其结构的正确性（图 16）。

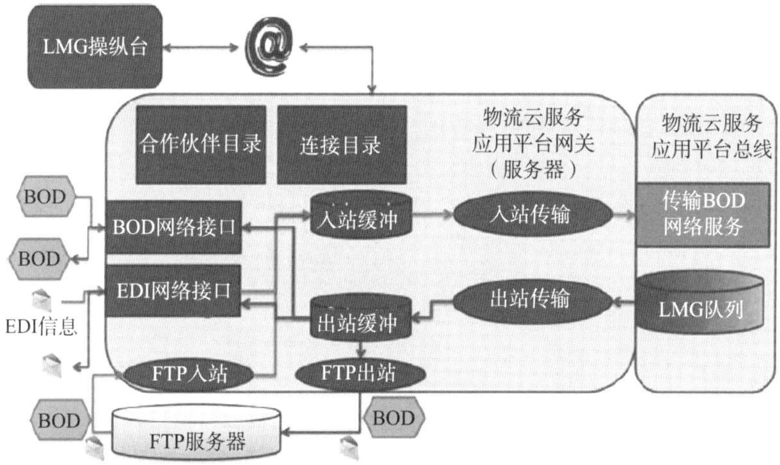

图 16 物流云服务应用平台网关架构

物流云服务应用平台网关是通过 4D 高速应用程序开发环境的方式执行的[10]。物流云服务应用平台运行一个单一的网关服务器，每个 CAF 获得自己的且与该网关服务器的云服务应用平台客户端相连接的 LMG 操纵台。

4.6 总　　结

物流云服务应用平台架构涵盖了三种不同的利益相关者的需求，他们是终端用户、物流应用程序供应商以及云服务应用平台的运营商。

终端用户除了对灵活性和可用性具有强烈需求之外，对安全性的要求也很高。当终端用户为应用程序和流程提供公司专属使用环境时，这几点都需要被考虑。通过明确关联以及明确定义的业务对象在云服务应用平台中的应用程序和外部各方之间进行的异步通信，显著提升了安全级别。只有具备确定来源的有效对象才可以通过网关，使用安全的通信渠道。云服务应用平台基础设施的专属使用保证了高可用性，从其他云服务应用平台客户端带来的副作用被排除在外。它还简化了云服务应用平台的流出，这样客户端的数据可以轻易地返回到云服务应用平台客户手中，也可以轻易地从云服务应用平台移除。

应用程序的供应商提供了一个确定的测试环境，用于检查他们的应用程序在云服务应用平台的达标程度。由物流云服务应用平台所提供的通信接口缓解了业务对象的通信压力。

物流云服务应用平台的记账、报告和故障标签等基本服务还支持供应商业务，使其可以专注于应用程序的开发和产品管理，并把它们当作自己的核心竞争力。

云服务应用平台运营商可以从物流云服务应用平台网关和 CAF 的自我管理功能中受益。云服务应用平台基础设施的客户端专属使用简化了服务水平协议的控制和管理。

尽管物流云服务应用平台在第一阶段已经为试用的客户运营，但之后的开发步骤仍然需要证明其在实际使用中的可行性。这尤其体现在第三阶段中的有关物流流程的布局和部署上。

参考文献

[1] The Open Group：TOGAFTM Version 9. Van Haren Publishing，Zaltbommel（2009）.

[2] Daniluk，D.，Holtkamp，B.：Logistics Mall—A Cloud Platform for Logistics. In：Cloud Computing for Logistics，Lecture Notes Logistics，Springer（2015）.

[3] Weißenberg，N.，Stemmer，M.：Modern IT-Platforms for Business Process Management and Portales—Comparative Evaluation of the Tool Suites from IBM，IDS Scheer & SAP，and intalio & liferay. Fraunhofer ISST，Dortmund（2009）（in German）.

[4] Weiß，N.，Leveling，J.：Business Apps Meet the Challenge of Covering Continually Changing Logistics Requirements. In：Cloud Computing for Logistics，Lecture Notes Logistics，Springer（2015）.

[5] Böhmer，M.，Schmidt，M.，Weißenberg，N.：Seamless Interoperability in Logistics：Narrowing the Business-IT Gap by Logistics Business Objects. In：Cloud Computing for Logistics，Lecture Notes Logistics，Springer（2015）.

[6] Bochon，I.，Ivens，V.，Nagel，R.：Challenges of Cloud Business Process Management. In：Cloud Computing for Logistics，Lecture Notes Logistics，Springer（2015）.

[7] OAGi：Business Object Document（BOD）Message Architecture for OAGIS Release 9.+.OAGi White Paper Document #20110408V1.0. http://www.oagi.org/oagi/downloads/ResourceDownloads/2011_0408_BOD_Message_Architecture_V9x.pdf（2013）. Accessed 12 April 2013.

[8] Talend ESB：http://www.talend.com/products/esb（2013）. Accessed 12 April 2013.

[9] Java Messaging Service：http://www.oracle.com/technetwork/java/jms/index.html（2013）. Accessed 12 April 2013.

[10] 4D：http://www.4d.com/（2013）. Accessed 12 April 2013.

第 5 章

面向不断变化的物流需求而开发的业务应用程序服务介绍

朱利安·埃格斯曼，简斯·莱维灵，诺贝特·韦斯

摘　要：本文介绍了一种可以在物流 App 商城使用的业务应用程序，来部署并执行独立的智能 IT 服务。这种服务因专注于单一业务而被称为“应用程序服务”。基于不断变化的物流需求，本文阐述了三种不同类型的应用程序服务和架构组件。本文的核心内容是介绍应用程序服务的工作栏组件，其中包括一个用来管理任务列表的图形用户界面。

关键词：物流 App 商城；商业应用服务；SOA；服务；物流 App 商城应用程序；应用程序工作栏

朱利安·埃格斯曼，简斯·莱维灵（✉）和诺贝特·韦斯
弗劳恩霍夫物料流和物流研究所，多特蒙德，德国
e-mail：Jens. Leveling@ iml. fraunhofer. de
朱利安·埃格斯曼 e-mail：Julian. Eggemann@ iml. fraunhofer. de
诺贝特·韦斯 e-mail：Norbert. Weiss@ iml. fraunhofer. de

迈克尔·腾·霍姆佩尔等，物流云计算，物流课堂讲义，DOI 10. 1007/978 – 3 – 319 – 13404 – 8_ 5

5.1 介　　绍

物流系统大多使用标准软件（SAP、Oracle）或更多的专业物流软件系统（WMS、WMS、PPS），所有这些系统都无法完全满足物流用户关于短期合同工期、按次计费的会计和个人 IT 服务的需求。多数的标准软件功能很少被使用或根本没有被使用，但由于软件的整体性，用户仍然需要为之付费。另外，不需要的功能常在后台运行从而消耗系统资源，这也将导致更高的不必要的成本，然而，根据新的或调整后的要求去定制软件又导致更高的成本和风险，并花费更多的时间，如文献［1］提到的那样，该解决方法适用于未来的灵活性并没有提高。

应用程序服务是为达到要求而开发的。本文介绍的业务应用程序是基于文献［2］和［3］所描述的服务导向，并结合下一个子章节所介绍的具体物流需求而提出的。为了让现有的复杂应用程序能组合使用，有必要进行模块化设计。这样的做法不仅是为一个庞大的应用程序的某一板块考虑，也考虑了整个应用程序。业务应用程序是一个颗粒化的方法，它可以实现 IT 物流中对独立进程的需求。单个应用程序的主要特征是只提供单一业务功能。

最后，在一个流程中，在满足所有个性化需求的 IT 解决方案提供的支持下，这些细粒化应用程序服务的组合可以确保业务正常运行。此外，由于物流需求在不断变化，也没有文献［3］所说的不需要的服务功能的镇流作用，商务应用程序的组合应允许被调整。

5.2 物流需求

物流往往侧重于最大限度地降低各个工序的成本。在这个部分中，流程优化和降低成本的方法就像两个阶段的订单—领料过程，这在实际运用中都是常见的。这种方法将订单—领料过程分为两个不同的子流程，在第一个子流程中，所有物品都是从仓库库存中收集的，而在第二个子流程中，所有的物品都需要被分离，并与给定的订单相互对应。

物流分公司需要简单易得的软件解决方案来解决复杂的过程链问题。附加要求是需要一个开放的接口结构，以方便伙伴公司进行数据交换。另外，物流公司需要依靠高效和稳定的工作流程来应对新的工作流程或过程的变化，而这种高效和稳定的工作流程往往是以灵活的软件解决方案作为支撑的。

在一般情况下，一个云过程可以分为三种不同类型的任务：第一种是对外部系统进行集成的转换器服务。所有外部系统都有自己的数据结构，并仅能够与物流域内一般数据说明书进行通信，就像电子数据互换标准。此数据必须在给定的说明书和物流 App 商城之间进行转换，这种内部业务对象的沟通也必须是双向的。业务对象是物流领域的特定对象，如采摘列表或处理单元（HU），业务对象作为传送介质，必须允许数据在运行的应用程序和不同的应用程序之间进行传输。对每个数据说明书而言，一个转换类程序必须遵循“一个应用程序对应一个功能”的原则。集成外部数据，需要把现有的数据迁移到云环境，并将以托管为中心的内部系统与云服务连接起来，而这些服务都是自动执行的；第二种服务用来执行物流领域常见的独立的业务功能，但不需要与用户交互，如计算等；第三种服务的作用是提供用户接口。对于这三种服务类型来说，都有一种特殊类型的应用程序与其对应。这三种应用程序服务（转换类、服务类和用户类）已经在第 3 章中进行了详细描述。

为了让三种类型的服务得以实现，必须设计出一个专用业务应用程序。“一个应用程序对应一个业务功能”的原则在第 1 章中已经提到过，这个原则揭示了物流领域不断变化的需求。如果客户的需求有所改变，云进程可以通过更换或添加不同的应用程序很容易地进行调整和改动。这种节状方法的另一个好处是，客户只需要为真正需要的功能付费并执行就可以了。此外，该规则可能导致服务的颗粒化，这样更容易进行监控，也容易形成具有多种功能的复杂服务。另外，这些小服务可以与运行过程中的其他服务进行交换。

基于服务导向的业务应用程序服务是松散耦合的，所以客户不需要有其他服务和环境细节的知识。客户必须提供一个接口，以便能够接受业务对象文档，并将这些业务对象文档发送给流程引擎的消息代理。一个业务对象文档就好像一个包含各类型业务对象实例列表的信封，业务对象文档本身含有关于业务对象文档来源的信息，而与流程引擎进行交换的业务对象文档只包含业务对象实例 ID，业务对象实例详细信息必须通过应用程序本身从业务对象实例库中进行读取。消息代理被定义为在物流 App 商城环境中通信所必需的中央总线基础设施①。此外，应用程序服务必须向所需的业务对象实例进行申请，这些实例在业务对象文档中是以其 ID 的形式进行呈现的，而业务对象文档来自业务对象实例库。这三种方式的通信必须由每个业务应用程序提供和实施，并且这些应用程序必须在物流 App 商城云环境内执行。

① 在第 4 章中已进行详细描述。

业务应用程序的构架在技术上应保持中立，使现有的 IT 服务适应物流 App 商城，而这些 IT 服务是以很多技术为基础的。物流 App 商城最低标准常见的共同特性是因地制宜。这种通信基础设施应该设计成像文献［2］中提到的那样可以被广泛接受的标准，这样就形成了一个拥有多种技术的业务应用程序。

5.3 物流 App 商城具体要求

本节将提出其他新的物流 App 商城组件，重点是上文中提到的与 App 进行交互的流程引擎。

流程引擎无法区分应用程序类型，另外，由于被用户广泛使用，业务对象实例库不能锁定业务对象实例，和流程引擎一样，业务对象实例库也没有关于应用程序和客户的任何知识背景，这仅仅是一个系统范围内的数据存储做法。要考虑这个问题，最终用户应用程序必须提供一种机制来存储输入的业务对象，直到用户完全处理它。这种机制能避免因业务相互平行而导致的业务对象处理错误。如果用户开始对其进行处理，业务对象就被直接锁定。

5.4 业务应用程序架构方法

本节介绍了物流需求和云环境，并运用应用视图探讨我们的物流 App 商城中的应用程序服务是如何满足这些要求的。为了让读者更好地理解，这一节命名为呈现云环境。接着，本节对物流 App 商城应用程序的结构和不同应用程序的体系结构的层进行了描述。像物流 App 商城提到的一样，所提到的要求可以通过云方案实现。下面描述用于物流 App 商城中的应用程序服务。

物流 App 商城提供了一个云环境来实现上文中提到的物流需求。物流 App 商城代表了一个物流软件和服务的交易市场，而这些软件和服务都可以通过云计算运营商提供的网络前端来访问。这种设计结构是基于 SaaS 的服务模式。如文献［5］提到的那样，在这种模式中，软件系统存在于云环境中，通过 Web 浏览器来访问，而云基础设施由云运营商管理。每个客户可以预订所需软件应用程序，但在使用前，预订需要得到批准并置备。之后，客户能够通过 Web 浏览器简单地使用已预订的应用程序。这种购买形式的特点在于用户可以像物流 App 商城一样灵活使用预订的软件解决方案，而这种方案运行在云环境中。基于灵活运用，这用应用程序以“按使用付费”的模式提供。按这种模式，其他类型产品服务也可以被推出，如“全程服务”礼包。物流 App 商城的主要优势是基于独立的物流进程提供服务，这个过程由物流流程设计器（LPD）来完成。

此外，服务供应商也可以通过在物流 App 商城交易中心上传应用服务的方式向消费者提供自己的服务。在应用程序能够在云环境中运行之前，服务供应商需要使自己的应用适用于物流 App 商城提供的标准。除此之外，这种应用程序必须适应云计算的解决方案。

引入物流 App 商城和在物流 App 商城使用的应用程序服务的基本概念后，接下来主要介绍云基础设施里面的结构。本地软件解决方案和云端软件解决方案的主要区别是功能的传递方式不同，本地软件需要安装在本地硬件中，而基于云端的解决方案就像一种外部服务。BPaaS 解决方案需要更复杂的基础设施，以支持大量的客户。

已预订的应用程序作为一个实例传递给每一位客户，每个实例可在多个进程内使用。一个应用程序的多个实例将只创建一次，如果一个实例被频繁使用，就需要更多的内存和更强的处理能力以便应用程序或应用程序执行环境可以管理自己。此外，如果一个应用程序需要不同的版本，物流 App 商城就要提供每个版本的应用程序的单一实例。公司的数据以及预订的实例都被存储在云环境中，由于隐私和安全方面的原因，物流 App 商城为用户提供单独的存储平台，以便用户数据可以分离，这种存储平台称为业务对象实例库①。

5.4.1　应用实例

一个应用程序可以部署在几个应用程序服务器中。在物流 App 商城中，应用程序的每一次部署都被称为应用实例。

5.4.2　层

下面的段落描述了物流 App 商城应用程序的结构，包括不同的层所使用的结构。在物流 App 商城云平台中运行的应用程序被分为三层，如图 1 所示。层就像文献［6］中所描述的排列形式，也是由工作栏扩展而来的，这些将在后续内容中描述。每个应用程序都是以使用的业务对象为模型而创建的。

① 详细内容将在第 6 章中进行详细描述。

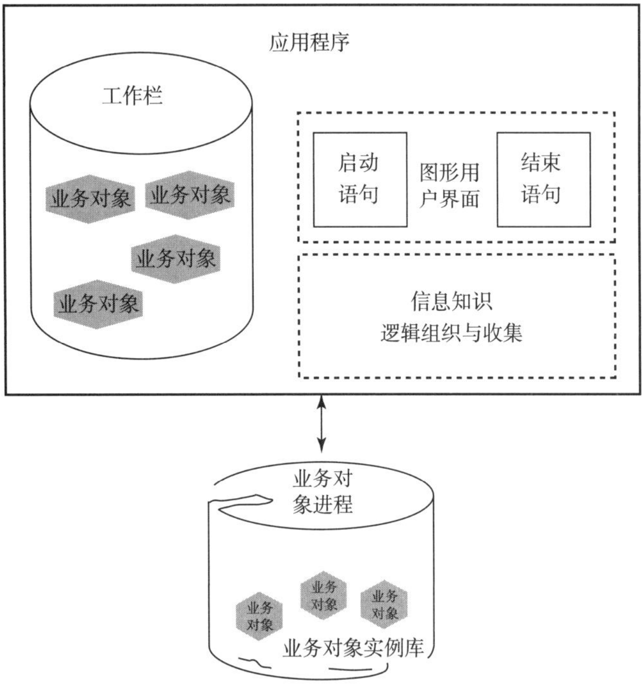

图 1　物流 App 商城应用程序层次图

1. 图形用户界面（GUI）

第一层实现与运行应用程序的客户端的交互功能。此过程由一个网络的用户界面实现，允许在大部分设备稳中定地使用，如手机、平板和电脑，用户通过进程被引导。这种交互通常以启动语句开始，并以结束语句定型应用程序进程。

2. 业务逻辑

业务逻辑与图形用户界面交互，并代表算法和每个应用程序背后的逻辑关系。数据的传输是标准化的对象结构，被称为业务对象，而所有功能都通过业务逻辑组织和运行。

此外，业务逻辑可以从业务对象实例库中检索业务对象数据来实现业务功能目标，而这些目标都不能通过进行中的业务对象信息实现。

3. 工具栏

如果用户启用了业务对象处理，程序工具栏将把所有来自流程引擎的信息存储在机器中并将其锁定。工具栏的主要职责是存放所有传入的迷你业务对象实例文档，直到存有业务对象实例文档的业务对象被完全处理。图 2 是一个已执行的应用程序实例的工具栏，它将与所有应用程序中的用户共享。

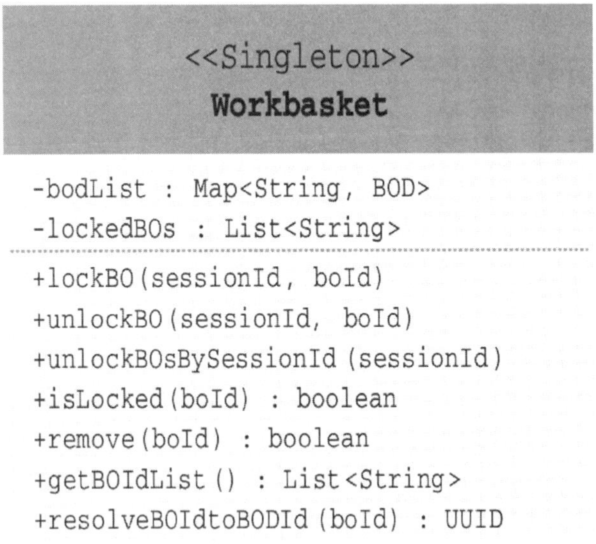

图 2　工具栏单例模式类图

工具栏也包含业务对象实例文档中锁定/解锁业务对象的方法。每个网页用户界面实例都有自己唯一的 ID，用于锁定微型业务实例文档，锁定后将使两个或两个以上的用户使用的业务对象失效。

工具栏是现有方法的一部分，这使得分割和加入流程实例成为可能。例如，一个带有四个位置信息的指令（输入业务对象实例）被业务应用软件分割成两个采摘列表，而应用程序的输出是包含每一个采摘列表的两个单一业务对象实例文档。这个过程中的下一个业务程序实例分别处理两种业务对象实例文档，但能够同时将采摘名单中的任何部分添加到一个新的输出。所有被分割的新的输出组成一个新的进程实例来处理不同的业务对象实例文档。

如果流程引擎调用应用实例的 RESTful 架构接口，新进入的业务对象文档将自动添加到工作栏应用对象实例文档目录中。这种应用程序的方法是专为 Java6 的企业版版本所设计的。这样就在 RESTful 架构接口、业务逻辑和图形用户界面三者之间形成一个耦合机制，如图 3 所示。

业务对象实例被完全处理后，就会从工具栏中移除。然后，流程引擎将收到进程实例的定稿通知，最后，流程引擎将流程实例发送到下一个应用程序的建模过程，并继续循环这个过程。如果用户会话因终止错误或闲置用户会

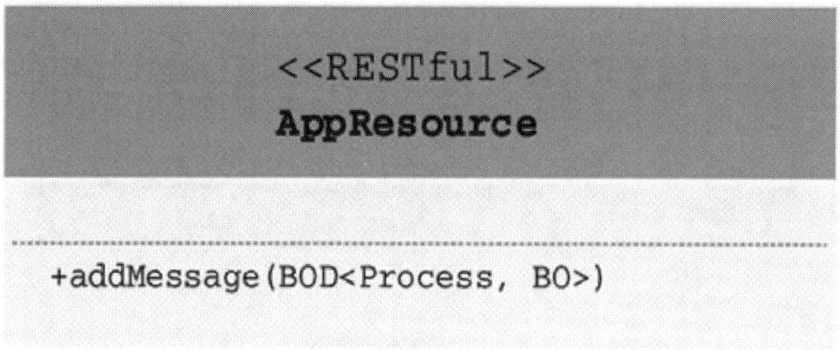

图 3　工具栏接口

话超时而结束，所有锁定的应用对象实例文档将会把会话自动解锁停机，以便其他用户都能够处理释放的应用对象实例文档，工具栏版块就提供了这个功能。

5.5　物流 App 商城基础设施间的通信

应用实例、流程引擎和业务对象实例库三者之间的通信，如图 4 所示。不同的应用程序必须拥有发送已处理的业务对象信息到流程引擎的功能。业务应用程序必须提供一个接口，以便流程引擎发送新任务到应用程序实例。这些功能和信息特征将会在此小节中介绍。

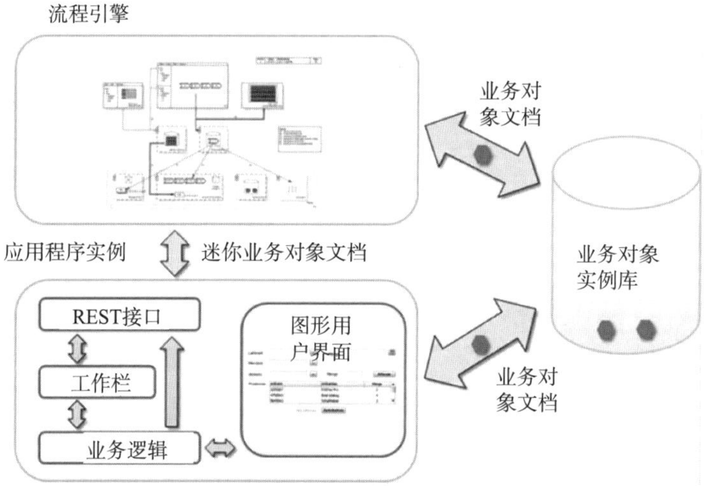

图 4　应用程序实例角度下的架构

在云环境中的通信是通过 RESTful API 架构进行的，在物流 App 商城中使用 RESTful 架构的主要优点是其具有 HTTP 的基础结构，这将使在整个云环境中的信息传递变得非常简单。此外，相对于其他架构来说，它是一个轻量级且易于使用的设施。通过支持的 XML 和 JSON 类型，物流 App 商城使用业务对象在整个 REST 架构中传递信息。

更精确地说，应用程序是在已经定义好的结构中传递信息，这种结构是由业务对象说明特定的。一个业务对象实例在业务对象文档中传递，一个业务对象实例包含了关于特定对象的所有必要信息，就像一个货物或者处理单元。该业务应用程序接收来自流程引擎的颗粒化业务对象文档。这些消息，就是所谓的“迷你业务对象实例”的信息，其中只包含一个实例的 ID 或一个业务对象实例。其中部分接口由应用程序提供，这意味着应用程序描述了应用对象类型就可以进行处理，所有其他类型的业务对象文档都将不被接受。

应用程序需要加载相应的实例，一个应用程序要能够处理加载的 OB 并在下一步的工作流程中进行下一步操作。应用程序可以分为三个不同的组，每个组的介绍如下。

1. 转换类应用程序服务

被分在“转换类应用程序”工作组中的应用软件能够有效部署对应功能来将外部环境的申请数据转换成标准化的业务对象。在物流 App 商城中，业务对象传递信息需要标准的格式，而事实上申请数据对于业务对象来说是不可见的。此外，转换类程序还允许在物流 App 商城使用有效的格式的基础上，提供与应用对象连接的软件解决方案。每一个转换类程序只允许有一种格式，与外部系统的通信只可能通过物流 App 商城入口①。此外，转换类程序服务并不仅仅是从入口获取信息，也可以通过消息代理获取。出于安全的考虑，所有的信息将首先被发送到消息代理，如图 5 所示。

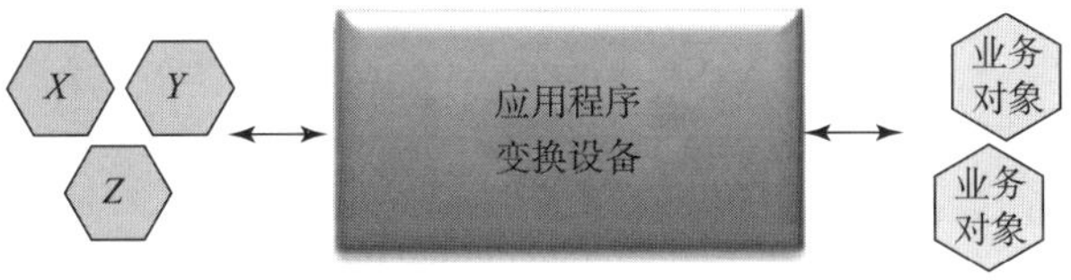

图 5　转换类应用程序服务

① 详细内容见第 4 章。

2. 服务类应用程序服务

应用程序服务的第二类被称为服务类应用程序服务。服务类程序服务的主要目的是往物流 App 商城传递业务功能，如载物空间优化算法，这些应用程序服务不提供用户界面，也不包括工具栏。如果流程引擎调用 RESTful 架构接口，服务类程序传递的服务将会自动执行。

服务类程序的 RESTful 架构接口与前面描述的工具栏接口具有相同的签名，但并没有业务对象 ID 被给予，如图 6、图 7 所示。

图 6　服务类应用程序服务

图 7　用户类应用程序服务

3. 用户类应用程序服务

应用程序的最后一类被归纳为用户应用程序服务。用户程序用于不同的客户间进行交互，传统的软件解决方案，可使用图形用户界面（GUI）来完成任务，而物流 App 商城用户的应用程序则通过网络前端简单地访问用户界面来完成，用户可以根据它的权限，非常简单地运行对应的功能。最后，用户类程序服务将成为用户与云端计算机进行交互的唯一接口。

5.6　应用程序生命周期

业务应用程序生命周期分为五个阶段，如图 8 所示。图中描述了应用程序的生命周期内的工作流。这五个阶段将在这一小节中详细叙述。

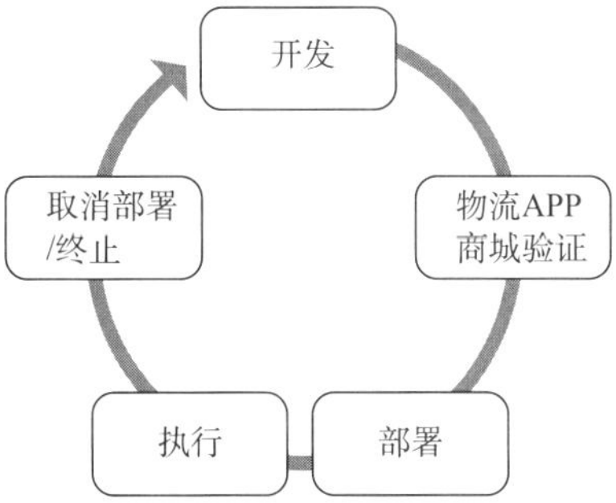

图8　应用程序生命周期

5.6.1　开发阶段

首先是开发阶段。程序供应商可以根据第3章中的指导来开发服务，硬件要求是RESTful接口和服务电话必须被执行。此外，物流App商城中包含BODs和Min-BODs的业务对象集合必须用于通信，与此同时，业务对象实例库也必须用于通信，而且数据被不同程序的同一进程共享。另外，供应商最好使用Java企业堆栈，开发人员可以自由地选择自己的编程语言，但必须确保云环境中他们编写的应用程序是可执行的，在下一个阶段中，这些将被证实并实施。提交创建的应用程序后，开发阶段完成，并把程序集成到物流App商城市场（MMP）中。为了集中描述应用程序，它的价格模型和可用性日期都在物流App商城市场中注册，业务应用程序仅可以在注册日期内使用。当然，在物流App商城的验证没有完全通过之前，这些应用对于顾客来说都是不可见的，也不能购买。

5.6.2　物流App商城验证阶段

所有的业务应用程序服务都必须通过验证。应用程序服务都需要进行测试，以确保它们满足要求，另外，测试验证可以保证应用程序稳定运行。此外，还要用恶意软件①检测分析应用程序服务，这样做的主要目的是使之能够在不同的进程中稳定运行。这些测试和验证都需要通过压力测试和集成测试，如图9所示。

图9　验证阶段

① 恶意软件是指包含恶意操作的程序。

在集成测试中，应用程序在测试环境中部署和执行；在压力测试中，应用程序实例被零星的指令唤醒，这些指令有正确的也有错误的。错误消息指不兼容该应用程序的 RESTful 传输接口，它们没有合适的格式，是不完整的。这种压力测试，确保所有业务程序在物流 App 商城应用环境中能够稳定运行，这个过程由物流 App 商城运营商完成。如果测试失败，应用程序供应商必须更正发生的错误并达到要求；如果应用程序验证成功，那么应用程序在物流 App 商城交易市场中就是可见的，并可以购买，也可以被任何顾客使用到流程建模中。

5.6.3 部署阶段

一旦应用程序被一个客户购买，如果应用程序之前没有被实例化，运营商就可以开始部署应用程序。由于之前通过了验证，这个过程的执行就不会出现任何错误。

5.6.4 执行阶段

客户可以在自己的进程中执行新的应用。像第 3 章提到的那样，最终的用户应用程序可以由用户公司的任何用户执行，转换类程序服务和服务类程序服务都会自动执行。

5.6.5 取消部署/终止阶段

如果一个应用程序实例没有在任何流程实例内使用，运营商将迅速停止该实例的运行。然后，应用程序实例在物流 App 商城数据库会被标记为“终止”。一旦一个应用程序的所有实例都终止了，那么应用程序就丧失了可用性，该应用程序的状态必须设置为“已过期”。而该应用程序的供应商仍然能够添加新版本的应用程序并续签可用性日期。

5.7 结　　论

成功的工作栏方法在物流应用需求和面向进程视角的流程引擎之间架起了一座桥梁，这就使得开发能够战胜聚焦于业务流程管理的单一进程实例的应用程序成为可能。但是，由于颗粒化，进程将会变得更加复杂。在“订单—领料”的比喻中，第一阶段的挑战由“如何处理单一进程实例发出的领料指令”变成了“如何在复杂的领料指令中确定指令的位置”；第二阶段通过第一阶段的结果，根据原始指令需求来分割中间的领料位置，以确保完成最初的指令。

颗粒化也导致产生额外的、经常需要被同步的进程实例。是平衡提升模型完整性的各部分，还是将完整的功能压缩到一个单一的应用程序，这将是未来的考虑方向。

应用程序服务所呈现的结构已被证明是令人满意的。它对于开发者来说易于理解和维护、灵活轻便，也为实现许多不同的应用程序提供了良好的框架。假定有足够多的应用程序服务来满足进程的需求，那么以更低的价格和更高的灵活性来提供所需功能这一目标，在未来是可以实现的。

参考文献

[1] Wolf, M. B., Rahn, J., ten Hompel, M.: Cloud computing für logistik 2', fraunhofer verlag, ISBN 978 - 3 - 8396 - 0558 - 5 (2011).

[2] Papazoglou, M.: Web Services & SOA—principles and technology, 2nd edn, ISBN 978 - 0 - 273 - 73216 - 7, pp. 778 - 779 (2012).

[3] Erl, T.: Service-oriented architectures, 2nd Edn, Prentice Hall, ISBN 978 - 0 - 132 - 344 - 821, (2008).

[4] EDIFACT Standards Overview Tutorial: Learn About Key e-Commerce Trends and Technologies at Your Own Place, GXS, Online, http://www.gxs.co.uk/wp-content/uploads/tutorial_ edifact.pdf01 Aug 2014 Business Apps Meet the Challenge of Covering… 75.

[5] Holtkamp, B., Steinbuß, S., Gsell, H., Löffeler, T., Springer, U.: Towards a logistics cloud, presented at the 2010 sixth international conference on semantics, knowledge and grids, pp. 305 - 308 (2010).

[6] Elias, S. J., Shahuddin, A. Z., Shaharudin, M. R.: Development of ISE club information system (ISECIS): based on model-view-controller (MVC) pattern, LAP lambert academic publishing, ISBN: 978 - 3 - 8443 - 2211 - 8 (2011).

[7] Reitbauer, A., Novakovic, M.: RESTlos glücklich? in javamagazin, pp. 56 - 58 (2009).

第 6 章

基于物流业务对象的商业与 IT 技术无缝互操作物流信息系统

马丁·波梅尔，麦可·斯切梅德，诺贝特·韦斯伯戈

摘　要： 物流 IT 技术正在从大而单一的软件系统转变为更小的能够灵活组合以支持独立商业流程的集成化软件应用程序。为应对愈加广泛的集成项目要求，无缝互操作性已变得至关重要。本章概述了一种标准物流业务对象的模型，这种业务对象模型（BO-model）能缩小商业和 IT 技术之间的鸿沟，并且能够在开发和集成两方面简化物流 IT 技术服务。

关键词： 物流 App 商城；业务对象模型（BO-model）；开放应用组集成规范（OAGIS）；商业和 IT 技术之间的鸿沟；流程模型（PO）

马丁·波梅尔（✉）和麦可·斯切梅德
弗劳恩霍夫物料流和物流研究所，多特蒙德，德国
e-mail：Martin. Boehmer@ iml. fraunhofer. de；
麦可·斯切梅德 e-mail：Michael. Schmidt@ iml. fraunhofer. de
诺贝特·韦斯伯戈
弗劳恩霍夫软件及系统技术研究所，多特蒙德，德国
e-mail：Norbert. Weissenberg@ isst. fraunhofer. de

6.1 介　　绍

物流流程和供应链都是高度动态的。它们通常有大量的参与者，并且依赖于由不同供应商所提供的多种多样的 IT 技术系统。根据不断变化的商业需求，建立和维护这些过程，在商业水平和技术水平层面上都提出了一个巨大的挑战。商业和 IT 技术之间传统的分离（和之间的差距）也是一个要克服的障碍。

灵活和模块化的（物理层面）物流服务和 IT 系统对实现快速的流程适配是十分重要的。因此，广泛的 IT 系统逐渐被细分为更小的软件应用程序。当这些软件应用程序为商业流程组合工作时，这些应用程序的无缝互操作性就成为能够构成显著竞争力的必要条件。考虑到商业与 IT 技术之间的鸿沟，为缩小鸿沟以及加速过程适配，能够实现标准化对于商业和 IT 技术都很有必要。这就是产生业务对象这一概念的原因。

弗劳恩霍夫研究所的物流研究小组 IML 和软件与系统工程研究小组 ISST 同先进的物流团体 Logistik Ruhr 合作，共同开发了通信标准“物流业务对象”（“BO4L”[1]）。该标准的目标是确定物流领域的首个独立标准，也就是 BO4L——这将实现由不同的供应商所提供的物流 IT 技术应用之间的无缝互操作（缩小商业与 IT 技术的鸿沟）。

业务对象（BO）代表的是一个商业领域的对象，如产品、订单或处理单元。一个业务对象，可能会有一个比如产品之类的实物与之对应，但也可能是非实物对应的业务对象，比如挑库单。而每个业务对象都会有一个结构化的属性集合，允许对不同的应用对象进行综合描述。业务对象是实施广泛模块化的物流 IT 技术解决方案的前提，特别是在如物流 App 商城[3,4]的云概念方面。BO4L 标准已经被引用在德国药店的订购系统[6]上，并出现在了德国的 IT 软件 Gipfel 2012[6]中。在这种背景下，业务对象可以实现在网店和企业资源规划（ERP）系统以及仓库管理系统（WMS）三者之间连续而又标准的通信。

BO4L 包括一个商业驱动的领域模型和一个同时互操作性的技术标准。因此，它们不只是在技术层面满足 IT 系统和软件应用程序，在通信方面也符合商业或分析师层面上的相关参与者之间的要求。在综合了商业和 IT 技术两大层面的基础上，BO 能够提供领域专家和分析师建模和部署以及维护商业流程链一系列服务而排除了较大的 IT 人员干预的影响，这样就能显著缩小商业和 IT 技术之间的差距，也缩小了一些所谓的水平差距，水平差距在本章会详细陈述。

BO4L 不仅是具有许多不同视图的数据模型，它还额外配有两个配套软件：BO 实例库和 BO 类型库，它们都可被 Web 浏览器支持。

对于工业来说“信息是新的石油”[7]，而就类型和重复被删除的实例而言，信息必须被标准化。因此，开发和维护的总成本以及上市的时间必须实现最小化。

6.2 BO4L物流业务对象模型（BO-model）

这一节将介绍开发业务对象模型（BO-model）的目标，业务对象模型（BO-model）的功能与技术层面两大方面的结构和最终设计，以及相应的开发方法和模型管理过程。

6.2.1 目标

标准的业务对象模型（BO-model）的目标一方面是调节物流和IT的关系，另一方面是调节不同IT系统（ERP、WMS等，参见文献［8］）和参与者之间的关系。前一方面已得到物流和IT部门的双方共识；后一方面又可细分为两个部分：支持固定点间通信的IT系统和通过确定物流流程模型（PO）的标准数据对象，用商业流程模型（PO）来支持IT系统的灵活编排（这将在6.3.4节中详细说明）。因此，商业与IT技术之间的鸿沟必须在垂直方向（物流与IT技术）和水平方向（沿过程链）两个方向都缩小。垂直差距包括分离的商业流程和数据表示，而水平差距则包括IT－IT（IT技术之间的）缺口和B2B（商业之间的）的差距。这就是图1所示的内容。

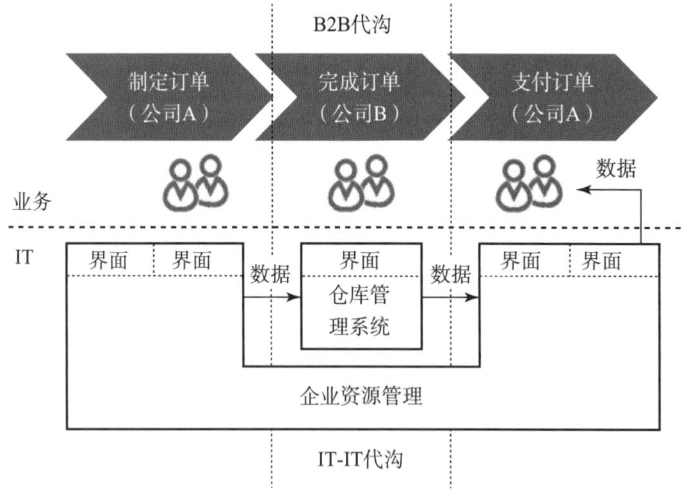

图1　垂直和水平方向的商业与IT技术之间的鸿沟

以上这些目标引发了对域模型和其技术表示的不同的要求，其中的一个关键要求是要使用如下所述的标准，最后通过我们给出的业务对象的定义总结这些要求。

1. 业务对象模型的要求

针对商业与IT技术（垂直差距）之间的鸿沟，理想情况下，一个BO模型将合并商业与IT技术这两个方面，最终只需要表示其中任意一个（合二为一）。但这种情况下的合并也意味着将混合每个方面各自的特点，而不是辅助某一方。而事实上相反的是，模型应该有一个包含了一个或多个技术实施方案的抽象域驱动模型（域视图），而每个实施方案都将依据其具体特征来拓展抽象域驱动模型（域视图）和其技术表示（也称为技术视图）。为缩小商业与IT技术之间的差距，这两种视图必须紧密耦合并且可扩展，版本同步的同时还要由同一个管理流程进行控制。由于（物流）领域的复杂性和动态性，在流程操作环境下，当被不同的流程同时使用时，不同的模型版本应禁止互相干扰。

域视图可提取技术的任何细节，并且可以很容易地被领域专家和商业用户理解。通过映射现实世界（域），它将指明相关物理对象（如产品、工具、库存）和虚拟或逻辑对象（如挑库单、订单行、存储区域）及两者之间的关系。

为得到总物流过程的一致描述，一系列业务对象必须形成一个总的域模型。该域模型应由可重复使用的结构化的组件组成，以明确（商业）实体和基本属性（如数字、代码字符串）以及其他实体与组件之间的关系。为便于理解，这些定义应依照标准符号如UML图表的形式进行表示。基于或尽可能兼容现有的标准的前提下，应该规范域模型（即简单的典型结构），尊重已有标准的同时进行扩展才是被广泛接纳的关键。而因为要求了指定的实体以代表商业交易，所以BO通信会具有法律约束力。

为达到短时间内上市的目标，技术表示也应该基于一定标准，而使无缝化集成在不同层次都得到实现。技术的最终目标是支持由不同供应商所提供的应用程序之间简单而灵活的组合，因此，得益于自身语义精确和与厂商无关的物流领域模型，BO的技术表示将被用来定义应用程序界面。作为程序可交换性的关键，BO服务能够实现只要业务对象的内外层和软件应用程序的语言相匹配，那么一个应用程序就可以被另一个应用程序所替换。结合域模型，BO的技术界定/技术视图必须创建可交换的应用程序构建版块（应用程序）。通过使软件应用程序的开发者只需关注于他们各自的商业逻辑，技术视图最终将简化应用程序的开发流程。

BO模型是避免无意义依赖关系的关键。它不仅没有分离领域层和技术层，反而通过成为两个领域的共同语言，从较低的域（特别是服务层和技术层应用程序）向更高的域发展，将它们联系在了一起。而BO模型面向架构层［特别是商业流程模型及其建模工具和执行引擎］的解耦则增强了实施交换服务的适应流程模型的灵活性和敏捷性，因为BO并不特定于服务，但同样可以提供任何替代性的服务，这在文献［9］的82～86页有详细解释，例如，一步拣选指令应用可以被一个两步选择应用程序所替代而不影响其他的过程。

即使是不同的使用情况，BO的结构也能够保持一致。但是，不同的使用情况会存在不同的约束：当使用BO以举例质疑或简易解组时，BO实例必须保持空态，而在把BO传递给伙伴或者只是存储BO时，BO又必须满足由域所定义的所有约束。在使用有着不同动词或方法的BO时也是如此，一个BO要满足的约束条件，也会反过来取决于BO自身的状态：一个BO有其生命周期，而在每一个生命状态下，BO的一些属性是必要的，有些则是不必要的。因此，BO的效力是一个状态量而非积分量。

2. 使用标准的好处

BO4L被有意地设计成与现有的标准相协调。开放而被广泛接纳的BO4L标准，是来自标准的开发团队凝聚的经验和最佳的实践成果。

使用BO4L标准有助于接口和产品的标准化。在文献［10］和文献［11］会详细地解释说明：在整个价值链中，使用业务对象形式的统一化信息，可以实现服务和软件版块的重复使用和可交换性（物理和/或商业），同时最终将实现降低成本、降低风险和复杂性及提高数据质量。供应商（服务或软件的）得以面向更大的市场，而用户也可以在面对特定厂商时有更小的风险，同时从提供者更为剧烈的竞争中获利，供应商和用户因此都获得了投资的安全。

此外，因为标准化加速了商业流程，缩短了谈判时间，简化了合同，也就因此降低了交易成本。技术子系统之间接口参数的标准化也将实现由复杂系统和更低开发成本所共同构成的高效结构，特别是可以应对很多子系统频繁变化和敏捷开发的情况。

3. 业务对象定义

业务对象指真实的或虚拟的、由结构化属性集和可重复使用的子组件以及与其他业务对象的关系，所共同组成的与特殊领域相关的实体。它们是作为使这些流程所依靠的商业流程以及IT系统都符合标准化的通信手段。因此BO适用于特定的商业或技术接口，实现促进商业－商业、IT－IT和商业－IT三类的集成。一个BO有一个抽象的域视图和一个或一个以上的技术表示[12]。

BO模型（域视图）通过反映域模型，可获得领域内所有商业流程的一致描述。它提取了所有无关商业用户或者领域专家的技术细节，比如在商业流程模型中就通常只有业务对象的名字和状态以及一些控制流动的相关属性，这些将在下面得到解释。

BO 的技术视图即 BO 的技术表示，是一种软件产物，是包含所有被特定的目标或技术所需要的相关技术细节的域对象。因此，一个业务对象由各种不同交互 - 可变技术表示，例如系统和系统组件（应用程序、服务、基础设施组件、过程模型）之间的通信或持久性。BO 的技术表示也用于被动控制系统和与其相关的系统：决策将基于 BO 的状态和属性值，而 BO 基本上不主动影响环境。

重要的是区分业务对象类型（BO-type）和业务对象实例（BO-instance）。虽然设计流程或软件时，BO 类型是作为蓝图被使用的，但是此时一个业务对象表示一个实际的实例，是基于业务对象蓝图的“真实的”存在（如“Acme 有限公司”）。

6.2.2　BO 模型的设计

缩小水平差距只需要一个所有层面都共有的规范化模型。以缩小商业 - IT 鸿沟为目的，BO 模型被设计成服务于物流领域专家、IT 专家以及系统集成商的规范化模型。

然而，由于这些团体有着各自不同的关注点，因此所有这些团体都是由不同的模型视图所支持的。而为了缩小商业 - IT 的鸿沟，这些视图必须紧密耦合并且能够支持自主反馈，如图 2 所示。

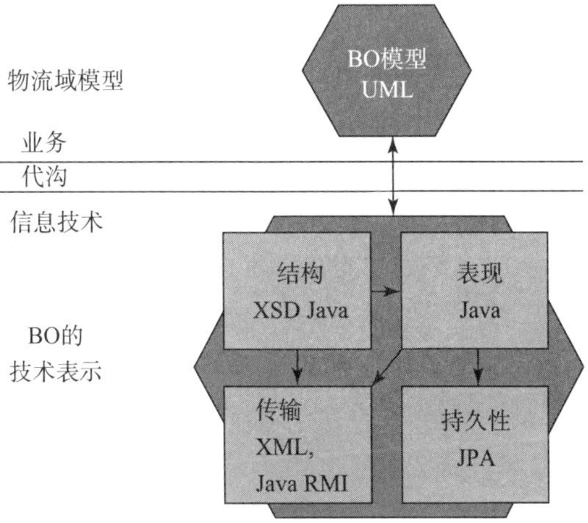

图 2　BO 模型和视图

1. 域模型——功能视图

如上所述，域模型是物流专家所使用的，为了方便阅读、访问及转换成不同的语言（如 Java），域模型被表示成 UML 类图的形式。域模型描述了发生在物流商业的通信流程中的不同对象（包括它们的属性），如物理对象信息（如文章或负载支持）和文档（如订单）。

业务对象由属性和组件共同构成。其许多组件都符合一定标准，例如 CCT[13] 和其他 UN/CEFACT[14] 标准——这一特点满足了 OAGIS（开放式应用程序组集成规范）以及我们的 BO 模型的使用要求。组件本身也是由属性和子组件所构成的，还有来自其他业务对象的可联系的所谓参考组件。因此，组件是业务对象的标准化构建版块，如图 3 所示。

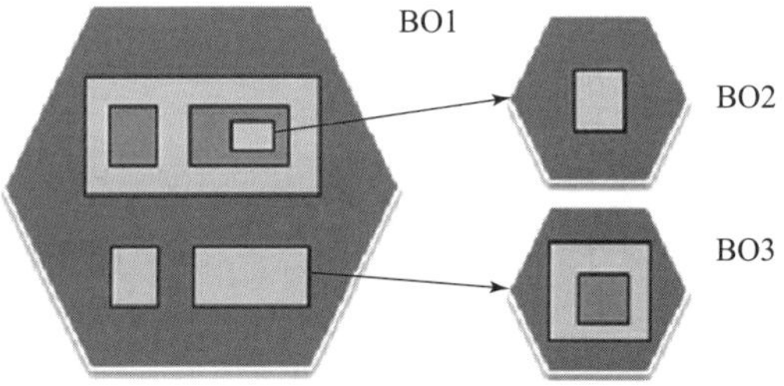

图 3　商业代表的内部结构

以上的要求也适用于 Java 语言和业务对象的数据库语言，而这里只介绍 BO 之间的 BO 类型（BO-type）分别代表自然属性和外键的情况。BO 属性的带宽，由像一个独立编号的形式，变为笔记和描述、物理维度及不同的状态等多种形式。

目前，域模型包含 31 个 BO 类型，涵盖以下领域：

①订单管理：从采购订单到发票。

②设施物流：从接收到航运。

③供应链和运输：库存、容量和路线信息。

BO 域模型会比 UML 模型发现更多的 BO：BO 域模型只是增加 BO，而且只是 BO 状态或动词/方法的用法不同，都有相同的形式。举个例子，装运的 BO 也可被用于货运的通知［装运（宣布）］、装运完成的确认［装运（派遣）］和交易的记录［装运（交付）］。

BO 模型在图[16] 中被编成文档，然而目前只在德国得到应用。文档用德语和英语为每个 BO 和属性的评价提供了动机信息和详细的 UML 图表。在接下来的购买订单（PO）和处理 BO 单元的内容中将详细解释。

购买订单业务对象的目的是把买方购买货物的订单传达给供应商（图 4）。购买订单是电子数据交换（EDI）购买订单和开放应用组集成规范（OAGIS）购买订单的一次升级。它携带着包括付款条件和交货条件等信息来往于买家和供应商之间。一旦双方同意订单的内容和订单所指定的条款和条件，购买订单就成了一个具有法律约束力的文件。

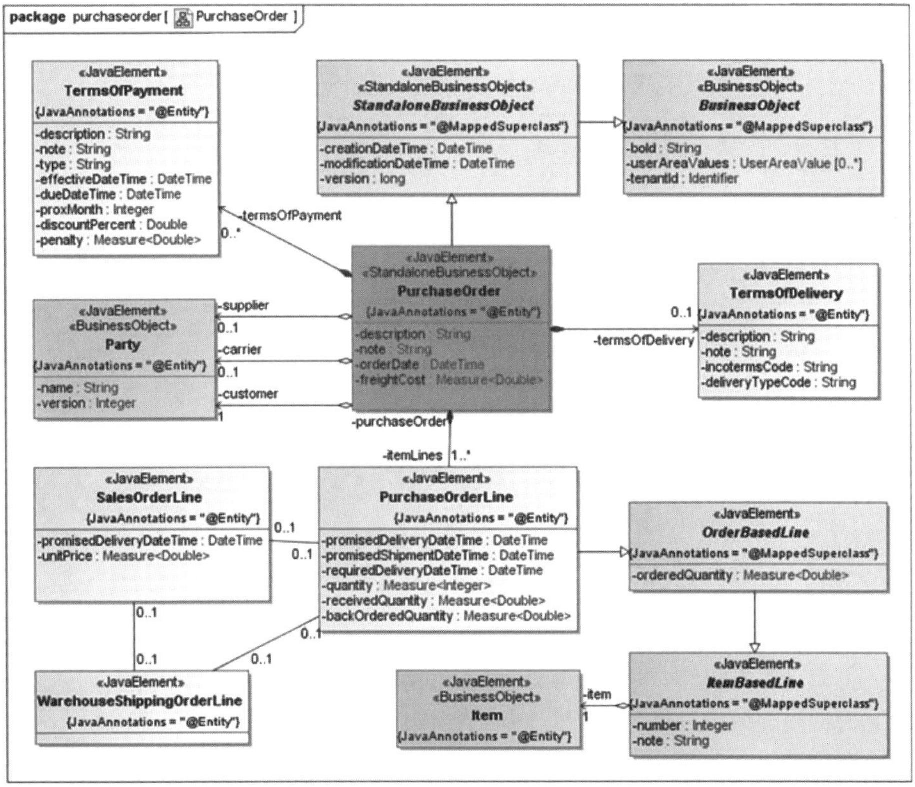

图 4　BO 购买订单

购买订单线和销售订单线是与仓库运送订单线的沟通销售联系起来的。销售订单是购买订单的下一步，订单中的实体也传递着销售信息。仓库运送订单（WSO）也可用来指航运订单。这常被用于授权一个仓库去拟定，确认、修改或取消一批或之前的一批航运订单的情况。通过联系订单行，可实现从一个订单过渡到另一个订单过程中的订单部分的交付和结合。

BO 处理单元（HU）遵循文献［17］和文献［18］的定义（图 5）。HU 是一个支架和商品的物理单元。HU 是所有物质的处理流程（股票投入、股票拣选、检索指令等）和与其相关的信息流程（扫描/识别、库存、控制等）的基本单位。所有包含在项目中的信息，如批次和编号、存储位置、物理尺寸都可从 UML 获得。HU 可以嵌套，这意味着 HU 可以由其他 HU 产生（比如 HU 容器→HU 托盘→HU 箱）。他们都有独特的识别号码，可由比如 gs1 – 128 或 SSCC（航运装运代码系列）[19]之类的标准所形成。

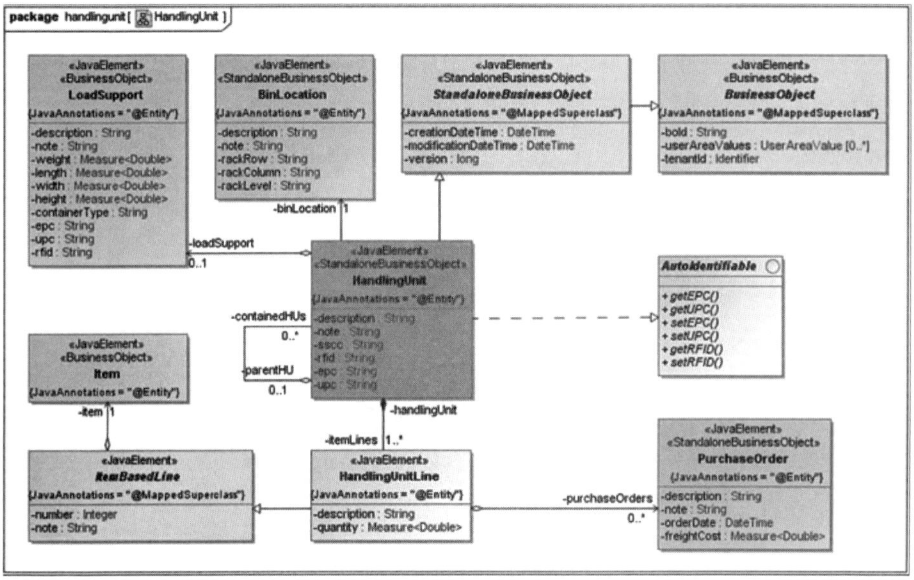

图 5　商业代表处理单元

2. 技术模型表示

每个 BO 都有着不同的技术表示，技术层面使用或侧重不同的方面，目的是支持不同的结构层面。因为我们是从 UML 模型生成 Java 代码的，而 Java 又是所有技术表现的核心，所以每个 BO 都是机械可说明的，并且来自物流领域模型（UML）。

结构：结构是由 UML 域模型（也就是 BO）、BO 的属性及其关系所共同确定的，域模型确定了行为表示和持久表示的结构，而运输表示则基于公认的技术标准。

运输：主要和规范化的运输表示标准开放应用组集成规范（OAGIS）[16]，也就是开放应用组集成规范（OAGIS）覆盖层和其业务对象文档（BOD）。但是如果还有应用程序需要，通过使用转换器可使用任何其他相关的市场 BO，例如 UN/EDIFACT[20]。

传输格式具有可交易性：它不仅包括数据（一个或多个 BO），还包含了信息采集系统和需要信息采集系统处理的信息。因此，OAGIS 提供了合作伙伴之间进行 BOD 的交换。图 6 展示了 BO 文档：每个 BO 文档主要由一个动词（如何处理 BO）和一个或多个名词（或者称之为 BO）共同组成。名词/BO 本身是由组件和字段（属性）组成的。除了数据区域，BOD 还有一个包含像发送方和接收方之类的一般性信息的应用程序区域。

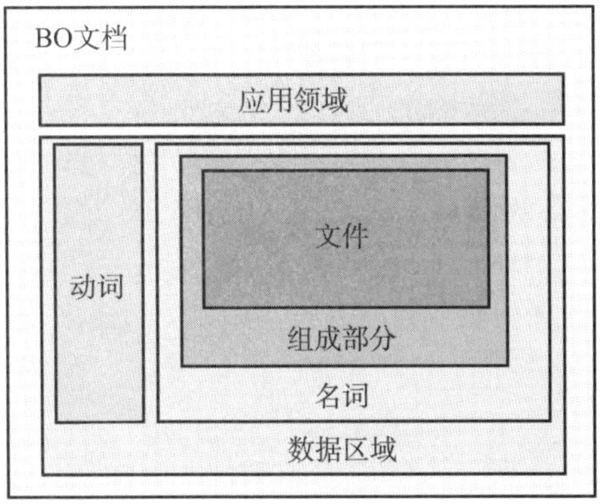

图 6　BO 文档结构（来自文献［21］）

动词表达了信息采集系统对名词的预操作。动词都是成对存在的（请求/响应），并且也由 OAGIS 标准化。这些动词原则上可与所有名词/BO 结合，以减少 BOD 的学习曲线数。获取和改变代表 CRUD 的方法是对商业逻辑使用流程模型。通知则是对事件和异步通信方式使用 BO。而主数据同步也要使用 BO。图 7 显示了这种正交结构。

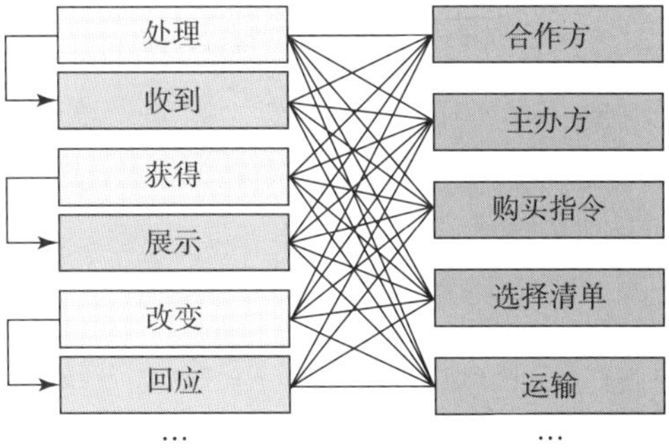

图 7　动词配对后可与名词或 BO 自由组合

BO 传输格式需从行为上区分状态和结构，因为不同系统之间（也可能是一个系统的不同层和组件）的状态和结构都要被传送。这是由于行为不可转换且轻松便携，必须由高级商业流程模型灵活协调，同时紧急情况（不同行为说明之间的干涉）应该避免。

行为：BO 模型的 Java 语言支持商业的逻辑表达。Java 实体模型可从 UML 模型生成，它提供了 CRUD 的方法和更多的方法。因此行为信息是类型的信息，而不是单个对象实例的传递信息。

持久性：BO 模型的持久性由使用 JPA（Java Persistence API）的 Java 表示。通过这种方式，不同的关系数据库系统甚至 NoSQL 数据库都可用于存储和处理 BO 实例。我们甚至提供了一个 BO 实例库（见 6.4.1 节）。BO 因此存在不同的可转换的技术表示格式：标准的传输格式可能解析成等效的技术类型对象（方法），如果需要，也可以保存在数据库中。持久的表示形式是 BO 的主要副本，被托管在负责 BO 生命周期的独立应用程序或服务对象之中，所有其他类型的表示（甚至其他持久的表示）都是与对象所有者有关的对象副本。

OAGIS 主要用来使不同工具之间的通信标准化。然而 BO 模型，特别是它的实施，有着更广泛的范围，如上所述，它也用于持久的 Java 通信。这意味着在模型实施过程中，在 Java 和 OAGIS-XML 之间自动编组和反编组，以及一致的惰性抓取和在这种复杂的数据结构中实现创建、更新和删除等操作级联的策略，可实现一致性。

因此 OAGIS 叠加模式非常复杂并且使用 XSD 所有特性，我们从标准模式中自动获得了一个简化的 XML 模式。这个简化的模式可以有选择性地被用来构建和验证 XMLBO 实例，而没有任何限制。然而，它只使用一个简单的 XSD 的子集，没有继承、置换组、选择和其他元素，因此即使是非常简单的工具也可以使用它。

6.2.3 域模型开发方法

开发一个包含所有业务对象的数据模型，需要考虑域和识别现有的连接，这是一个非常复杂的任务。根据对系统和软件工程的基本理解，以下将分阶段说明迭代方法是如何被证明适用于 BO4L 的。

阶段 1：定义问题和需求。在这个阶段，应该举办由对领域有精深理解的专家组成的研讨会，并使用诸如概念卡和头脑风暴之类的创新方法，确定有关需求。详情可参考文献［12］。

阶段 2：分析。这个阶段的目的是确定已考虑的领域中的每一个需要的 BO。一些重要标准开发组织如开放应用程序组（OAGi）或 GS1 已展示他们的商业文档标准：开放应用组集成规范（OAGIS）[15] 和 GS1 标准 XML[22]，这些标准都是基于场景确定业务对象的最好方法。然而，问题分析师团队的内部经验表明，为便于识别 BO，场景应以一个更详细的级别进行描述，例如，在场景中使用 OAGi 和 GS1。这源于一个事实：不仅商业之间（B2B）的通信需要促进，接收或库存控制之间的通信也需要促进。

阶段 3：设计。在这个阶段，确定 BO 设计。在这种背景下，设计意味着首先要对业务对象的关系建模，其次是确定业务对象的所有属性。揭示主题与第 2 阶段密切相关，可能会导致频繁地反馈和评估。因此，它似乎对首个关系设计更为高效，进而使得设计对象本身更为详细。

当然，对象的属性是和场景密切相关的。需要再次说明的是，场景在这个舞台上扮演着重要的角色。它们不仅不可避免，为了获得现有标准所提供的信息完整的属性，它们还应该尽可能增强。如果 BO4L 发展起来，完善的商业文档标准（OAGIS[15]；GS1 标准 XML[22]；EDIFACT[20] 开放的 TRANS[23]）都将被选作参考。工作小组建了一个可以被认为是这些标准的升级版模型，通过这种方式，该模型能够保证由此产生的商业 - IT 技术差距很小，最终第一次得到 UML 模型结果。

阶段 4：维护。很明显，没有从一开始就完美无缺的模型，因此无论设计过程多么巧妙严密，维护对于延长每一个模型的生命周期都是很关键的。

6.2.4　技术模型的开发方法

技术模型的发展也是一个多阶段的过程，包括以下步骤：

步骤 1：选择一个基本的标准。对于让步接受的物流 BO 模型，它的标准是基于已被公认的标准，因此，一些交易标准会被评估。在 6.3.1 节中，OAGIS 也被选中。

步骤 2：产生一个轻型 OAGIS 覆盖层。功能分析结果会被物化为一个 XML 模式。基础标准 OAGIS 的改编符合特定的标准方式，以满足我们所有的需求。OAGIS 的结果是一个扩展的子集，该子集也可扩展为由标准组件所组成。该结构过程有以下步骤，如图 8 所示。

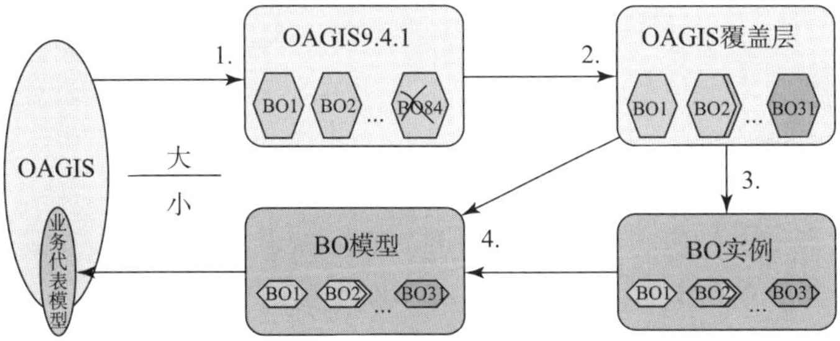

图 8　科技商业代表模型作为一个新的 OAGIS 的结构

①删除名词：所有目前不需要的和那些与所支持的 BO 不对应的 OAGIS 名词都被删除。这些 BO 也可能根据需要重新激活。

②标准覆盖：建设所需的属性，但是已丢失的，还会在 OAGIS 中添加，添加方式主要是通过生成子类 OAGIS 名词。关于如何做到这一点，有一个开放应用组集成指导文档，请参阅文献［24］及其附录文献［25］。而且，即使是新的名词也会根据需要添加属性。

③样本实例：所构造的所有组件和所有 BO 小样本实例都是自底向上的，只包含支持的属性。这个过程是在结构控制图的指导下，构建事先应使用的先进运算法则。样品不需要包含有意义的数据，但是有意义的数据样本会构成用户技术的一个重要产物的 BO 模型。

④减轻覆盖：根据小样本实例，通过使用免费的 XMLHelpLine 工具，步骤 2 的 XSD 是减少到只包含那些从步骤 3 显要样本实例中得到的有用的定义，这是一个全自动的过程。该工具还可被压缩以减少文件数量。

步骤 3：构建一个更好的域模型。在以上步骤之后有两个模型表示：由功能分析所得到的原始 UML 模型，以及 OAGIS 覆盖模型。我们的目标是使用 UML 模型生成其他技术的产物，即 Java 实体模型。在 6.3.1 节中描述说，Java 实体模型采用手动工程建设步骤，它不可能自动用来自技术的 OAGIS 表示，但 UML 模型的再设计能够使用自动化的发展步骤使得模型表示法尽可能合适。

步骤 4：产物生成。许多产物的 BO 模型都是自动构造的：OAGIS 技术模型基于一个自动的轻型覆盖，辅以由域 UML 生成的 Java 实体模型，因此它是一个面向商业的 Java 实体模型。Java 模型生成以后，将会使用 JPA 生成数据库模型和 BO 的实例存储库。此外，基于 XSD 文件模板和配置文件将会生成 BOD 和 WSDL 文件。

6.2.5 模型管理

BO 及其关联的集合构成一个一致的数据模型物流域。如上所述，即使这个是集合的所有子学科，也不可能展现物流这一复杂的工业。这些情况导致了基于场景来定义 BO 的方法问世（见 6.2.3 节）。此外，实践经验证明，这种域模型和域一样，容易频繁变动。因此，一个基本的假设是，BO 正在经历一个持续的发展形式，而应对这一变化成为关键的挑战。

模型管理主要是由功能模型推动进行的。除了功能模型，其他几个方面如纪录片报告和技术模型都会受到变化的影响。文献［16］描述了 OAGi 的开发方法，模型管理在技术 XSD 部分被广泛采用。先进的功能模型演化过程模型作为开发的进一步推动力量，将在下面解释。

1. 节能系统

模型管理包括了定义治理概念，识别其内部作用和技术组件以及连接这些活动等内容，而这些内容都被纳入一个“技术生态系统”。一些政策适用于比生态系统，类似于一个版本规范或流程改变的定义说明。

资源可以细分为人员、BO模型和IT组成，因为所有图9中所示的元素都是和BO一起工作，并作为用户（利益相关者）而被纳入生态系统的。

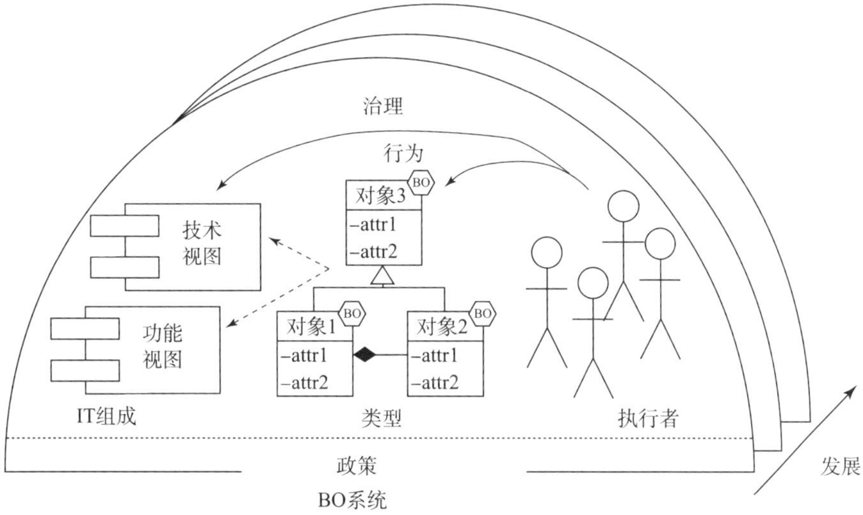

图9　BO系统

其他两个组的执行人员被确定为积极发展模式的人员（开发者）和在有疑问或冲突的时候起决定作用的管理者。如果没有这样的管理，该发展过程肯定会由于反对者和他们的异见变得没有效率。该BO模式影响的几个（IT）组件，在大多数情况下是整个物流中心的产物。模型的功能和技术视图是非常重要的，因为它们在该种背景下是相互依赖的关系。

资源之间的相互作用是通过组合特定的资源与行动，以形成一个实例来表现的。

2. 进化的领域模型

生态系统中的一切都将随时间而改变，这些变化体现在两个层面。BO模型或者其独立组件的修改被认为是实质性的（内容级的）。控制这些修改是该生态系统的主要目的。然而，当加入一个新的行为安排或一个政策发生变化时，将发生根本性的改变。

生态系统可以通过相应的（根本性的）政策，比如一条关于修改政策自身内容的政策来进行自控。由于重点肯定是该 BO 模型的发展，在这里可看出其发展变化过程（图 10）。

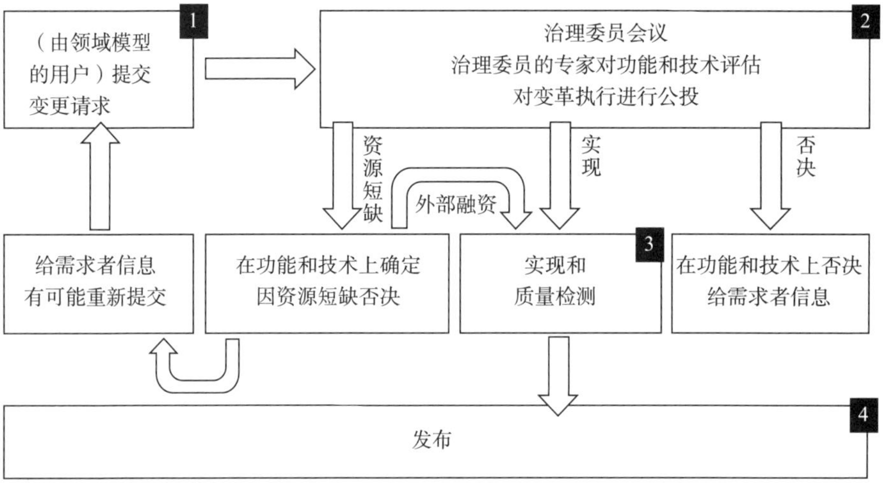

图 10　领域模型的维护过程

该 BO 模型维护过程有以下几个阶段：

第 1 阶段：变更请求。该过程已经在有必要修改模型的情况下开始了，这可以通过以下涉及的一个或多个操作的任意组合来表示：添加新的属性/关联，修改现有的属性/关联，删除现有属性/关联。生态系统（见上文）中的所有开发人员都有资格向董事会提交他们的建议。

第 2 阶段：请求评估。治理委员会检测在功能和技术上与现有的 BO 模式的兼容性。除了兼容性，是否批准还受到战略和经济两方面的影响。因为功能或技术上的弱点，不论是战略方面，还是经济方面（如实施资源的短缺），变革都可以被否决，这可能导致休会，并需要重新提交请求。在这两种情况（拒绝和休会）下，请求者都会被告知。

第 3 阶段：实现和质量的保证。如果获得批准，变革将会在 BO 模型上实施，执行的过程就是再次通过政策（包括规则和准则），建立一个统一的和高质量的、排除了执行者个人意志的成果，这个阶段的主要结果是一个新的 BO 模型被试用。由于依赖关系，新的（相应格局的）组件也是如此产生。在这一阶段，委员会检查关于第 2 阶段政策的合规性。在被发现有差异存在的情况下，将再次进行第 2 阶段，当新模型和组件最后被批准时，它们就可以被发布了。

第 4 阶段：发布。新版本的 BO 模型将被合理地制定并提供给生态系统的用户。然而，并不是每一个执行和批准的变更请求都将产生一个新的版本，在一定时期内进行的变更将被合并成一个统一的新版本进行发布。进化过程中几个重要的方面在这里并未提到，这些都被专门的政策所涵盖，版本控制和一个新版本的释放周期就是实例。

3. 版本控制的概念

版本控制是管理主题中的一个大问题。一方面，版本控制应该促进发展；另一方面，它必须保证稳定性和可靠性，因为这些是其在实践中的应用和成功的关键。因此，任何模型的管理模式都应该源于对模型版本概念的充分了解。尤其需要详细地关注向后和向前兼容及版本寿命和并行的有效版本的数量，因为在保持旧版本上花销巨大。

图 11 展现了考虑到这些限制的三个级别的版本水平。最低水平（补丁级别）和中等级别的版本（次要发行版）是向后兼容的。补丁级别更改仅包括较小的优化和漏洞修复；次要版本包括新的 BO 添加和 BO 属性和技术的变化；主要版本允许实质性的领域模型变化，例如变化的结构和删除属性和对象。由于主要版本不向后兼容，不得不进行迁移应用程序的工作，即所有在新版本中使用这些 BO 模式的应用程序必须做出修改。因此，主要的发行版一年制作一次和只有五年的寿命似乎是适当的（图 12）。

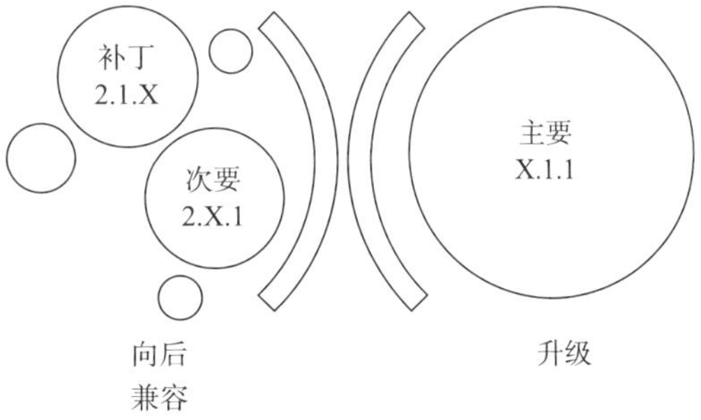

图 11　版本控制的级别

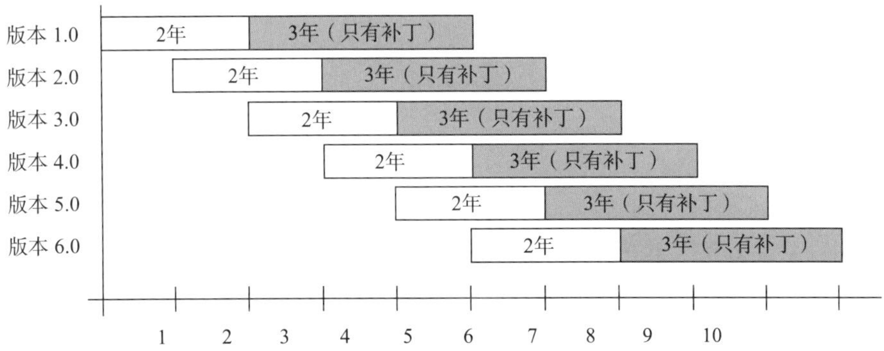

图 12　领域模型版本的寿命

6.3 通过BO模型缩小商业与IT技术之间的差距

本节将具体介绍如何缩小前文提到的IT与商业的差距和两个水平差距，即如何将图1所示的鸿沟逐步缩小。

一个公共模型被用于缩小水平的差距，这就是用于企业间的差距BO模型，其技术规范（指符合公认的原则或标准的做法，也就是被统一了的、公认的、最基本的、标准化的、可重复使用的也可扩展的手段）是进行缩小IT-IT差距的交涉。因此，BO模型是由两个方面融合的通用商业语言：企业和IT。商业人士理解商业方言，IT系统理解IT方言。

6.3.1 水平IT差距：典型的应用沟通

物流服务或应用程序如仓库管理系统、运输管理系统或ERP，甚至更小的物流模块和服务，称为应用程序，都很少独立使用，它们必须合作，例如通过交换消息。互操作是为不同的应用程序的客户都可以连接物流中心和其他商场合作伙伴的应用程序的云，而且被用于在云和应用程序客户之间已经使用或计划使用的情况，这需要一个公共数据模型以便减少集成工作。

物流BO模型是规范，并独立于任何软件产品或软件供应商，甚至它是基于通用的技术标准，这些技术标准是由标准组织的技术（和领域）专家及其支持者们在数十年间建造的，同时它有抽象领域视图，这个视图经过了两个物流项目集群的专家的构建和讨论。

因此，它以最佳的方式支持不同的应用程序的整合：对于每一个应用程序，不论它的通信伙伴有多少，都只有一个商业模式适配器待开发，如图13的右侧所示；与此相反，在左侧，对于每个通信伙伴来说，都需要提供和维护不同的接口，以及使用不同的语言和很多的映射，因为同样的事情的命名和结构是不同的。

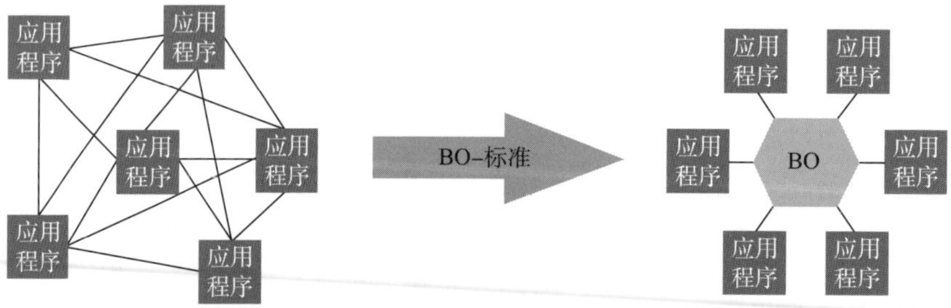

图13 通过标准的BO规范通信

1. 选择基本标准

广泛接受的电子商业标准是互操作的应用核心，而且它也用于顶级互操作标准。不仅业务对象交换需要标准化以简化与不同的通信种类和其他应用程序的交流，而且该协议的步骤也应该认真考虑。

现今有许多电子商业标准，我们比较和评估不同的标准，最终选定OAGIS，理由如下：

①它是一个功能强大、适应性强的和可扩展的水平标准，基于核心组件技术规范（CCTS）和许多其他标准。

②它是成熟的（第一个版本于1996年，预XML，我们使用9.5.1版本），并有实际应用（在许多国家有广泛的工业支持）。

③物流模块和许多与物流相关的定义已经存在（如集装箱、货物、物品、选择列表），只需要对物流进行很少的扩展。

④它在技术上是中立的，但包括Web服务的定义，并且有OAGI工作组云、移动和BPMN支持。

⑤UN/EDIFACT格式（广泛使用）可以转换为OAGIS。

2. 使用规范标准化通信的优点

使用这种被广泛接受的标准规范通信的优点是：所需信息的格式已经被一个有着长期经验的专家组所定义了，只有少量定义需要根据标准的扩展机制进行添加。这些定义是基于CCTS和其核心组件库CCL，一个在OAGIS和其他几个标准中被作为语义描述构建块的成熟的储层的组件。由于有许多可选的属性，即使是简单的信息也可以被标准化。如果需要特殊信息，其位置和格式已经被定义，从而最大限度地减少数据映射的需要。这使其稳定，基于标准的应用程序或接口服务的互操作，根据最初实现的需要（填充只需要数据元素）和随后通过向下兼容的方式完成。相同的标准化接口可以用于许多不同的合作伙伴，另外可以提供EDI转换器：正如OAGIS本身是基于UN/CEFACT标准，其UN/EDIFACT的转变仍然被广泛使用于物流是可能的并且被支持的。

如图14所示，当使用一个标准模型，整合少量应用程序的最初成本更高，但只会随着互操作的应用程序数量而线性增加，特别是当应用程序随着时间的推移发生更改时，规范化交流是有益的。

3. 通过BOD的技术交流

OAGIS定义了几个BOD在应用程序之间的交换。每一个BOD都是由一个应用领域（文档标题）和一个数据领域组成（包括一个或多个动词）的。动词定义要执行的动作的名词或数据，代表主要的BO，在应用程序或服务接口可见。

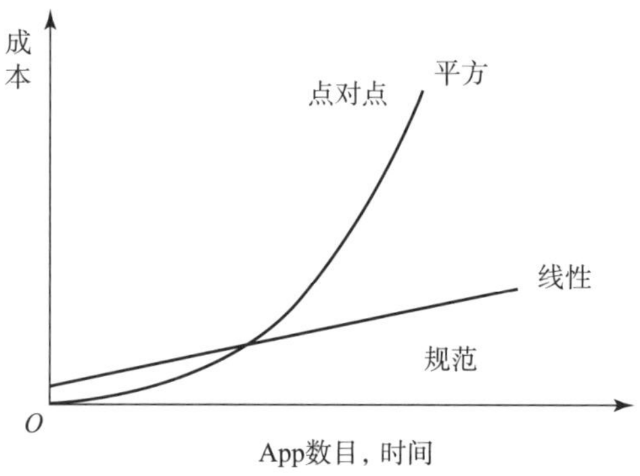

图 14　规范通信的成本效益

对于每个名词，都有一个对这个名词的服务即呈现关于该名词的有意义动词。这个服务可以通过多种技术实现，如 RMI（Java 远程方法调用）、REST 或作为一个 Web 服务。BOD 是作为这些方法的消息格式，无关使用的技术。OAGIS 本身带有示例 WSDL 定义（OAGIS 服务），但我们为 RMI 和 REST 添加并实现了服务。

每个在物流市场内或物流商城外运行的应用程序或服务都需要一个由其 OAGIS 服务所需技术组成的商城界面。这个接口必须实现面向用于商场的企业服务总线（ESB）或面向 BO 存储库。它可以与其他程序通信，也可以用于标准接口。除了这种标准的通信，集成曲线的整合同样允许使用其他格式的对等网络通信，例如 EDI 转换器。

出于效率的原因，物流商城内部经常使用呼叫参考。为了达到这一目的，我们定义了 Mini BOND 这一个标准的架构，但这一架构只是对 BO 的识别而不是 BO 的副本。Mini BOND 的参考说明存储在 BO 库中。

4. 通信协议

为了协调应用程序之间的通信，不同的脚本协议可以通过 BOD 的异步交换来实现，如图 15 所示。在这里，客户下订单给供应商，用物流作为载体进行运送。

从客户到供应商发送 BOD 购买过程指令消息，而供应商使用 BOD 确认订单。根据所需的交流过程，直到最后发票被送往客户并被确认。这种模式很快可以在 OAGi 中的 BPMN 上应用。

如上所述，这些 BOD 是 OAGIS 服务中的消息格式，它们构成了相关部分的 OAGIS 应用接口服务。这些协议通常在硬编码应用程序中，通过同步或异步的方式在程序中接收 BOD 并最终发送回应 BOD。

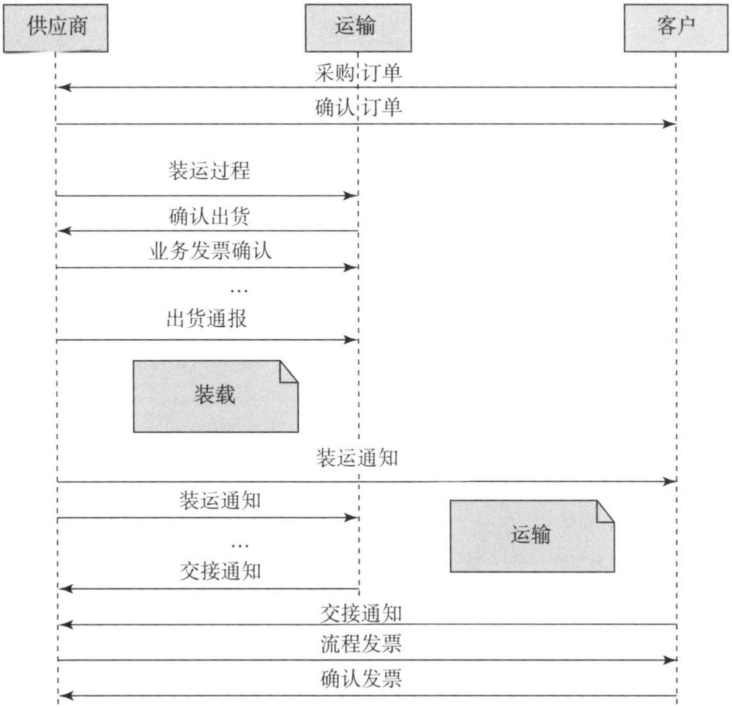

图 15 OAGIS 物流场景

通过商业流程模型可以定义一个更灵活、更抽象的服务编排，如 6.3.3 节和 6.3.4 节中描述的。我们需要一个域的 BO 模型映射到它的技术表现。

6.3.2 垂直数据差异：域模型映射到技术模型

OAGIS 是潜在的基础标准，并且被一组 XML 模式文件（XSD）定义，首先评估几个方法来自动地从这些 XSD 文件中构造一个 UML 模型。然而，事实证明，构造一个域模型是不可行的——一个好的抽象概念需要一个手动工程步骤，映射必须以某种方式存储。

1. 自动映射方法

OAGi 自身运用免费的 Eclipse 插件 HyperModel，为了对其进行定义，创建 UML 图。HyperModel 能够导入 XSD 文件，并以 UML 图的形式展现出来，并且它支持一些对图操作，如合并继承。然而，UML 是非常复杂并且不被所有领域专家所理解的。单个 BO 的 UML 图如果扩大所有细节将会布满整面墙。图 16 给出了一个示例，即采购订单（还带有未展开的部分）。这甚至有助于我们减少叠加，因为 HyperModel 显示了在任何深度的所有细节。

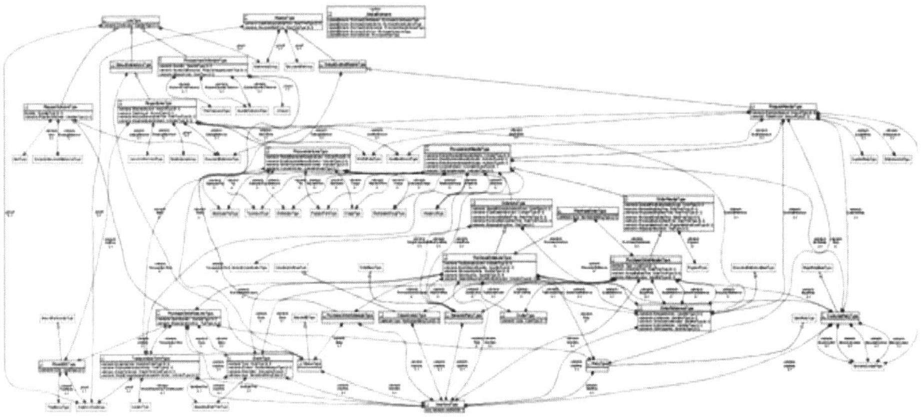

图 16　不适当的域模型：部分 OAGIS 购买命令名词

另外一个方法是从 XSD 生成 Java，然后从 Java 生成 UML，针对这两步有几种工具。第一步有以下几种工具：XMLBeans，JiBX，JAXB，CXF WSDL2Java，Castor，Smooks，AndroMDA 等。感兴趣的读者可以很容易地找到这些技术和工具的引用。尽管一些工具在 OAGIS XSD 中使用时存在构造上的困难，但它仍能工作，但是结果又非常复杂，而且产生的 Java 模型无法使用。同样，在接下来的步骤中，Java 实体数据库模式的映射将实现 BO 持久性，不同的 OR 映射技术被研究（DataNucleus JDO、JPA 等）甚至是 NoSQL 研究，但是所有这些技术的要求比已经生成的 Java 模型都要简单。

2. 映射工程

构建良好的域模型是手工的复杂的工程任务，需要丰富的领域知识，即使是由一个像 OAGIS 一样高度详细的技术模型指导也很难生成有意义的抽象。另外，抽象构造应该兼容原有的模式，一个简单的从领域模型到技术模型的映射对我们的研究至关重要。

图 17 显示了物流领域模型作为一个使用技术模型的抽象子集的建设，未使用的属性将被忽略并且长路径将被压缩。新节点有时被插入重组结果，以增强可理解性。抽象概念是被一些领域专家开发的，因此，它可以被没有技术知识的物流领域用户所理解。这种简化模型的良好属性如下：

①很容易被领域用户所理解。

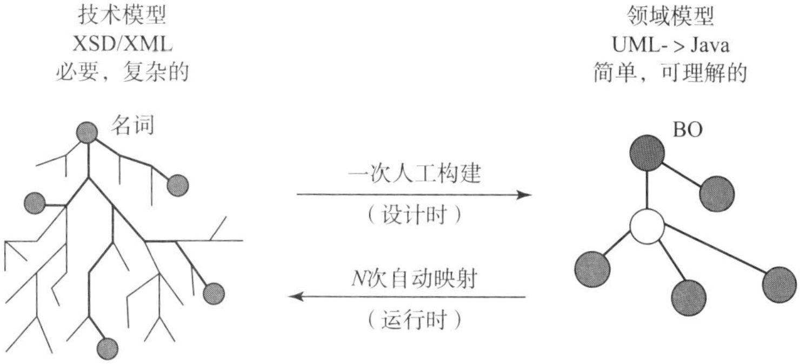

图 17　领域模型到技术模型的线路图

②进一步生成步骤十分简单，例如持久支持的一代。

③它可以被方法扩展，也就是将行为添加到结构中，至少 CRUD 方法（创建、读取、更新和删除）有一些复杂的方面，就像 CRUD 在收藏和管理逆关系方面一样。

3. 映射维护

每个 UML 模型的属性都被映射到复杂的标准 OAGIS XML 路径中，并被存储在 BO 元数据存储库中。由这个结构产生的好处如下：

①领域专家有一个基本的复杂模型，一个简单易懂并可以使用的视图，如在流程建模中。

②IT 专家有一个详细的技术模式，甚至一些技术表示，能够应用于基于标准的工具集成，并与其他工具沟通。

③两种模型都紧密耦合，自动翻译是可能的。

④IT 商业的空白是被忽略的，因为域模型在 Java 操作之前被作为标准的 OAGIS-based XML 模式。Java 映射为 1∶1 UML 到 Java，而 OAGIS 映射是 1∶1 的存储路径。域的加工与不同的技术加工预先联系，如 6. 3. 3 节所描述的。

6. 3. 3　垂直行为差距：预执行活动过程模型

该业务任务需要处理数据的业务视图，而 IT 系统需要技术性展示。过程模型可以被用来协调业务任务，不仅有自动化任务，而且有手动化任务，在软件的帮助下或纯粹手动，执行物流的 BO。

1. 商业流程模型

在当今国际竞争和紧密的利润空间下，高效的商业流程管理，包括合作伙伴的互动时间是物流企业必不可少的，尤其是对中小企业。因为价格是由市场决定的，过程模型只有进行内部优化才可以帮助设置一些独特的卖点：只有个别的流程模型，可以产生市场差异，即独特的卖点。

商业需求的快速变化特别表现在物流方面。公司的商业流程应该迅速适应新的要求，然而，往往快速适应是不可行的，因为由物流专家设计的新的物流过程模型的实施，还需要额外的 IT 支持，而 IT 支持需要时间。

为加快流程设计和实施，物流流程设计 LPD[28] 作为物流市场的一部分，能够快速适应，而且不需要深入的 IT 专业知识，能使这些流程模型的部署仅仅通过点击一个按钮来完成。它是基于标准 BPMN2.0[29]——一个简单的领域过程模型产生的，也用于云端的流程执行：企业用户可以专注于自己的商业流程，他们并不需要关心流程引擎和 IT 的内容。

商业流程是由域用户，而不是 IT 专家建模的，因此，流程模型专注于控制流。然而，数据流也可以被建模为具有输入和输出、通过域模型的一些 BO 描述。

2. 流程技术观点

从技术上讲，每个流程实例（该启动过程模型）都具有其局部的进程环境，并且在此过程实例中的每个活动都可以访问其进程环境并写下数据。活动由 IT 系统的 API 方法或通过特殊的服务或应用程序来实现。要尽量减少在流程建模和流程执行过程中的 IT 空白，以减少实施过程中的付出，因为通常流程实施需要 IT 专家。在这里，我们通过图形用领域水平上的模块描述。图 18 是通过 IT 系统预先实现并用作建模单元的模块。这些模块必须指定经营活动如何与 IT 实现通信。这通过在域视图预先应用 BO 以及预映射到技术角度来缓解。它们关闭企业 IT 缺口数据和行为。这样的模块，主要包括通过物流市场

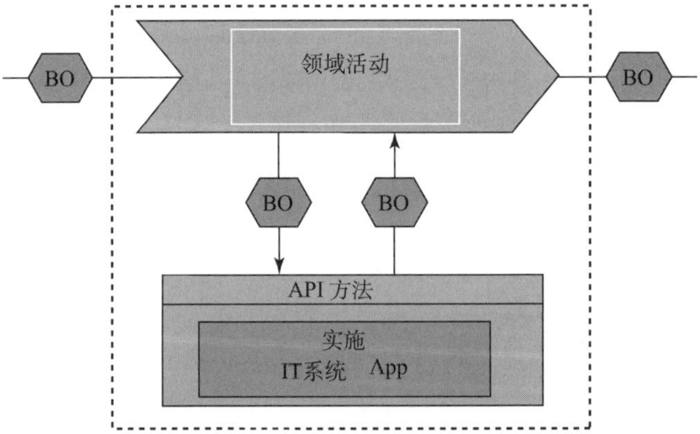

图 18　前期开展的活动作为域级别模块

提供的 IT 系统的额外的元数据和应用程序，元数据描述了名称、输入、输出和可使用所提供的系统来执行的所有活动，并用于生成 BPMN 2.0 XML 工作描述。

由于物流 BO 相当复杂并且可能变得非常大，所以我们通过处理它们来分析过程实例（或流程引擎的进程环境）——流程引擎只存储那些已经存储在 BO 实例库的 ID，以这种方式，该 ID 的过程实例和应用程序与 BO 实例库一起整合它们的数据传输，而进程组织应用程序之间的控制流。

6.3.4　缩小差距：过程建模的转移范例

规范 BO 模式的核心是通过商业流程模型编配物流 App 商城产品（应用程序），由商业人士设计和部署（以最少的 IT 支持）。该机制允许反相转化，因为它是基于两种模块的预先实施：

①行为模块：活动通过使用基于接口的 BO 提供物流市场产品。

②数据模块：标准化产品无关的 BO，如 6.2.2 节和 6.3.2 节所述。

1. 相位反转

大多数 BPM 套件都有领域专家应对流程建模的不同工具（第 1 阶段在图 19 中，使用建模活动 A1，A2 等商业流程），并用于通过 IT 个人的流程模型的实现（第 2 阶段，通过一些 I1 执行实施每个 A1，例如通过服务电话）。然而，在物流市场，仅仅通过一个按钮部署和执行建模商业流程，不涉及 IT 知识和 IT 个人。

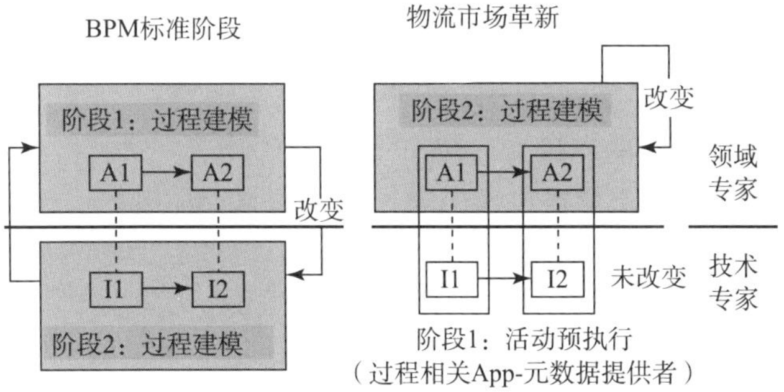

图 19　反相常规方法与物流市场方法

如果我们采用标准的数据格式并且已经实现了标准接口的模块制作，在制作后实施应该做最小化考虑。在这种情况下，我们有一个相位反转，也通过图 19 描述，应用程序或服务提供商（I1，I2 等供应商）不仅提供了正常的元数据，也提供了过程模型相关的元数据（phase1）。这种提供在过程模型中是作为活动来实现的，因此这个BPMN 2 XML元数据就产生了活动的描述，过程建模和过程模型的修改是下一步。它们在活动实施上没有进一步的影响。同一活动的实施可以用于相同或不同的租户建立不同的过程模型，以及任何新版本的过程模型。建模过程是可以改变并总是直接执行的，这是由于采用了预实现的数据模型接口模块。

这个有时被称为“你可能塑造的就是你可能能够完成的”的原则，类似于文本编辑器的所见即所得的原则。这里所说的“能”这个词是重要的，因为这种建模方法有一些限制，类似乐高建设集。

BPMN 2最支持这个想法，因为它使用相同的符号用于过程建模和过程模型的部署和执行。后者有额外的属性设立在标准交换格式的BPMN 2 XML中。在这里，所有实施的相关属性的过程与相关服务元数据插入模拟任务的描述都符合。

此外，这个想法在物流App中心的背景下是实用的，因为它的过程模型的范围受限于物流领域内的复杂性（如果复杂的计算机编程逻辑出现在计算机应用中），甚至仅限于协调编排应用和服务，并通过物流App中心提供或做出访问。基本服务（如邮件服务）将免费提供，以得到结构模块的临界质量。文献［30］描述了自顶向下建模是如何实现的。

尼古拉斯·卡尔写道：“IT不重要”。公司无法仅依靠IT取得竞争优势，因为它是没有限制的资源，其他公司也可能使用类似的IT（但或许由于IT成本的因素，中小软件不能获得）。利益的增长仅仅是因为一个公司确实做了一些比别人更好的东西，比如他们的商业策略。这里介绍的方法驳斥了这一说法，因为公司会根据各部门各自的商业特点映射出IT的迅速和灵活。任何IT，因为允许灵活地实现不断变化的核心商业策略，所以确实很重要。

2. BO对相位反转的支持

物流BO模型BO4L的两种视图遵循相同的原理。这里是一个通过UML图定义的抽象域视图，其中隐藏了潜在的OAGIS物流叠加的复杂的细节。抽象模型是基于技术标准（又一种相位反转）由德国弗劳恩霍夫几个物流专家和其他领先的物流集群一起构建的，延续了两个模型的改进关系，同时兼具领域专家的可理解性。

当技术模型仅用英语表达时，无论是域模型或应用程序或服务的元数据，还是过程元数据都是多语种和可被评论的（描述可以用选定的语言在建模过程中显示）。域视图仅用于过程建模或提供服务的过程，而技术模型是在运行时使用。我们称这个为双重杠铃原则，因为对于这两种行为（过程模型）以及数据结构（业务对象），相应的域图和技术观点是密切相关的，像个杠铃

（图 20）。技术观点不能作为后来的改良来构建（任意 BO 或者活动），因为它不涉及个人。相反，杠铃只能一次通过应用提供商的构建（和 BO 模式的治理团队）再在所有过程模型中重复使用。作为标准活动模型是为了避免复杂，所以标准 BO 模型对避免复杂的数据映射是很重要的。

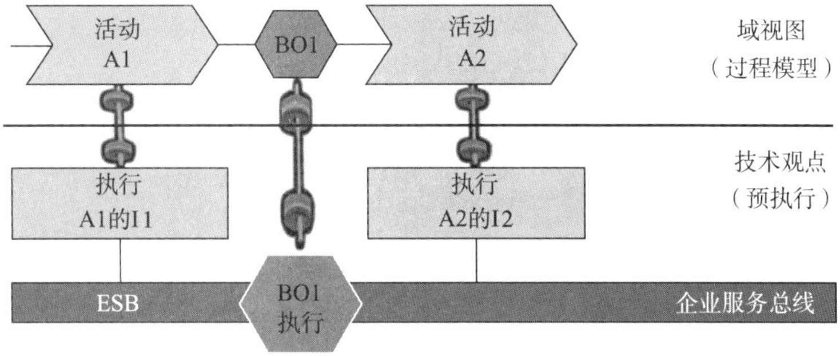

图 20　基于数据和活动的杠铃连接域视图和技术性视图

没有任何新的流程模型或模式的变化。在云环境中这一点尤为重要，因为 Web 接口的实现任务很难发展。相比 6.2.1 节中的图 1 的 IT 应用程序或应用程序的图形用户界面被替换的活动，通过图形用户界面（GUI）执行手动活动，通过 IT 系统或 App 应用执行自动活动。

3. 把一切融合在一起

图 21 描述了所产生的架构与其所有差距的减小：上半部分是商业，过程模型用来描述处理商业数据的商业过程，在过程模型中用虚线表示。在流程模型中可以指定数据流，但原则上是总线每一个 BO 在生产运行过程中都可以被访问（从过程上下文）。过程模型与一个共同的数据模型、物流 BO 模型，可以缩小可能的商业 - 商业的差距，例如合作伙伴之间。下半部分是 IT，不同的应用程序（即活动的实施），通过 Java 技术 BO 或者 OAGIS XML 代表交流。在这里，使用 BO 实例存储库作为流程引擎维护的所有流程实例的流程背景下的匹配。流程实例只处理 BO-ID，以便策划 App 应用来访问和交换数据。这将取消 IT 技术间的差距。

最重要的是缩小数据以及每个活动的垂直商业。这是通过预先执行 BO 和预实施从物流 App 商城提供的和在 BO 上操作活动中产生的。由一个商业项目和一个 IT 项目组成，这些被连接的构件通过商业流程模型灵活编排，得到了“你能模拟什么你就能执行什么”的做法。

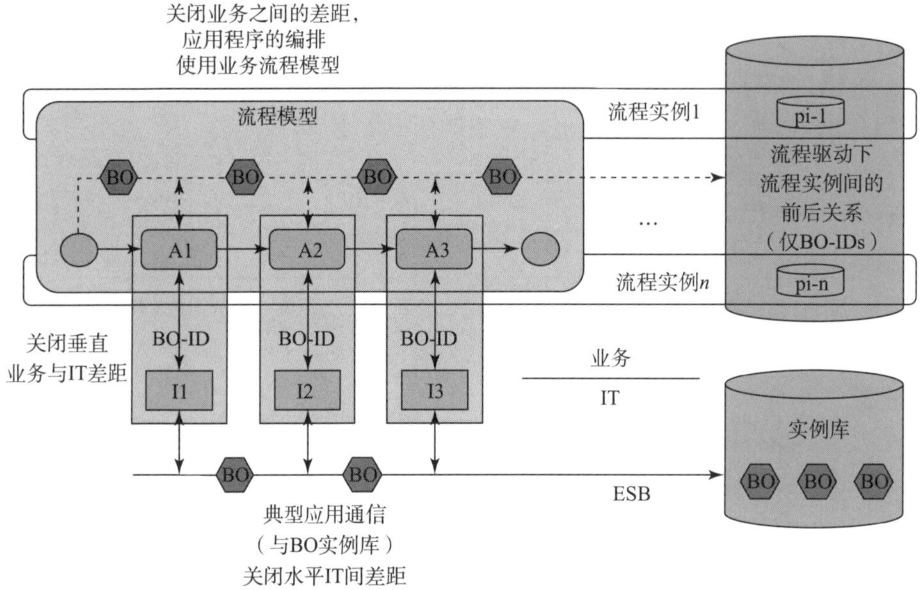

图 21　垂直和水平的差距缩小

6.4　软件组件无缝集成

通过证明支持组件，商业与 IT 之间的差距减小，并且缓解了 BO 模型处理和无缝集成。在前面的章节中提出的在设计以及运行（商业流程和应用程序）过程中被 BO 支持的方法是很重要的（例如，当设计商业流程或注册物流商城 App 应用商场时提供）。为了达到这个目的，我们提供 BO 元数据储存库和实例库。

6.4.1　BO 实例库

一个共同的数据模型（BO 模型）用于所有租户和所有的应用程序是物流中心的一个中心思想。然后，为这些 BO 提供一个逻辑上常见的数据存储是一个合乎逻辑的步骤。本 BO 库还提供了一个通用的 BO 浏览器。

所有的应用程序应当检索数据（BO）和操纵，所有的数据只在一个中心存储一次，摆脱数据的分布和复制在多个数据库简仓和许多不同的格式，这隐藏着显著成熟的 IT 系统。C. J. 德特，ER 模型的创始人之一，在他的畅销书《数据库系统概论》中写道：“一个企业应该保存其运行数据在一体的综合数据库，为企业提供商业数据集中控制。”最低的要求就是必须有一个统一的数据视图。

1. 激励方案

物流的应用，如 ERP，WMS 或 CRM 是很少独立使用的，它们必须有沟通。也就是不止一个租户的系统，还有它的那些合作伙伴，在购物中心内外交换主数据以及交易数据。这个由图 22 所示：三大物流应用程序集成提供的物流 App 商城由承租人出租，并可以和另一个租户的 ERP 合作。

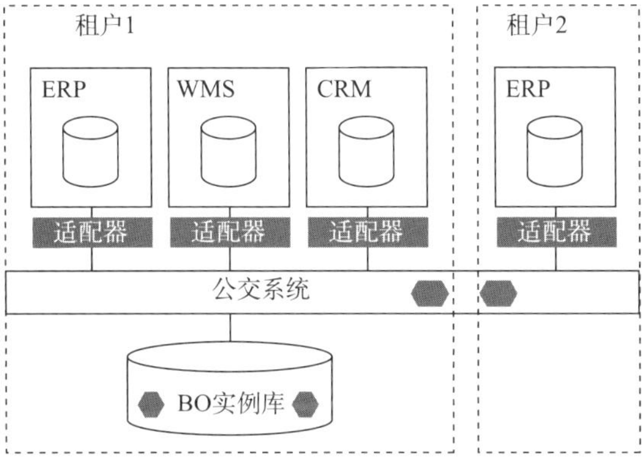

图 22　方案激励的 BO 实例库

该应用程序提供商使他们的报价商城和现有的系统一致，他们编写标准化 BO 通信适配器使用商城公交系统。他们有两个选择，第一个选择为自己的应用程序或应用程序的通信合作伙伴而在公共汽车交换 BO 或用 BO 实例库作为一种常用的数据存储；第二个选择有额外的好处，特别是对新开发的应用程序。

2. 目标和要求

BO 实例库的目标和要求如下：

①支持应用程序的集成：BO 实例库可以很容易地集成到现有的物流应用或应用程序，应用程序的数据层可有选择地由 BO 实例库给出，预实现标准化 BO 的架构。

②数据一致性：所有的应用程序可以访问新的及一致的业务对象实例（BO-instance）。

③安全：所有的应用程序只能访问或修改数据。

④节约成本：应用程序的整合有所缓解，数据同步是自动的，任何不必要的数据转换是可以避免的，这样可以节约成本。

⑤基于云：实例库必须无缝地融入云物流购物 App 商城的架构。

⑥分布：避免集中式数据源的可能瓶颈，知识库的体系结构的组件可以被分配到不同的节点。

⑦模型的完整性：每个实例库可以存储所有被支持的 BO 类型实例（即它涵盖了完整的 BO 模型），支持完整性和一致性。

⑧多租户支持：所有的物流 App 商城的客户必须彻底地分离。在这里，我们为每个租户使用私有实例库。这就解决了迁移、安全、备份和可扩展性等问题。

⑨多版本支持：有类型和实例两方面：

——BO 模型来自不同版本的 BO（版本，见 6.2.5 节）都存储在单独的实例库中，而补丁和次要版本也使用相同的实例库，这就简化了数据迁移。

——改变：一个特定的 BO 实例将导致一个新版本的产生，这个 BO 实例要版本化，否则这个变化仅是被登记。

通常情况下，这样的中央数据仓库仅用于主数据。对比传统的主数据管理，在这个库中不仅可以存储主数据和结构数据，还可以存储动态数据和交易数据。就有了以下好处：任何 BO 都可以参考着交换（不一定是可复制），所有（访问）的变化都将被自动登记，并且使执行难度最小化。

3. 结构

BO 实例库的多层结构如图 23 所示：中央部分为 BO 的实体模型，并与 UML 中的 BO 模型同步（Java 代码生成并可以使用 UML 工具进行逆向工程）。

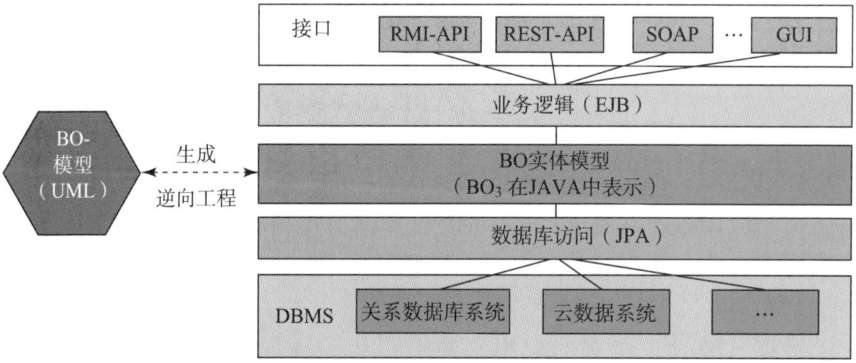

图 23　BO 的实例库结构

UML 模型甚至包含注释配置数据库访问层（JPA 注释）。这一层是独立使用的存储技术，关系数据库系统是存储数据物理上的第一选择，JPA 甚至支持云数据库和其他技术。

在上面的实体模型有一个小的商业逻辑层支持创建、更新和删除 BO 以及搜索 BO 的不同方法。这个功能可以通过不同的接口（API，应用程序编程接口），提供一个 Java RMI 接口或 REST 接口或 SOAP Web 服务，另一个 BO 浏览器（GUI）允许检查 BO 库内容的每一个细节和进行信息搜索。通过 BO 浏览器支持 BO 操作，已列入计划。

6.4.2　BO 元数据存储库

为了更好地缩小商业与 IT 的差距，我们提供了一个存储所有 BO 模型表述（商业代表和详细元数据在一个存储库的技术表述）的软件组件。它还存储所有的映射，是设计时使用的工具以及物流中心运行时要使用的组件。

1. 目标和要求

BO 的元数据存储库的目标和要求如下：

①支持物流应用商城设计工具的多语种 BO 模型浏览器，特别是对 LPD（物流流程设计）和应用程序的开发。

——搜索和浏览 BO 模型的结构化的元数据，包括国际化名字和 BO 的所有属性的描述，以及允许枚举值及其意义；

——显示简化的视图（例如压缩的继承层次结构）。

②进一步的应用程序开发支持。

——可下载 BO 模型执行文档（XSD 和 Java 文件夹）；

——BO 表述之间的映射管理（域模型和技术陈述 OAGIS，XSD，Java）。

③集成和通信支持。

——检查 BO 实例的有效性。

④支持 BO 模型管理。

——BO 模型版本；

——管理/上传 BO 模型的结构化元数据；

——生成 BO 模型的（域）文件；

——依赖关系分析（BO 之间的运用构成）。

BO 元数据存储库可以存储任意 UML 模型的元数据，因为它存储的元数据可以从任何 UML 的工具的任何 UML 模型导入。这也简化了 BO 模型元数据的管理。

2. 结构

原则上的元数据存储库的体系结构与实例库一样遵循相同的结构设计原则（图 22）。这将产生工具集成的相同优点。

6.5 背景及相关工作

6.5.1 业务对象

标准化的业务对象的规定不是一个新话题，因此，我们给出一个现有的概述方法，可用在物流领域。这是一个非常重要的复杂的BO模式，必须使用一个公认的标准，因为弗劳恩霍夫研究所本身拥有良好的基础，虽然是中立的而非一个标准组织，因此，我们限制对现有标准的概述。这些标准已经被一些有许多经验和反馈资料的域专家开发了很多年，被认为是公认的标准，这可以很大限度地增加接纳度。一个合适的标准的选择的主要冲突是其在物流上的灵活性，因此物流App商城适宜的技术作为SOA的一部分和用于柔性执行商业流程被广泛使用。

可以考虑使用的有三类电子商业标准：

①工艺标准（自动执行复杂的商业流程）：如ebXML和RosettaNet，实现结构相当复杂，主要适用于大企业。

②交易标准（商业流程自动化的基础）：如EDIFACT（和EDIFACT子集，如GS1电子通信标准），GS1 XML，UBL和OAGIS，而且openTRANS和RosettaNet是交易事务的一部分，似乎是合适的。如果过程或事务标准不支持该任务，可能额外地需要目录交换格式（电子输送主数据）。因此，我们专注于交易标准。对这些标准有些不同角度的比较，可参阅文献［37］~文献［41］。

③UN/EDIFACT（用于行政、商业和运输，ISO 9735联合国电子数据交换）[20]：在20世纪80年代是一个重要的国际物流多领域的标准，因为大多数现有的物流软件都提供一些交换接口。它被世界各地的超过300个公司所使用。然而，它在技术上已经过时了（基于分隔符的），而且一成不变，几乎不可扩展，并有针对性连接固定的商业流程，所以，并不适合在未来应用。它大约有223个消息格式（BOD）是ASCII编码的（不是基于XML），没有区分BOD和BO。由于其复杂性，许多行业已开发特殊子集EDIFACT（电子通信标准、大厦、奥德特和其他的一些标准），并且每年产出两个版本。由于基于格式的分隔符，它不适用于SOA。

UN/CEFACT[14]电子商业协议栈有几个特定模块化网络规范，也就是CCT和CCL。CCT（核心组件技术规范[13]，ebXML ISO 15000-5和部分8）支持跨组织数据层的互操作。它是独立实现的，包括一个背景特定的网络语义单位和商业英语词汇语境中板块的开发方法。一个行业的数据的特殊调整是通过产生变体的背景驱动原理进行的。语义语法无关的构建模块，一般代表着业务数据实体（前后关系构建模块，由机器和人共同理解）。CCL（核心组件库，TBG17）[42]是通用的知识库，基于商业信息库。CCL 的核心组件也被称为 ebXML 核心组件，并且应用于几种电子商业标准，例如，UBL，RosettaNet 和 OAGIS。

ebXML（电子商务使用的 XML）[34]从 1999 年起，加入了 XML 标准，由 OASIS 和 UN/CEFACT 支持、ISO 采纳，使命是提供一个开放的、基于 XML 的基础设施，为全球所有贸易伙伴的电子业务提供一个可互操作的、安全的和一致的方式。

RosettaNet[35]是一个非营利联盟，旨在建立商务信息共享标准流程（商对商），致力于创造和实现全行业的开放的电子商务流程标准。这些标准形成一个共同的电子商务语言，在全球基础上对准供应链合作伙伴。RosettaNet 是美国 GS1 的子公司，有几个本地用户组。欧洲用户组被称为 EDIFACT。RosettaNet 标准基于 XML 并由德网络网元消息指引。商务流程的接口和实现框架，用于公司之间的相互作用。它不仅侧重于供应链领域，也侧重制造、产品和材料的数据及在范围内的服务流程。RosettaNet PIP 目录是由约 30 个电子商务组成的消息类型。在欧洲，RosettaNet 没有被广泛使用，因为 EDIFACT 已经被广泛使用。

openTRANS[23]来自弗劳恩霍夫 IAO 和埃森大学，是一个基于 XML 的交易标准，可以看作对目录交换格式 BMEcat[43]的补充。openTRANS 的范围限于 8 个交易类型：建议、发票、订单、订单变更、订单确认、报价、收到确认、请求报价。

GS1 XML[22]来自德国 GS1，2004 年问世，它是电子通信标准的继承者，因为和最常用的 EDIFACT 子集用于供应链整合，所以具有相同的关注点。它被超过 20 个州的 20 个行业（2008 年）所使用，但主要是在德国，虽然在这里也不是普遍使用。主要的利益相关者包括 Oracle、西门子、菲利普斯、SAP 和 DHL。它提供了超过 60 种的 12 个样品的 BOD 场景，直接支持多步交易，但不包括分离的 BO 模型（BO 和 BOD 不分离）。GS1 公司与 UN/CEFACT GS1 组织合作，但由于其接近电子通信标准，只使用 UN/CCTS 的方法，而不是 UN/CCL 的组件（例如文献［38］显示的地址格式的差异）。实例是自由伸缩（所谓的扩展），但模型只能根据正式程序的 GS1 组织加以延伸。

UBL（通用商业语言）[36]来自开放应用程序组集成，是一个通用的、开放的、自由的、跨域的、基于 XML 的商业文件交换格式，可扩展以满足特定行业的需求。UBL 其核心组成部分 32 位的基础（2.0 版）或 64 位（2.1 版）商业文件是直接基于 UN/CEFACT CCTS，因此它并不那么强大，特别是物流。UBL 的目标是，在其他事情上便于属于不同行业的公司之间的数据交流，所以不能使用一个共同的标准。

OAGIS（开放应用程序组集成）[15]来自 OAGi，是 B2B 和 A2A 国际跨域交易的标准，1996 年产生（只有它的第一个版本是不基于 XML 的），被用于超过 38 个行业 89 个国家（05/2011）；主要的利益相关者是 IBM、甲骨文、DHL、SAP、微软。OAGIS 9.5.1 包括 84 个 BO，在用于超过 530 BOD（包括主数据交换）时，BOD 在[64]示例场景中使用，OAGi 提供 Web 服务定义。它的一个明确的目标是提供一种规范的 BO 模型[27]。它集成了许多其他标准：UN/CEFACT、国际标准化组织、OASIS、CCTS/CCL 等，以及可以与 ebXML 的标准一起使用，并且是与 EDIFACT 兼容。该 OAGi 十分迅速地采用现代潮流，例如，额外支持快速的 JSON 交换格式，支持 XML 以更好地支持移动设备，并且有云和 BPMN 举措。除了通过扩展实例自由使用用户区域外，最重要的是它的开放性和由 XSD 覆盖的可扩展的架构。

GDT（全球数据类型）[44,45]来自 SAP AG，是一个专有的和不可自由使用的 BO 模型，也是基于 CCT。SAP 已经成功地表明，存储在其商业服务库的全球 BO 模型是很好的特殊工具和数据集成。GDT 模型由许多应用程序和组件构成。

6.5.2 弥合商业和 IT 的差距

弥合商业和 IT 之间的差距，这不是一个新的话题，一种方法是复合应用[9]，每批有一个稳定的商业层和一个相当灵活的确定应用的商业流程层。它们为每个应用程序连接了商业层。

另一个新的趋势是智能流程应用平台[46]，即新一代的 BPM（商业流程管理套件）。大多数 BPM 提供商有自己的议程，或提供首评产品，在文献［47］中是由 Forrester 进行评估的。应用程序和 BPM 系统之间的边界变得模糊，因为应用程序更多使用有更多功能的 BPM 平台。这些应用程序是高度灵活的、结构松散的，更容易也主要应用于生意人的交流（“以人为本的设计，为变化而建造，是成功的关键”）。

在文献［48］中，一些重要的基本技术，也就是前加载和前瞻，被借用来为 BO（数据）以及服务和流程（行为）减小商业缺口，因此我们这样总结：

前加载意味着域用户将提供他知道的更多信息，否则将丢失。我们使用由物流 App 商城的服务供应商的 IT 专家所提供的预实施，而不是自动地取自前加载信息来实现。前加载包括组织单位和角色、业务对象、领域特定网络 C 类商业信息、灵活点（如服务的交换预期）、可预见的异常和特定的形式（生成图形用户界面）等。

前瞻意味着发现和重复使用所有的构建模块（那些已经具有前装的元素），即数据、表现、特例以及其他更多类型的预处理模块。这是我们的重点，因为物流 App 商城的商业模式是结合有正确构建思维的预实现模块的物流 App 商城。

BO（数据）：可执行的流程模型需要规范的所有数据对象（或 BO）精确定义的接口流程模型和其内部数据流，即启动流程实例，通过图形用户界面调用服务和与用户交互。过程中的建模通常只用命名，数据类型最相关的属性要指定。使用标准化的 BO，所有额外的实施信息是可用的。

前装：只有领域专家了解所需的域信息和知识结构、格式和代码。通过使用标准 BO，几个领域的专家已经做了数据分析。

前瞻：设计商业流程模型时，现有的数据对象类型应该被重复使用。使用已经存在的详细特定网络的（从 BO 元数据信息库记录 UML 类图和结构化数据），甚至实现的（Java 类和 BO 实例存储）BO 模型。为了能够通过前瞻重复使用现有的 BO 类型，很容易通过 LPD 工具接触到商业流程设计师[28]，设计、指定和实施 BO 的难度显著降低[12]。更重要的是，商业流程模型指代相同的数据类型（BO）作为现有的服务和人工任务。由于这种统一，可以避免在服务调用和流程执行时实现在商业层面用数据结构去定义网络到另一个在技术层面上使用的改造总体工作[12]。

服务（行为）：流程模型中的几项活动在执行过程中使用的服务（或应用程序/应用）。在运行期间，过程实例通过交换数据的对象和事件，在异步情况下，与这些服务进行通信。由于 BPMN 2，没有更多的需要弥合的商业流程模型和系统流程模型或服务组合规范（如 BPEL，如文献［49］中描述的），这已经显著缩小了商业与 IT 的差距。

前加载：一般而言，对于一个过程模型，它的功能和它的输入和输出参数以及 BO 要使用的每个服务都必须预先规范，其中的 IT 系统应提供这种服务。使用 LPD，商业流程建模后可以使用此信息。不同的系统可以存储 BO 不同的属性，也就是那些它们需要的。虽然像 WSDL 和 XSD 数据类型规范的技术描述被使用，物流 App 商城 MMP[33] 支持在服务执行需要的技术描述预连接的商业视图中描述应用程序及已确定的服务管理。但它们对于不具有或只有有限的 IT 技能商业流程设计水平的商业流程设计者来说是不可被理解的，因此被隐藏。

预见性：通常服务描述和服务操作发表在一个存储库（在我们的例子中是SOA存储库或LDAP）中。启用预见性，服务描述的语言（或图形符号）应该很容易被商业流程设计者理解[48]，如上所述。此外，它必须容易搜索所需的服务和访问以及理解相关描述。在此基础上，商业流程设计者可以找到适当的服务和在相应的流程步骤中使用它们。现有技术服务规范预连接这些商业层面的规范，以避免不必要的实施步骤。重复使用现有的服务降低了服务实现的难度和成本或服务费用。定义过程的缺点、调整逻辑组可用的服务可能是必要的。

6.6 结　　论

我们提出了新的物流BO模型BO4，该模型是为物流App商城开发和使用的，包括物流App商城的目标、设计、开发方法、支持软件和它如何弥合商业和IT间的差距。

BO4物流领域模型由一个物流专家团队开发，被作为一个灵活的、现代的、活泼的技术标准的抽象代表，即所谓的OAGIS。通过这种构建，域模型成了高度统一的技术标准，独立于特定的应用程序，能够得到良好的验收，而且在物流领域也是可预测的，所以成为物流领域的“新石油”。

通过提供一个简单的商业视图和高度耦合且复杂的标准化技术视角，域模型这个标准在两个方面缩小了水平的差距：作为一种通用语言可以让不同合作方的物流专家进行交流，而作为一种通用技术标准也可以让系统的所有合作伙伴进行交易，并且可以作为物流购物中心报价的集成工具。此外，以其结构作为一个详细抽象的技术标准，无论是在数据层面还是活动水平层面，物流BO模型都能够缩小垂直的商业－IT间的差距。BO模型在商业流程建模过程中被应用于一种新的模式中。物流BO模型不仅是具有丰富文档数据的模型，同时也包含了许多的技术及许多不同的技术代表，这些代表可以是各个商业的商品，也可以是在设计和运行过程中支持处理BO的软件组件。

我们只勾勒了应用程序集成的主要思想、应用程序的通信标准和过程模型中应用程序的商业流程，所有的重点都放在了BO上。有关应用程序或应用程序如何获得商城匹配的BO接口和在物流商城中过程模型是如何建模和执行的，我们分别在文献［33］和文献［28］中详细讨论。

参考文献

[1] Fraunhofer Gesellschaft: Business objects for logistics. http://www. bo4l. org (2013).

[2] EffizienzCluster LogistikRuhr. http://www. effizienzcluster. de/en.

[3] Fraunhofer Gesellschaft: Logistics Mall. http://www. ccl. fraunhofer. de/en. html (2013).

[4] Holtkamp, B., Steinbuss, S., Gsell, H., Loeffeler, T., Springer, U.: Towards a logistics cloud. In: 2010 Sixth International Conference on Semantics, Knowledge and Grids. http://ieeexplore. ieee. org/stamp/stamp. jsp? arnumber = 05663532 (2010).

[5] Bundesministerium für Wirtschaft und Technologie: Exponat "IKT-Innovationen in der Logistik – Wachstumsmotor für Unternehmen", Nationaler IT Gipfel. http://www. post-undtelekommunikation. de/PuT/1Fundus/Dokumente/7. _ Nationaler_ IT-Gipfel_ 2012_ Essen/20_ itgipfel-2012-exponat-ikt-innovationen-in-der-logistik, property = pdf, bereich = itgipfel, sprache = de, rwb = true. pdf (2012) (in German).

[6] Nationaler IT Gipfel. http://www. it-gipfel. de.

[7] Hinssen, P. (ed.): Information is the new oil—drilling new sources of innovation, across technology. http://datascienceseries. com/assets/blog/GREENPLUM_ Information_ is_ the_ new_ oil-LR. pdf.

[8] Nettsträter, A., Geißen, T., Witthaut, M., Ebel, D., Schoneboom, J.: Logistics Software Systems and Functions: An Overview of ERP, WMS, TMS and SCM Systems. Springer, Heidelberg (2013).

[9] Stiehl, V.: Composite application systems—systematisches konstruieren von verbundanwendungen unter verwendung von BPMN, dissertation, TU darmstadt. http://tuprints. ulb. tu-darmstadt. de/2751/ (2011) (in German).

[10] DIN German Institute for Standardization e. V.: Economic benefits of standardization—Summary of results—Final report and practical examples, Beuth Verlag. http://www. din. de/sixcms _ upload/media/2896/economic _ benefits _ standardization. pdf (2000).

[11] Berlecon research: E-business standards in Germany—current state, problems, prospects. http://www. berlecon. de/studien/downloads/Berlecon _ eStandards2010 _ ExecSum. pdf (2010).

[12] Böhmer, M., Daniluk, D., Schmidt, M., Gsell, H.: Business object model for realization of individual business processes in the logistics domain. In: Clausen, U., ten Hompel, M., Klumpp, M. (eds.) Efficiency and Logistics, pp. 237 – 244. Springer, Berlin (2013) Seamless Interoperability in Logistics: Narrowing…115.

[13] UN/CEFACT: Core components technical specification, version 3. 0. http://www. unece. org/fileadmin/DAM/cefact/codesfortrade/CCTS/CCTS-Version3. pdf (2009).

[14] UN/CEFACT. http://www. unece. org/cefact. html.

[15] Open Applications Group, Inc. : OAGIS release 9. 5. 1. www. oagi. org (2012).

[16] Schmidt, M. , Tilp, M. , Böhmer, M. : Fachliche dokumentation der geschäftsobjekte für die logistik, release 1. 2. 2 "blaze", technical report, fraunhofer gesellschaft (2013).

[17] Scott-Sabic, V. : Dictionary of Logistics. Deutsch-Englisch/Englisch-Deutsch. Springer, Heidelberg (2004).

[18] Heidenblut, V. , ten Hompel, M. : Taschenlexikon Logistik. Springer, Heidelberg (2011). (in German).

[19] GS1: GS1 General Specifications. http://www. gs1. org/docs/gsmp/barcodes/GS1_ General_ Specifications. pdf (2014).

[20] UN/CEFACT: Introducing UN/EDIFACT. http://www. unece. org/trade/untdid/welcome. html.

[21] Open Applications Group, Inc. : Business object document (BOD) message architecture for OAGIS© release 9. +, OAGi white paper, version 1. 0. http://www. oagi. org/oagi/ downloads/ResourceDownloads/2011_ 0408_ BOD_ Message_ Architecture_ V9x. pdf (2011).

[22] GS1: GS1 XML. http://www. gs1. org/ecom/xml.

[23] Fraunhofer IAO: openTRANS. http://www. opentrans. de.

[24] Open Applications Group, Inc. : User's guide for extending OAGIS 8, OAGi reference guide, version 1. 0. http://www. oagi. org/oagi/downloads/ResourceDownloads/Extending_ OAGIS_ 8. pdf (2003).

[25] Open Applications Group, Inc. : Extending OAGIS 9. x through overlays—OAGi cheat sheet. http://www. oagi. org/oagi/downloads/ResourceDownloads/Extending_ OAGIS_ v9. doc (2009).

[26] Open Applications Group, Inc. : OAGi development methodology, OAGi white paper. http://www. oagi. org/oagi/downloads/developmentmethodology/2013_ OAGi_ Development Methodology. pdf (2013).

[27] Open Applications Group, Inc. : OAGIS—A "Canonical" business language providing both vertical and horizontal requirements, OAGI white paper, version 1. 0. http:// xml. coverpages. org/OAGIS-Canonical. pdf (2002).

[28] Bochon, I. , Ivens, V. , Nagel, R. : Challenges of Cloud Business Process Management. Springer, Heidelberg (2013).

[29] Object Management Group, Inc. : Business process model and notation (BPMN), version 2. 0. http://www. omg. org/spec/BPMN/2. 0 (2011).

[30] Steinbuß, S. , Weißenberg, N. : Service design and process design for the logistics mall cloud. In: Yang, X. , Lu, L. (eds.): Principles, Methodologies, and Service-Oriented Approaches for Cloud Computing. pp. 185-205, IGI Global, Hershey (2013).

[31] Carr, N. G.: IT doesn't matter. Harvard Bus. Rev. http://hbr.org/2003/05/it-doesnt-matter/ar/1 (2003).

[32] Date, C. J.: An Introduction to Database Systems. Addison-Wesley Publishing Company, Englewood Cliffs (1977).

[33] Eggemann, J., Leveling, J., Weiß, N.: Business Apps Meet the Challenge of Covering Continually Changing Logistics Requirements. Springer, Heidelberg (2013).

[34] OASIS: ebXML. http://www.ebxml.org.

[35] RosettaNet. http://www.rosettanet.org.

[36] OASIS: Universal business language TC. https://www.oasis-open.org/committees/ubl/faq.php.

[37] Liegl, P., Zapletal, M., Pichler, C., Strommer, M.: State-of-the-art in business document standards, industrial informatics, pp. 234-241. http://publik.tuwien.ac.at/files/PubDat_186928.pdf (2010).

[38] Kabak, Y., Dogac, A.: A survey and analysis of electronic business document standards. ACM Comput. Surv. 42 (3), 1 – 31 (2010). https://lists.oasis-open.org/archives/set/200909/pdf00000.pdf (2010).

[39] Melleri, I., Hiekkanen, K., Mykkanen, J.: comparing information models in XML-based ebusiness standards—a quantitative analysis. In: IEEE 15th International Enterprise Distributed Object Computing Conference, pp. 225 – 234 (2011) 116 M. Böhmer et al.

[40] Lampathaki, F., Mouzakitis, S., Gionis, G., Charalabidis, Y., Askounis, D.: Business to business interoperability: a current review of XML data integration standards. Comput. Stan. Interfaces31, 1045 – 1055 (2009).

[41] Li, H.: XML and industrial standards for electronic commerce. Knowl. Inf. Syst. 2 (4), 487 – 497 (2000).

[42] UN/CEFACT: Core components library. http://www.unece.org/cefact/codesfortrade/unccl/ccl_index.html.

[43] BMEcat. http://www.bmecat.org/English/index.asp.

[44] SAP: SAP Netweaver CE 7.2 documentation, global data types. http://help.sap.com/saphelp_nwce72/helpdata/en/b8/870116599c48a4aa2bb15b7a9967da/frameset.htm.

[45] SAP: Global data types. http://wiki.sdn.sap.com/wiki/display/GDT/SAP + Global + Data + Types + (GDTs).

[46] Bartels, A., Moore, C.: Smart process applicationsfill a big business gap, forrester report (2012).

[47] Bartels, A., Moore, C.: Smart Process Applications, Forrester Wave (2013).

[48] Bauer, T., Buchwald, S., Reichert, M.: Improving the quality and cost-effectiveness of process-oriented, service-driven applications: techniques for enriching business process models. In: Service-Driven Approaches to Architecture and Enterprise Integration, pp. 104 –

134. http://dbis. eprints. uni-ulm. de/936/ (2013).

[49] Buchwald, S. , Bauer, T. , Reichert, M. : Bridging the gap between business process models and service composition specifications. In: Lee, J. , et al. (eds.) Service Life Cycle Tools and Technologies: Methods, Trends, and Advances, pp. 124 - 153. IGI Global, Hershey. http://dbis. eprints. uni-ulm. de/713/1/BookChapter _ BRB2011. pdf (2012).

第 7 章

云业务流程管理面临的挑战

伊莉娜·波秋，沃尔克·伊文思，拉尔夫·纳格尔

摘　要：云业务流程管理不仅仅意味着外包流程编辑器和驱动程序，同时，整个流程生命周期必须能够面对云计算所带来的挑战。在本章中，我们将讨论这些挑战并提出相应的解决方案，以平衡成本效益、安全性、可用性和敏捷性，并降低管理费用。

关键词：业务流程管理；云计算；物流云服务应用平台；物流流程设计器

伊莉娜·波秋（✉），沃尔克·伊文思和拉尔夫·纳格尔

弗劳恩霍夫软件及系统技术研究所，多特蒙德，德国

e-mail：riyna. bochon@ isst. fraunhofer. de

沃尔克·伊文思 e-mail：volkel. ivens@ isst. fraunhofer. de

拉尔夫·纳格尔 e-mail：ralf. nagel@ isst. fraunhofer. de

迈克尔·腾·霍姆佩尔等，物流云计算，物流课堂讲义，DOI 10. 1007/978 - 3 - 319 - 13404 - 8_ 7

7.1 介　　绍

在今天的世界里，如果你想开车出行，并不需要购买自己的车，你可以选择加入一个汽车共享社区。在这个汽车共享社区上，你不需要购买和维护自己的车。当需要用车的时候，你可以从汽车共享平台里面租一辆车。根据不同的影响因素，如价格表、车辆已行驶里程、驾驶习惯或与下一个还车点距离，最终选择最适合你的方案。

类似于汽车共享，人们对云计算主要的看法已经从拥有一个 IT 系统转变成单纯地租用和使用云计算平台。我们要探索客户选择云计算平台这一做法背后的一些关键因素，而不是简单地定义云计算。

弹性：通过在短时间内添加或删除计算资源（CPU、内存、存储容量），云计算平台给了客户一种灵活性，而这在以前客户是无法通过拥有自己的硬件或 IT 外包服务来实现的。对于客户而言，这个优势与按照云计算运营商的要求来准确预测计算资源需求的问题紧密相连。而其他的方法可能会导致在云数据中心出现高峰超售问题。

安全性：当前看来，由大众媒体指出的安全问题似乎被高估了，并且适用于更多的如 Dropbox1 或大多数谷歌服务的免费云服务。德国和欧洲法律在数据保护方面有严格的规定，欧洲的家电企业必须遵守、实施和监督这些规定，这是每一家严肃的云计算运营商都必须做到的。

降低成本：这是另一个常在热门刊物上介绍的因素。在现实中想要比较传统的 IT 管理与云计算的成本高低很困难。比如，云计算给客户带来的弹性、灵活性的价值有多少？如果不考虑这些问题，那对两种方式的比较难以得到一个有意义的结果。云端处理器很容易平衡多用户之间的硬件的利用率并利用单个客户的性能峰值，但如果所有的云客户的使用量峰值同时出现，就会难以真正地降低云计算成本。

远程访问：云计算资源（IAAS、PaaS、SaaS[1]）是通过网络（不一定是公共互联网）访问的。这意味着该云计算背后的物理计算中心可能位于世界上的任何地方，这一潜在的优点必须与一个事实保持平衡，即在世界各地的法律限制是相当不同的，数据保护和政府控制也是不同的[2]。

可用性：在大多数的交易中，云计算资源需要具有很强的可用性。任何一个小的故障都可能极大地破坏整体的可用性。云计算中的所有相关组件，如服务器、存储器、互联网、操作系统、电源、冷却等都可能导致瘫痪，因此必须把失效保护控制在所期望的标准范围内。考虑到云计算的优势，将云计算和业务流程管理（BPM）相结合是很容易想到的。业务流程普遍存在于商业世界中，有时它们隐藏在标准作业程序里。使用各种业务流程符号像 EPC6，BPEL7 或 BPMN8 是一个更好的方法。此外，用它来执行和监督业务流程也是最先进的推动企业发展的技术。在 BPMN 2.0 中存在一个包括了可执行的语义的标准化符号。在 2011 年，OMG[3] 发布了支持这一标准的各种工具和驱动程序。

BPMN 是其他基本建模概念和语言，如 Petri 网或状态机的演化。有科学研究证明，所有的 BPMN 图也可以建模为 Petri 网格[4]。这些图不包含执行信息，因此为了执行一个流程模型，必须有一个特殊的描述性语言用来控制执行，为此目的设立的一种语言就是业务流程执行语言，它描述了包含流程模型的网页（Web）编排服务。这个语言的缺点是缺少对人类活动的支持，因此一些包含着与人有关任务的 BPEL 的拓展出现了。在一段时间里，用于建模的 BPMN 和用于执行的 BPEL 特殊版本被组合使用，直到 BPMN 2.0 最终发布出来。

通常情况下由领域内专家设计流程模型，但大多数情况下，他们做的没有所需的技术经验和缺乏对执行一个进程所需的框架和服务的充分理解。因此，设计出的流程模型需要 IT 专家进行一些修改和技术改进使其可以被执行。对于流程模型的执行来说，每一项活动都必须被计入服务（例如 Web 服务）的执行中，以提供所需的功能。此外，活动的输出要与连续活动的输入相连，输入的外部事件必须被传递到相应的流程实例中，传出事件必须被传递到正确的接收器中。

为了执行业务流程模型，必须对组合的模型进行多次技术改进。流程内部和外部事件必须为模型的执行进行正确连接，一个可执行的业务流程符号包括以下主要方面：

①控制流程：流程模型元素的执行顺序（活动入口……）。

②数据结构：在存储过程中背景数据的定义和交换服务。

③数据流：描述数据的流程和服务之间的流。

④消息和事件：数据结构的专业化和流动通信与进程和服务之间的同步。

⑤用户和角色：数据结构的专业化反映出了任何过程交互的组织结构图。

⑥应用景观：为这些活动提供执行服务的应用号层序。

一个典型的、用来处理活动之间交换数据的方法就是使用流程背景，一个流程背景就像在所有活动中共享内存业务流程。数据对象可以存储在过程变量和每个活动中，也可以被访问或更新。一个流程活动必须要求输入和输出对象在流程执行背景中可用来执行这一流程。

共享内存概念的一些典型问题如下：

①数据兼容性：服务之间交换的数据必须兼容且成功执行。

②背景大小：进程背景的规模不断扩大可能会导致性能和可扩展性问题。

③交易：在并发处理多个实例或进程的过程中可能尝试在同一时间改变相同的数据，这可能会导致不一致的数据，并且执行方法需要用来控制更改。

④同步：将数据从流程背景复制到同步外部数据源也可能导致数据不一致。

7.2 云业务流程管理（CBPM）

云业务流程管理不仅仅意味着将流程编辑器和驱动程序移动到云基础设施。虽然在云里用 IaaS 或 PaaS 来运行 BPM 基础设施是有可能的，但这些虚拟化服务器与传统的 IT 管理相比并没有很大优势。因此，在下面我们专注于 SaaS 的解决方案。

CBPM 应着眼于创造（模型）和使用过程，而不是执行和运行服务。因此，我们看到了两个参与其中的利益相关者的清晰的责任分离：云计算运营商负责运行和维护业务流程的云计算环境和与之连接的 SOA9 服务，包括建立新的或更新现有的服务和应用；CBPM 的（云）客户负责设计、测试和使用他们的业务流程策划选定的云服务。

由于这样的责任分离，特权账户的底层运行系统、数据库等不会被公布给云服务客户。国外的或未验证的代码，即使由云运营商执行，也可能存在法律上的问题和风险。由客户提供不确定的代码甚至可能会损害云基础设施的系统健康或包含某一种漏洞。因此，在业务流程设计中，要使用预先定义的，并通过云操作者认证的代码分类构建架构基础。

设计业务流程需要遵循一定的发展步骤，从软件开发技术（图 1）便可知晓。在开始一个流程时，它通常被设计以图形表示。这一步被迭代地执行，并可伴有内部模拟阶段。这一内部模拟阶段可以帮助设计师评估他新创建的或修改的流程模型。设计阶段通常后跟一个测试阶段，在测试阶段期间，流程模型是可以执行的。如果有必要的流程模型，那么根据工件顺序必须优先部署。在大多数环境中执行新的流程模型部署都是简单地基于 XML 文件。更为复杂的是由流程模型引用的所有服务的准备工作。如果一个应用服务之前没有被任一流程模型采用过，它在使用前必须进行安装和配置。通常情况下，流程模型已经被更新，并反映出当前的 IP 新部署的服务或 URL10。

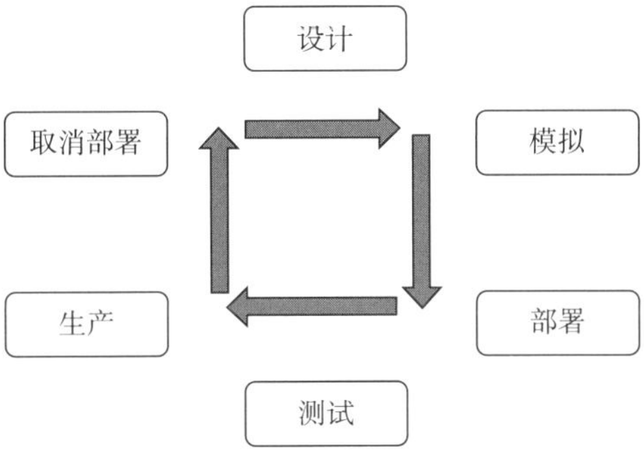

图1 业务流程生命周期

流程模型在测试阶段的执行必须明确预防流程数据和传入或传出信号被传递给外部系统。任何错误的发现，在测试时都可能会导致另一个设计阶段的产生。经过一个成功的测试阶段，期望流程的变化能在生产阶段使用。在生产阶段发现的任何错误都将导致重新设计。在其生命周期结束时，流程模型会取消部署，从而节省计算资源和防止产生新的进程。物流取消部署的流程模型，通常要等到所有正在运行的流程实例完成后才可以。通过这种方法，即使以前的版本仍然在运行，一个较新版本的流程模型仍可能被部署、测试或现场执行，因此业务流程管理需要一个内置的版本管理流程模型。

在业务流程生命周期的不同阶段，需要来自流程的服务和应用程序的附加支持。通常为了实现测试的目的，特殊的测试应用被用来区分使用效率和测试数据。在降低云平台成本的要求下，这种重复的系统是能被采用的。更好的办法是找到一个方法来标记流程实例和进行测试，同时，生产过程中只使用一个服务实例对应的数据作为测试数据。这使得合并测试和生产性的执行得以同时进行。

由于云客户缺乏特权账户，所以执行环境和流程服务必须支持流程的监控执行。为了确保每件事都如我们所需要的那样执行，这种监控在测试阶段是必需的。在生产阶段的监测也是必需的，这可以分析流程执行过程中可能出现的任何问题。间断的过程实例在一个测试阶段可能被忽略，在生产模式中的云客户需要处理这些情况。为了处理间断的流程实例，云环境中必须由流程模型提供一个专门的修复功能。在这些功能的帮助下，损坏的数据必须被更新，流程执行必须重新进入准备状态，这样执行才可以继续。

在 CBPM 中的另一个挑战是连接外部系统与云计算环境。如果只考虑基于云的系统，将缩小应用的使用范围，在物流领域，很多物理硬件在云外又被纳入业务流程。从条形码扫描和印刷开始，云流程必须与外部企业资源、规划工具或仓库管理系统进行信息交换。一个专门网关需要处理传入和传出的消息和数据，分配输入数据到相应的云客户和流程实例。

CBPM 的主要挑战总结如下：

①弹性和 SaaS：概括 CBPM 的云计算方面（“刚用”比喻扩展到流程和连接服务）。

②分类构建块的可执行性：CBPM 只装配可执行的和认证版的分类构建块，这些分类构建块支持不同的业务流程生命周期阶段的监测和修复功能。

③兼容性：由分类构建块交换的数据兼容性必须保证。

④连接：在云入口[7]通信的帮助下可以建立与外界的沟通渠道，入口优化是过程定义的一部分。

7.3 物流流程设计器（LPD）

7.3.1 LPD 的结构

物流云服务应用平台集合了物流服务和应用[8]。后勤服务和应用程序供应商可以提供他们的产品作为单片应用程序或专业服务，这使得物流或 IT 服务的用户只租用企业所需的软件部分。另外，也可以从现有的服务构建单个物流流程模型，并在云中执行。

物流云服务应用平台的发展分为三个阶段（图 2）。在第一个阶段，只有单一应用程序的支持。客户可以用他们预订的应用程序（如软件即服务）访问框架（CAF）来工作。用于第二阶段的物流云服务应用平台云基础设施由企业服务总线①（ESB）扩展。ESB 允许云中预定的应用程序之间实现互操作。为了协调不同厂商的应用程序之间的通信，一组标准化业务对象（BO）[10]已经开发出来，连同一个能存储业务对象的存储库。物流云服务应用平台的最后阶段，旨在提供对于业务流程的业务服务（BPaaS）② 的支持。单片应用程序从第一阶段的两个阳离子被认为可被布置成小服务替换流程模型。用于构建业务流程模型中物流云服务应用平台的专业工具就是 LPD。

---

① 企业服务总线是一种基于标准的集成平台，融合通信、Web 服务、数据转换和智能路由，面向服务的高度分散、事件驱动的体系结构[9]。

② 类似于软件即服务。

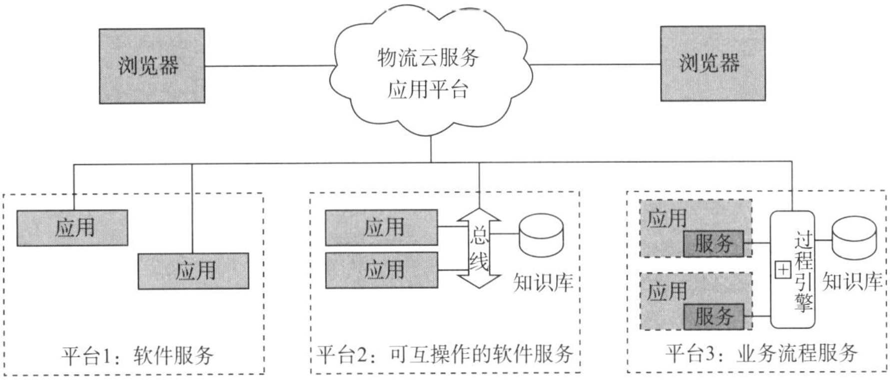

图2　物流云服务应用平台三段时期

LPD是一个基于Web的流程建模工具，使用一个独立的业务流程标注(图8)。LPD的目标用户是各个领域的专家，无须深厚的IT知识。对于初学者来说，图形标记是直观的，并且比多数BPMN的子集更容易学习。在LPD中仅使用预实现，后续分类构建块不再必要。LPD的分类构建块可以被翻译成一系列的像BPEL或BPMN 2.0的业务流程语言，程序让使用可用的公开资源或业务流程运行程序成为可能。

如图3所示，我们分三个不同的层次：顶层是流程建模分类编辑器（PMT编辑器）、LPD和流程存储库前端。在PMT编辑器中，物流云服务应用平台的运营管理包括流程建模分类所有可用的分类构建块。利用LPD，可以将按分类法①分类好的构建块类群组合成工艺模型。最后，这些流程的业务过程生命周期被控制在流程存储库前端。通过整合物流云服务应用平台授予的SSO网关，可以访问所有提到的Web应用程序。

中间层或持久层包含两个基本数据源：流程建模分类存储，它存储在LDAP②服务器中；流程存储库，这是一个普通的RDBMS③。流程库保存各种工艺多租户模型。每个模型可以存储在不同的版本中，但是，每一个版本必须通过一个简单的版本号来认证。头版是一个特殊的版本，代表着由某一用户保存的这种模型的最新版本。在不同的头部版本，所有其他版本的模式是不可变的。只有这些版本可以进行测试或部署。在业务流程生命周期的流程存储库前

① 分类法是事物系统性和层次性分类[11]。

② LDAP：轻量级目录访问协议。

③ RDBMS：关系数据库管理系统。

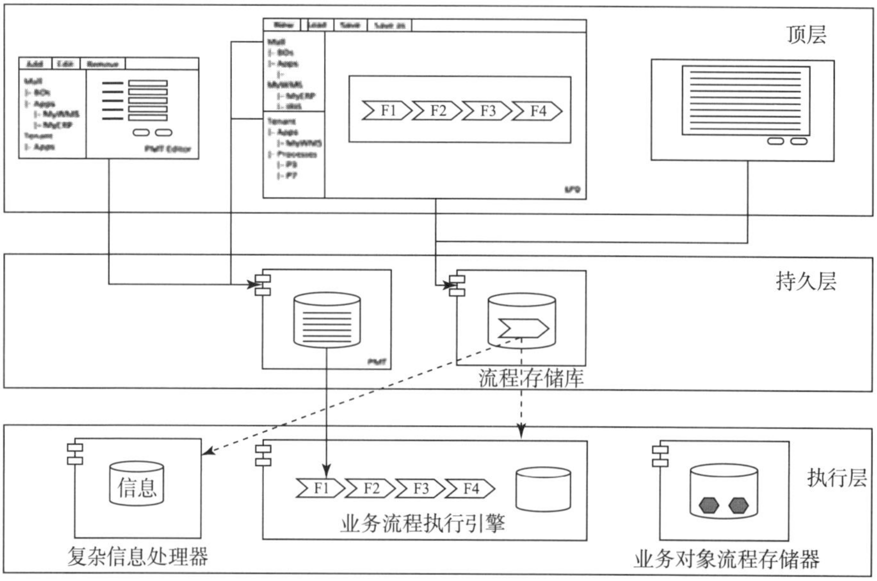

图 3　物流云服务应用平台流程管理

端控制开始之前，需要标记头部版本（带版本号）。

在执行层面，我们发现所有系统都需要我们流程的执行。执行的关键部分是业务过程中的运行程序。为了物流云服务应用平台，我们使用 Activiti 的开源 BPMN 2.0 程序[12]。根据 BPMN 2.0 特定阳离子规定，存储在过程库里面的流程模型会转化为一个 XML 文件。

码发生器受控于流程存储库前端和定制的 Activiti 的程序。翻译使用三种主要的输入模板：

①基本模板：内置于码发生器并反映任何细节目标运行程序的平台。

②在物流系统建模分类：每个分类构建块具有自定义执行块模板。所有用于建筑的过程中块模板与基座模板接合。

③分类构建块：参数定义的流程模型的数值从过程描述的流程存储库提取并合并模板的其余部分。

集成的业务流程运行程序可以很容易地被替换成有竞争力的程序。因为这三个模板水平是可交换的，所以码发生器被准备用于定制。包括 BPMN 在内，任何可执行符号，只要适合运行程序都是可行的（如 BPEL 程序）。

其他两个系统在执行层面是指业务对象实例存储库[10]和一个复杂事件处理器（CEP）。BO 实例存储库是一个专门的拥有持久性机制的业务对象模型物流云服务应用平台[10]。该 CEP 是运行流程模型的事件入口，在 CEP 的帮助下，可以进行互操作流程程序。在 CEP 的基本操作是：

①开始一个新的流程实例。

②通知等待的过程。

③停止正在运行的进程（对消）。

此外，它可以从一个消息事件中提取数据。有了这个数据，就可能实现以下几个操作：

①在版本库创建新的业务对象。

②更新现有的业务对象。

③指示一个业务对象为过时。

到 CEP 的最后事件可从各种来源中发送。以下列表给出了能够发送事件的 CEP 系统的简要概述：

①运行流程实例。

②在 BO 实例中存储。

③外部系统（通过物流云服务应用平台网关）。

④用户界面。

⑤服务或物流云服务应用平台应用[13]。

由流程模型处理的所有事件都是租户的具体描述 PMT 的一部分，因此 LPD 事件被视为同在建立一个流程模型时分类出来的任何其他活动一样。

LPD 是一个使用 HTML 5 [14]元素的 GWT [15]应用程序，在 Apache Tomcat①Web 服务器上运行。HTML 5 仍处于开发阶段，但它是现代网页未来的标准，扩展了浏览器的一些新功能，而无须插件。其结构如图 4 所示，LPD 前端是 LPD 的客户端，显示用户接口。该 LPD 基于 HTML 框架[16]的 yFiles 渲染图形和 GWT-DND② 库拖放功能。该前端实现了持久性和流程建模分类通信（光电倍增管）后端服务的交流。LPD 持久使用 JPA③ 访问 PostgreSQL④ 数据库。持久性 API 提供的功能包括保存和加载流程模型以及对它们进行版本控制。在其他数据之间，处理模型分类存储有关租户特定工艺模型元信息，并通过持久性模块的存储进行管理。

---

① Apache Tomcat 网址 http://tomcat.apache.org/。

② GWT-DND 网址 https://code.google.com/p/gwt-dnd/。

③ JPA：Java 持久性 API。

④ PostgreSQL 网址 http://www.postgresql.org/。

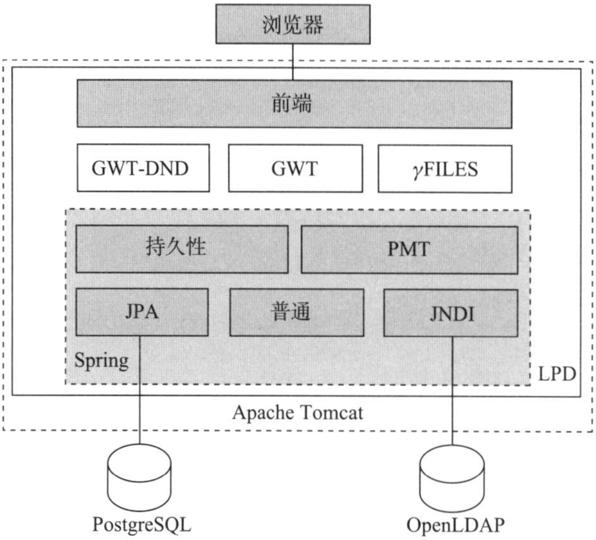

图 4　LPD 模型及其结构

PMT 表被存储在 OpenLDAP① 服务器并通过 JNDI② 访问该 PMT。PMT 包括所有可用的物流云服务应用平台的应用程序和服务，与所述信息是关于一个租户的应用和服务。Spring③ 用于优化和集成组件前端、持久性和 PMT。通用组件包含了传输对象的数据核心部件的通信。由流程模型处理的所有事件都是租户具体描述 PMT 的一部分，因此 LPD 事件被视为任何其他活动分类时，都会建立一个流程模型。

LPD 的界面（图 5）可以被分成三个区域：租户独立分类树（①＋②）、租户特定分类树（③＋④）和画布（⑤）。画布是造型区域，用于流程模型的设计。租户独立分类树包含了控制流的元素以及所有商城应用程序和服务。控制流元素都显示为①号，这些元件的分类构建块用来描述控制流或事件，这种树的其他入口是物流购物中心应用，如 Nelsan 商店[17]版本 1. 1. 0 与服务“打印送货单”②。

① OpenLDAP 网址 http://www. openldap. org/。

② JNDI：Java 命名和目录接口。

③ Spring 框架网址 http://www. springsource. org/。

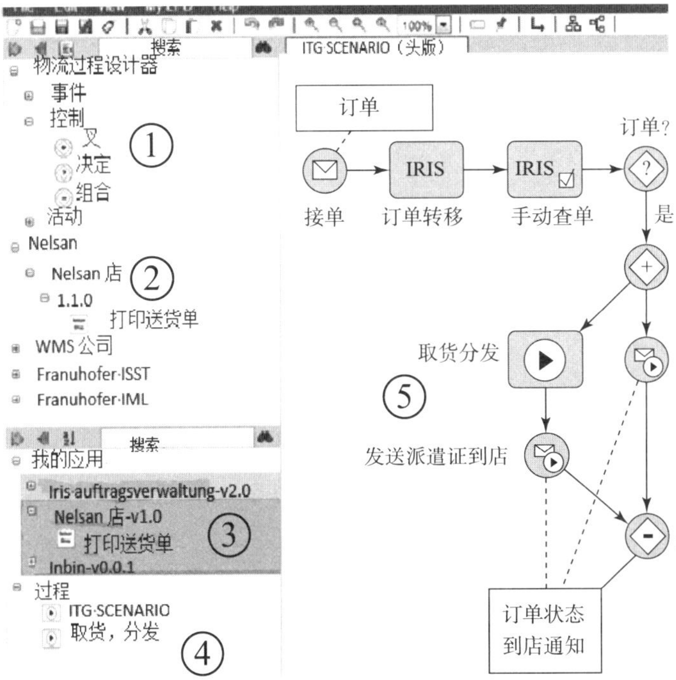

图5　LPD 界面组件

租户特定分类树利用着色指示列出了租户已经拥有的所有应用程序预订，以及那些其计划在未来预定的状态应用③，我们从总体上看到租户需要获得什么应用来运行所有过程。④号表示的列表流程模型已经创建，它们可以在其他车型被用作子流程分类构建块。

该 PMT 是 LPD 的重要组成部分，在流程中使用的每个分类构建块模型都取自这里，该 PMT 提供了一些功能，如分类、层次结构和可用分类构建块的管理。附加的元信息被存储为各个分类构建块。用户挑选一个分类构建块，并拖动它到画布上，块可定制，并与边缘连接。

在 LPD 里，PMT 由两个树结构代表，光电倍增管结构包括多个根类，其通过引用来连接。此分类中的一个部分由分类管理员管理，另一部分在流程模型的设计过程中编程变化。光电倍增管具有树形结构，允许有深层次结构的对象。两组所用的分类法被识别，其中的一部分是独立租户，另一部分是特定租户（图6）。

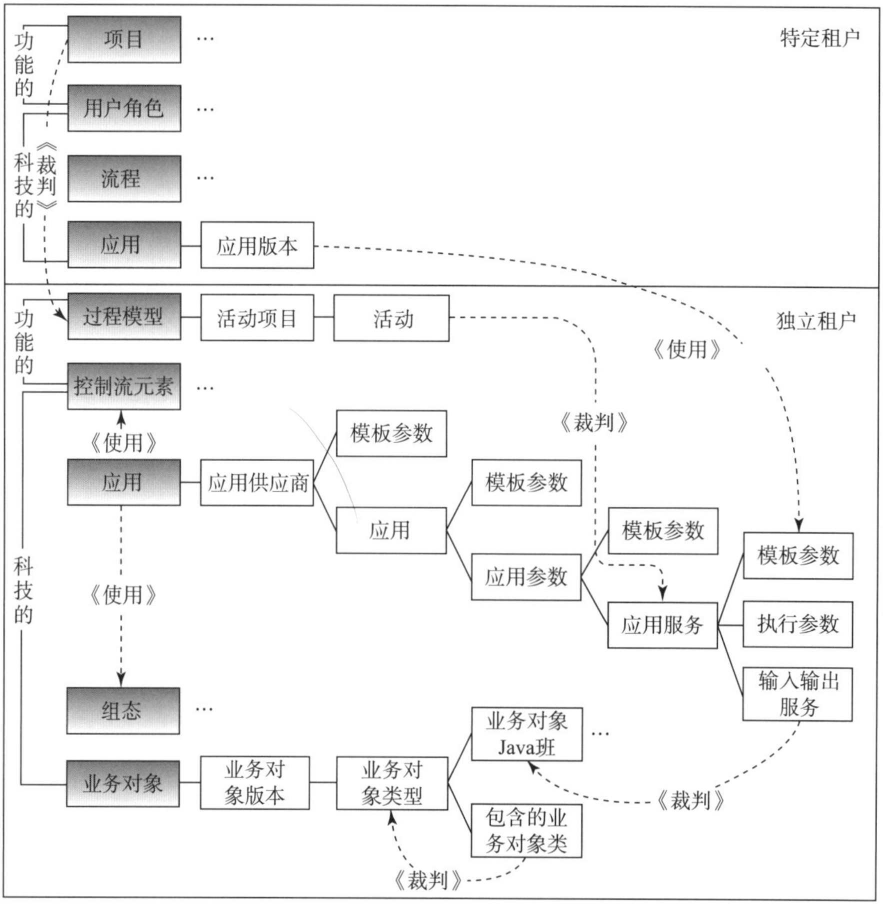

图6　流程模型分析

独立的部门由 Business Objects 公司[10]、控制流元素、物流云服务应用平台应用程序和配置的树组成。该应用程序树包含应用程序的供应商信息，包括程序版本和应用程序版本提供服务的类型。被要求作为这些服务的输入和输出的业务对象也被详细描述了。多目标平台的执行模板被存储下来以用于应用程序的每个活动。一个执行模板是画布和在建筑块之间的链路，在运行程序时执行代码。代码生成器在讲业务流程翻译为可执行的流程符号时会使用运行模板，模板参数是模板内用来更换的特殊占位符。它们可以用应用程序树中的任何级别来定义。通过继承这些参数传承到应用服务平台，该物流云服务应用平台的 Business Objects 得到树表示在所有预定义的业务对象从物流云服务应用平台得到业务对象模型，不同版本引用不同的应用服务的输入或输出。控制流元素树包含几个控制指令和事件构造块（如启动、决定）设计流程模型。这些分类构建块不需要相应的服务实现，由运行程序直接实现。配置树储存几个默认后备图标设置，如果构建块没有自定义图标，这些设置可以派上用场。

租户特定分类树是一棵面向每个租户的树，包含应用程序、流程、用户和该租户的角色。除了有关的一般应用程序和进程信息外，这棵树也存储特定租户的元信息：如他的流程模型（例如测试或生产）或技术细节的状态以及应用程序实例。对租户来说，导入自己的用户和角色进入该树并在 LPD 集成是可能的。这使租户可以在流程模型中使用自定义的角色。

LPD 对领域专家（如物流）的关注需要以分类后特定的视角进行，因为所有公共类的技术观点可能过于详细化和复杂化目标群体。LPD 提供了一个简化建模视图，它隐藏了很多技术细节，不会影响结果的可执行性的业务流程。用户可以在这些视图之间自由切换。

LPD 的主要特点有：

①业务流程执行独立的平台：通过将 LPD 进程翻译成基于状态机的进程语言，LPD 进程可以被不同的进程执行平台执行。转换后的流程是在适当地执行平台的本机语言。

②预实现和可扩展的分类构建块：物流云服务应用平台的应用提供预实现构建模块所提供的功能和服务分类。LPD 直接使用这些分类构建块，而不需要精湛技术。连接到每个分类构建块是执行模板片段翻译成所选本地运行程序的过程。

③基于标准化的业务对象模型的数据流：所有物流云服务平台的应用程序使用相同的业务对象模型，这是专用于物流领域的。业务对象模型保证了来自不同物流云服务应用平台应用之间的互操作性。

LPD 还提供了其他一些功能，缓解建模和执行：

①多语言支持：所有分类的对象可以存储在不同的语言中，LPD 显示这些应用程序的说明信息语言。

②多租户支持：每个租户可以访问一个特定于租户的树。与该租户无关部分是只读的。

③造型元素的验证：因为要把所有元素分类，引用的信息和它们之间有继承关系，所以建模元素的验证是可能的。

④服务之间的兼容性：服务的接口使用标准化的业务对象保证了服务之间的兼容性，所以很容易检查一个服务的输出是否配合另一个输入（图 7）。

⑤访问用户：技术视图和简化海关建模视图允许各类用户创建可执行的流程模型。

⑥自动代码生成：对执行模板中使用的活动与模板参数组合，方便了任何

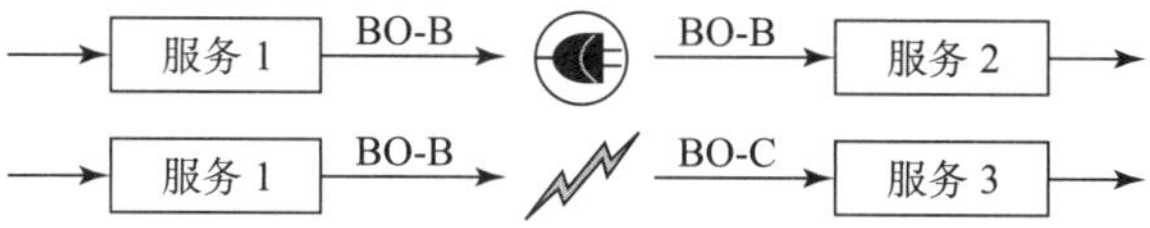

图 7　兼容性测试

目标平台生成自动代码。

⑦版本：流程模型的版本是通过分类支持作为一个流程模型可以存储的版本中的一个分支。

⑧灵活的建模符号：LPD 过程提供模型元素在 PMT 中的定义，新的模型元素可以在不改变 LPD 的情况下很容易地添加或得到现有的属性（例如图标和参数）。

⑨最佳性能：LPD 分类树是针对阅读选择和良好性能来优化的。

7.3.2　建模的一个基本例子

屏幕截图（图 8）显示基于一个基本流程模型的 LPD 的布局。这个过程是基于 Nelsan 方案[17]，关于 Nationaler 资讯 Gipfel2012[18] 的。以下概述总结了使用后的分类构建块的一些信息（表 1）

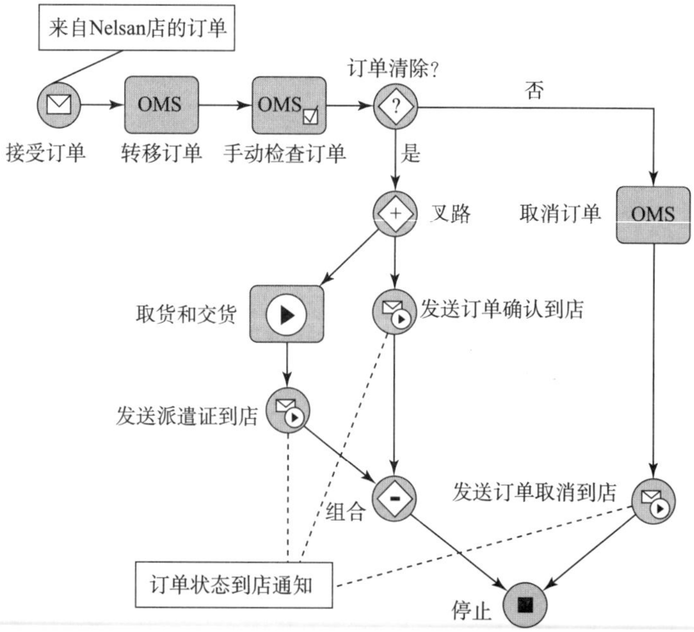

图 8　订单管理流程模型

表 1　订单管理流程模型分类构建块

分类构建块	描述
接受订单	该过程从网上商店的一个购买订单 BO 到达开始
调令	这是一个自动化的服务导入采购订单到订单管理系统（OMS）的工作项目
手动检查订单	在这个人工任务中（由复选框在活动图标可视化），订单人工审核或下降
清除订单	决策块评估审查的结果，决定是或否路径
叉路	如果订单被批准，进一步的活动同时被启动
取货和交货	这个子过程处理已订购的产品的包装和分销
发送派遣证明到店	子进程结束后，派遣证书发送到店内
发送订单确认到店	订单确认发送到店
组合	两个路径完成后，它们被接合在一个控制流中
停止	过程停止
取消订单	如果订单被拒绝，该活动的服务就取消
发送取消指令到店	分类构建块发送拒绝消息到店，过程停止

7.4　相关工作

IT 和云基础架构的快速发展为业务流程挖掘了新的潜力。特别是公司重叠的业务流程，通过云 BPM 组合，为改善可扩展性、复杂性和降低成本提供了空间。许多供应商已经开始分辨那些潜力点，并提供商业报价或基于 BPM 解决方案的开源云[19,20]。

7.4.1　商业厂商的云 BPM

大部分可用的工具都是商用云 BPM 产品。它们通常为阵容工作流、协作、模拟和兼容性提供较为全面的功能。业务目标的兼容性是通过许多适配器和连接器实现的。LPD 不需要适配器，作为标准化 BO 模型被用于通信，以避免界面之间不兼容。许多商业产品在 BPM 市场上已经非常成熟[21]。

博世软件创新[22]集团直接从流程模型使用自定义模板的代码生成，如 LPD 可执行的流程 Inubit 在执行过程中提供自己的流程程序。现有的进程可以从外部 BPM 系统引入。

Intalio 的 Intalio | 创建[23]基于 Web 的平台，包括一个自流程程序。这台程序可以通过参与执行建模的流程，从而在各种编程语言中预定义构造函数或脚本。Intalio 包含两个角度：技术角度和域的角度。

IYOPRO 公司提供的产品具有相同名称[24]。该产品能够运行处理流程的模拟，以及路径的可视化、可执行及自动验证。域的流程模型可以自动通过工作流管理来延伸。IYOPRO BPM 套件支持流程模型的协同接入，并支持各种流程程序，包括针对那些流程模型执行的内部开发。

以下工具支持 CBPM 作为 PaaS 的解决方案。当然，解决方案并不是本文的重点[21]：Appian 的 BMP 套装[25]、Cordys 的业务运营平台[26,27]、富士通的级间业务运营平台[28]和 TIBCO 有源矩阵的 BPM 与 TIBCO 白银 BPM[29,30]都是这方面的工具。

7.4.2 云的 BPM 开源产品

市场上可获得的开源解决方案为基础应用提供了充分的功能，同时商用工具平台附带了增强功能和更好的支持[31]。

Activiti 公司的 Activiti BPM 平台[12]是一个很好的代表，这个过程程序被用在物流购物中心阶段 3。所述的程序是 Javabased，模型库保存流程模型。BPM 平台提供了 Activiti 的资源管理器来查看正在运行的流程实例。从域模型向技术模型转换的唯一可能，是通过 Activiti 公司应用组件的切换，也就是：一个重要的 Activiti 的模型师的域模型的非试用技术完善，只能通过 Activiti 的设计者进行。在单元测试和任务管理的帮助下，该平台支持流程测试执行。Java 代码使客户能够实现自己的活动[32]。

Intalio | 创建也可以从免费社区版获取，与商用版比较来看，Intalio | 不包括管道组件，基于 Intalio 云，这些组件编排可以调用到其他系统和部件。IYOPRO 也有可作为开放源代码的基础版本。与商业版本重要的不同之处是没有失踪过程执行和自定义规则符合性检查。

7.4.3 云 BPM 的学术解决方案

虽然只有少数学术方案存在，但人们对于优化连接在云端的业务流程这一主题的兴趣却与日俱增。学术界主要集中在理念的创新层面，并不断地重复下一个项目，并最终产生成品。除了 LPD 项目，学术界还提供了下文的一些解决方案或未完成的项目。

在 2013 年 CeBIT 展会上，乌尔姆大学数据库和信息系统研究所展示了他们基于云的 BPM 解决方案——Clavii BPM 云[33]。在这个解决方案的帮助下，每个用户都可以提出个性化的过程的工作意见并且修改模型，这些变化会立即发布到其他所有用户。个性化是通过业务流程的抽象概念来实现（根据职责领域，必要活动列和其他活动被隐藏或分组）的。复杂性业务流程可以通过各种视图的选择而减少。此外，有可能改变的曲线图以基于过程可视化（BPMN 2.0）的形式为主，文本到 ADEPT① 可视化。该 Clavii BPM 云有利于在运行时根据情况的变化相应改变过程。该解决方案提供了一个过程建模和流程执行计划。在过程抽象理念的发源地——乌尔姆大学，这一解决方案从 Proview 这一科学项目里脱离出来。

位于 HTWG Konstanz② 的康斯坦茨过程控制研究所（Konstanzor Institut für Prozesssteuerung，KIPS）在科学项目 BPM @ 云项目[36]上与工业伙伴合作，在不同的实验室中（BPMN - 实验室、云实验室和移动实验室）研究云计算和 BPM 结合的可能性。受益于云计算的业务流程的各种活动，将由基于科学方面业务流程优化的研究来确定。KIPS 已开发的方法 BPM(N)就是为了达到这一目的，敏捷软件开发结合了“经典”的 BPM 生命周期。通过引入新的流程，这种方法得到了成功验证。接下来将研究这种方法能从多大的程度上优化现有已运行的过程。BPM 的平台 Xpert.ivy，使用了轴突有源 AG [37]。一个移动 BPM 的移动应用程序正在移动实验室中进行开发，它会使用 Web 服务与在云中运行的工作流程序沟通。有了这个应用程序，进程就可以创建、执行和监控[19,36,38]。

7.5　未来的工作和结论

在这篇文章中，我们介绍了云计算的业务流程管理面临的挑战。一个专业的 CBPM 工具套件显著地促进了云中业务流程的优化和自动化。我们按照所陈述的要求，在市场中分析了可用的工具套件，但没有发现合适的解决方案，因此，我们开发了物流流程设计，包括组件和图 3 所示的工具。对物流企业来说，第三阶段的物流云服务应用平台是在云中执行业务流程的最理想的解决方案。

LPD 的优势主要在可用性和隐藏技术方面：用户不需要 IT 知识或者流程

① ADEPT：基于封装的预建模流程模板应用开发，乌尔姆大学开发过程管理系统。

② HTWG：康斯坦茨应用技术大学。

建模技能。简要介绍后，任何人都可以应用 LPD 建立一个过程模型。

在预执行分类构建块功能的帮助下，IT 细化已经没有必要。代码生成器可以自动地将过程模型转换成一个对驱动程序来说合适的可执行模型。与外界交流所需的技术细节被转移到平台的网关。流程建模分类在我们的方法中占据了核心地位。它包含所有可用的构建块，并限定相应的执行模板。为了确保使用该解决方案来实现大范围的用例支持，云计算运营商不得不认真谋划和操作 PMT。

在未来，我们将完成具有附加功能的 LPD。对于监控，我们将在画布上使用流程模型，并突出显示当前的执行状态，以及提供有关当前进程的背景信息。此外，直接连接到业务对象实例库会使得直接从画布检查和修改直接业务对象成为可能，以防止意外情况的发生。在多个运行程序支持下，我们给云客户一个机会来选择最适合他们企业的运行程序。代码生成器将流程模型转化到云客户所选择的正确的程序上去。

参考文献

[1] Mell, P., Grance, T.: The NIST definition of cloud computing, working paper national institute of standards and technology (2009). http://www.nist.gov/itl/cloud/upload/cloud-def-v15.pdf.

[2] BSA: 2013 BSA Global Cloud COMPUTING Scorecard (2013). http://cloudscorecard.bsa.org/2013/assets/PDFs/BSA_ GlobalCloudScorecard2013.pdf. Accessed 29 April 2013.

[3] OMG: Business Process Model and Notation (BPMN), Version 2.0 (2011). http://www.omg.org/spec/BPMN/2.0. Accessed 29 April 2013.

[4] Harmuth, N.: Business Process Model and Notation 2.0—Evaluierung der Spezifikation und Ableitung einer formalen Semantik an ausgewählten Sprachelementen auf Basis von Petri-Netzen (2010), Diplomarbeit an der Fakultät für Informatik der TU Dortmund (reference in German).

[5] World Wide Web Consortium (W3C): Web Services Architecture. http://www.w3.org/TR/wsarch/. Accessed 29 April 2013. Challenges of Cloud Business Process Management 137.

[6] Lawler J. P., Howell-Barber H.: Service-Oriented Architecture: SOA Strategy, Methodology, and Technology. Auerbach Publications, Boca Raton (2008).

[7] Holtkamp, B.: The logistics mall—an it-architecture for logistisc-as-a-product. In: ten Hompel, M., Rehof, J., Wolf, O. (eds.) Cloud Computing for Logistics, Lecture Notes in Logistics, Springer (2015).

[8] Gsell, H., Nagel R.: Application integration in the logistics mall. Paper presented at the

SDPS 2012—17th international conference on transformative science, engineering, and business Innovation. Berlin, Germany (2012).
[9] Chappell, D.: Enterprise Service Bus: Theory in Practice, O'Reilly Media Inc., Sebastopol (2004).
[10] Böhmer, M., Schmidt, M., Weißenberg, N.: Seamless interoperability in logistics: narrowing the business-it gap by logistics business objects. In: ten Hompel, M., Rehof, J., Wolf, O. (eds.) Cloud Computing for Logistics, Lecture Notes in Logistics, Springer (2015).
[11] Wnek, J.: LSI-based taxonomy generation: the taxonomist system. In: Kantor, P. et al. (eds.) ISI 2005, LNCS, vol. 3495, pp. 389 - 394. Springer, Berlin, Heidelberg (2005).
[12] Activiti BPM Platform Homepage. http://www. activiti. org.
[13] Eggemann, J., Leveling, J., Weiß, N.: Business apps meet the challenge of covering continually changing logistics requirements. In: ten Hompel, M., Rehof, J., Wolf, O. (eds.) Cloud Computing for Logistics, Lecture Notes in Logistics, Springer (2015).
[14] World Wide Web Consortium (W3C): HTML5 Candidate Recommendation. http://www. w3. org/TR/2012/CR-html5 -20121217/. Accessed 29 April 2013.
[15] Google Developers: Google Web Toolkit. https://developers. google. com/web-toolkit/. Accessed 29 April 2013.
[16] yWorks: yFILES for HTML. http://www. yworks. com/de/products _ yfileshtml _ about. html. Accessed 29 April 2013.
[17] Bundesministerium für Wirtschaft und Technologie: Exponat "IKT-Innovationen in der Logistik—Wachstumsmotor für Unternehmen", Nationaler IT Gipfel 2012, Retrieved from http://www. post-und-telekommunikation. de/PuT/1Fundus/Dokumente/7. _ Nationaler _ ITGipfel _ 2012 _ Essen/20 _ it-gipfel-2012-exponat-ikt-innovationen-in-der-logistik, property = pdf, bereich = itgipfel, sprache = de, rwb = true. pdf (reference in German).
[18] Nationaler IT Gipfel Homepage. http://www. it-gipfel. de.
[19] Mevius, M., Wiedmann, P.: BPM @ Cloud-Lab—Open Innovation Platform zur Entwicklung und Evaluation eines agilen Geschäftsprozessmanagements. In: HTWG Forum. Das Forschungsmagazin der Hochschule Konstanz, pp. 60 - 66. HTWG Konstanz (2012).
[20] Mevius, M., Stephan, R., Wiedmann, P.: Innovative approach for agile bPM. In: The Fifth International Conference on Information, Process, and Knowledge Management eKNOW, pp. 160 - 165. IARIA (2013).
[21] Sinur, J., Hill, J. B.: Magic quadrant for business process management suites. In: Gartner RAS Core Research Note G00205212, pp. 1 - 24. RA2 10182011 (2010).
[22] Inubit BPM-Suite Homepage. http://www. bosch-si. com/technology/business-processmanagement-

bpm/business-process-management. html. Accessed 29 April 2013.

[23] Intalio | Create Homepage. http://www. intalio. com/products/create/challenges. Accessed 29 April 2013.

[24] IYOPRO Homepage. http://www. iyopro. de. Accessed 29 April 2013.

[25] Appian BPM Software Homepage. http://www. appian. com/bpm-software/bpm-suite. jsp. Accessed 29 April 2013.

[26] Cordys Business Operations Platform Homepage. http://www. cordys. com/business _ operations_ platform. Accessed 29 April 2013.

[27] Fleming M. , Silverstein J. : IDC market scape: worldwide business process platforms 2011 vendor analysis. In: BuyerPulse Analysis: Business Process Management Software, Competitive Analysis, IDC #228598, vol. 1 (2011).

[28] Interstage BOP Homepage, http://www. fujitsu. com/global/services/software/interstage/solutions/bop. Accessed 29 April 2013. 138 I. Bochon et al.

[29] Craggs, S. : Comparing BPM from Pegasystems, IBM and TIBCO. Taking a high-level look at BPM solutions from three leading vendors. In: Whitepaper, 1. 00 (2011).

[30] TIBCO Software Homepage. http://www. tibco. de. Accessed 29 April 2013.

[31] Rücker, B. : Open Source BPM. Ein Überblick über aktuelle Tools und Strömungen. In: Javamagazin, DevOps, pp. 86 – 95 (2012) (reference in German).

[32] Preusker, N. , Rücker, B. : Activiti 5. Open source BPM on the next level. In: Javamagazin, Social Media API, pp. 106 – 110 (2010).

[33] Clavii BMP Cloud Homepage. http://clavii. com. Accessed 29 April 2013.

[34] ProView (Personalized and Updatable Process Visualizations) Homepage. http://www. uniulm. de/in/iui-dbis/forschung/projekte/proview-project. html. Accessed 29 April 2013.

[35] Bingmann, A. : Ulmer Informatiker auf der CeBIT 2013: Neue Anwendung garantiert Durchblick bei komplexen Geschäftsprozessen. News. http://www. uni-ulm. de/home/newsdetails/article/ulmer-informatiker-auf-der-cebit-2013-neue-anwendung-garantiert-durchblickbei-komplexen-geschaefts. html (reference in German).

[36] BPM @ Cloud Forschungsprojekt Homepage. http://bpmcloud. in. htwg-konstanz. de/BpmCloud/index. php. Accessed 29 April 2013.

[37] Xpert. ivy Homepage. http://www. xpertline. ch/en/xpertivy. html. Accessed 29 April 2013.

[38] Collaboration in der Cloud 3. 0—Business Process Management und Social Media. In: Midrange Magazin, ITP Verlag GmbH, online version: (2013). http://www. midrangemagazin. de/mm/artikel. html? id = 7992. Accessed 29 April 2013.

[39] Bauer, T. , Dadam, P. : lfficient distributed workflow management based on variable server assignments. In: Wangler, B. , Bergman, L. (eds.): CAiSE 2000, LNCS vol. 1789, pp. 94 – 109. Springer, Berlin, Heidelberg (2000).

附录　英文专业术语释义

第 1 章

1. ERP：Enterprise Resource Planning[①]

ERP（Enterprise Resource Planning）即企业资源计划，由美国 Gartner Group Inc 公司于 1990 年提出。ERP 是 MRP Ⅱ（企业制造资源计划）下一代的制造业系统和资源计划软件。除了具有 MRP Ⅱ已有的生产资源计划、制造、财务、销售、采购等功能外，还有质量管理，实验室管理，业务流程管理，产品数据管理，存货、分销与运输管理，人力资源管理和定期报告系统。目前，在我国 ERP 所代表的含义已经被扩大，用于企业的各类软件已经统统被纳入 ERP 的范畴。它跳出了传统企业边界，从供应链范围去优化企业的资源，是基于网络经济时代的新一代信息系统。它主要用于改善企业业务流程以提高企业核心竞争力。

ERP 是由美国计算机技术咨询和评估集团 Gartner Group Inc 提出的一种供应链的管理思想。ERP 是指建立在信息技术基础上，以系统化的管理思想，为企业决策层及员工提供决策运行手段的管理平台。ERP 系统支持离散型、流程型等混合制造环境，应用范围从制造业扩展到了零售业、服务业、银行业、电信业、政府机关和学校等事业部门，通过融合数据库技术、图形用户界面、第四代查询语言、客户服务器结构、计算机辅助开发工具、可移植的开放系统等对企业资源进行了有效的集成。

① 原文为德国学者撰写的专业论著，有较多的信息管理、计算机科学相关的学术名词、专有名词和英语简写。为帮助读者阅读，译者按照在原文章节出现的次序，参考《中国大百科全书》和百度百科进行注释。

2. WMS：Warehouse Management System

WMS是仓库管理系统（Warehouse Management System）的缩写，仓库管理系统是通过入库业务、出库业务、仓库调拨、库存调拨和虚仓管理等功能，对批次管理、物料对应、库存盘点、质检管理、虚仓管理和即时库存管理等进行综合管理的系统，有效控制并跟踪仓库业务的物流和成本管理全过程，实现或完善企业仓储信息管理。该系统可以独立执行库存操作，也可与其他系统的单据和凭证等结合使用，可为企业提供更为完整的企业物流管理流程和财务管理信息。

WMS软件和进销存管理软件的最大区别在于：进销存软件针对特定对象（如仓库）的商品、单据流动，是对仓库作业结果的记录、核对和管理——报警、报表、结果分析，比如记录商品出入库的时间、经手人等；而WMS软件则除了对仓库作业的结果进行记录、核对和管理外，最大的功能是对仓库作业过程进行指导和规范，即不但对结果进行处理，更是通过对作业动作的指导和规范保证作业的准确性、速度和相关记录数据的自动登记（入计算机系统），提高仓库的效率、管理透明度、真实度，降低成本，比如通过无线终端指导操作员给某定单发货：当操作员提出发货请求时，终端提示操作员应到哪个具体的仓库货位取出指定数量的哪几种商品，扫描货架和商品条码核对是否正确，然后送到接货区，录入运输单位信息，完成出货任务，重要的是包括出货时间、操作员、货物种类、数量、产品序列号、承运单位等在内的信息在货物装车的同时已经通过无线方式传输到了计算机信息中心数据库。

3. TMS：Transportation Management System

TMS（Transportation Management System）意为运输管理系统。在管理软件中，以英文缩写命名的系统名称并不鲜见，TMS大部分只作为一个管理系统中的其中一个子系统来运用，主要存在物流管理系统中，其主要功能是对物流环节中的运输环节进行具体管理，包括车辆管理、在运途中货物的管理等。

TMS可以在大型物流门户综合网站中当作SaaS软件服务的一种，主要功能包括：业务流程管理（BPM）、托运单管理、订单跟踪、货物跟踪、从业人员管理、运输业务管理，实现运输业务流程的可视化监控、结算管理等。TMS能够对物流公司的所有车辆进行实时跟踪（结合GPS系统），保持信息流和物流的畅通。

4. SCM：Supply Chain Management

SCM（Supply Chain Management）即供应链管理，是一种集成的管理思想和方法，它执行供应链中从供应商到最终用户的物流的计划和控制等职能。

供应链最早来源于彼得·德鲁克提出的“经济链”，而后经由迈克尔·波特发展成为“价值链”，最终日渐演变为“供应链”。从单一的企业角度来看，是指企业通过改善上下游供应链关系，整合和优化供应链中的信息流、物流、资金流，以获得企业的竞争优势。

根据 ERP 原理，定义如下：供应链管理（Supply Chain Management，SCM）是围绕核心企业，主要通过信息手段，对供应的各个环节中的各种物料、资金、信息等资源进行计划、调度、调配、控制与利用，形成用户、零售商、分销商、制造商、采购供应商的全部供应过程的功能整体。SCM 是企业的有效性管理，表现了企业在战略和战术上对企业整个作业流程的优化。整合并优化了供应商、制造商、零售商的业务效率，使商品以正确的数量、正确的品质、在正确的地点、以正确的时间、最佳的成本进行生产和销售。

供应链是企业赖以生存的商业循环系统，是企业电子商务管理中最重要的课题。SCM 就是对企业供应链的管理，是对供应、需求、原材料采购、市场、生产、库存、订单、分销发货等的管理，包括了从生产到发货、从供应商到顾客的每一个环节。SCM 应用是在 ERP 的基础上发展起来的，它把公司的制造过程、库存系统和供应商产生的数据合并在一起，从一个统一的视角展示产品建造过程的各种影响因素。

SCM 主要是一种整合整个供应链信息及规划决策，并使信息基础架构自动化和最佳化的软件，目标在于达到整个供应链的最佳化（在现有资源下达到最大程度的客户价值的满足），为一种新的决策智能型软件，覆盖在所有供应链公司的 ERP 和交易处理系统之上。SCM 通常具有一个转换接口，用以整合供应链上各公司的应用系统（尤其是 ERP 系统）及各种资料形态，此转换会通过标准中介工具或技术，如 DCOM、COBRA、ODBC 等，提供与主要决策系统互动的能力。

5. Fraunhofer – Gesellschaft zur Förderung der angewandten Forschung e. V.

Fraunhofer – Gesellschaft zur Förderung der angewandten Forschung e. V. （德语）指弗劳恩霍夫应用研究促进协会，即德国弗劳恩霍夫协会，是德国也是欧洲最大的应用科学研究机构，成立于 1949 年 3 月 26 日，以德国科学家、发明家和企业家约瑟夫·冯·弗劳恩霍夫（Joseph von Fraunhofer，1787—1826）

的名字命名。弗劳恩霍夫协会下设67家研究所，年经费20亿欧元，总部位于慕尼黑。不同于马克普朗克研究协会，弗劳恩霍夫协会致力于面向工业的应用技术研究。弗劳恩霍夫协会是为中小企业、政府部门、国防安全等提供合同科研服务的非营利性机构，主要研究领域包括微电子、制造、信息与通信、材料与零部件、生命科学以及工艺与表面技术（surface technology）和光子学等。

弗劳恩霍夫协会的目标为实用研究，为工业界、服务性企业和公共部门委托科研项目，在经济界客户的委托下，致力于技术与组织环节的可实际运用的成熟方案的开发。中心目标为科技知识的实用转化。同时为硕士生和博士生提供在实用研究领域中进修的可能性。其经济与科研的全球性布局使得国际合作不可或缺。在欧盟技术项目的范围内，弗劳恩霍夫协会在工业协会中参与提供技术问题的解决方案。近15 000名科研人员（包含德国合作院校的教授与参与实习的学生）一年为3 000多家企业客户完成约10 000项科研开发项目，年经费逾20亿欧元。其中2/3来自企业和公助科研委托项目，另外1/3来自联邦和各州政府，用于前瞻性的研发工作，确保其科研水平处于领先地位。经费中会有至少40%会用于社会性、非商业化的科研工作。

弗劳恩霍夫协会各研究所为企业及各方面提供科研任务，主要采取“合同科研”的方式。实践证明，这是知识转化为生产力的捷径。通过“合同科研”的方式，客户享有弗劳恩霍夫协会各研究所雄厚的研发科技积累和高水平的科研队伍的服务，通过研究所的多学科合作，可直接、迅速地得到为其“量身定做”的解决方案和科研成果。弗劳恩霍夫协会将其研究所组成了若干科研联合组，联合组内相关研究所、学科、题目密切合作，以适应当今经济和社会飞速发展对工艺技术的需求。

弗劳恩霍夫协会非常重视协会及各研究所的战略计划制订与评价工作。与马克普朗克研究协会一样，弗劳恩霍夫协会对研究所的评价由研究所从外部聘请的学术委员会承担，但在专家的构成与聘任方式上与马克普朗克研究协会不同，来自学术界与产业界的专家各占一半，每个研究所学术委员会专家人数约10人，50%的专家来自国外；专家由研究所聘请，并且一般为终身聘任。评价的程序与马克普朗克研究协会相似，包括阅读研究所状态报告与到研究所实地考察两个部分，实地考察的评价时间也是2～3天。因其应用研究的特征，其评价内容与标准与马克普朗克研究协会不同，弗劳恩霍夫协会对研究所的评价主要考察研究所的科技竞争力以及完成战略计划的情况，特别关注的评价指标包括研究所获得的年度总经费中外争经费是否达到70%的比例、在外争经费中从企业获得项目经费的数量以及从欧盟获得经费的数量、专利数量、客户满意度、提供的技术与成果情况以及人员状况等。出版物一般不作为考察指标。专家撰写的评价报告主要用于指导研究所的发展，同时提供给协会主席，但总部一般不将评价结果用于研究所的资源配置等方面，这与其经费来源主要为外争项目有关。弗劳恩霍夫协会对研究所的评价每年一次。

6. Industry 4.0

Industry 4.0 即“工业 4.0”（第四次工业革命），是德国政府《德国 2020 高技术战略》中所提出的十大未来项目之一，是指利用信息物理系统（Cyber Physical System，简称 CPS）将生产中的供应、制造、销售信息数据化、智能化，最后实现快速、有效、个人化的产品供应。该项目由德国联邦教育局及研究部和联邦经济技术部联合资助，在德国工程院、弗劳恩霍夫协会、西门子公司等德国学术界和产业界的建议和推动下形成，并已上升为国家级战略，投资预计达 2 亿欧元。旨在提升制造业的智能化水平，建立具有适应性、资源效率及基因工程学的智能工厂，在商业流程及价值流程中整合客户及商业伙伴。其技术基础是网络实体系统及物联网。

德国“工业 4.0”战略在 2013 年 4 月的汉诺威工业博览会上正式推出，其目的是为了提高德国工业的竞争力，在新一轮工业革命中占领先机。该战略已经得到德国科研机构和产业界的广泛认同，弗劳恩霍夫协会将在其下属 6 ~ 7 个生产领域的研究所引入“工业 4.0”概念，西门子公司已经开始将这一概念引入其工业软件开发和生产控制系统。自 2013 年 4 月在汉诺威工业博览会上正式推出以来，“工业 4.0”迅速成为德国的另一个标签，并在全球范围内引发了新一轮的工业转型竞赛。

“工业 4.0”概念包含了由集中式控制向分散式增强型控制的基本模式转变，目标是建立一个高度灵活的个性化和数字化的产品与服务的生产模式。在这种模式中，传统的行业界限将消失，并会产生各种新的活动领域和合作形式。创造新价值的过程正在发生改变，产业链分工将被重组。德国学术界和产业界认为，“工业 4.0”概念即是以智能制造为主导的第四次工业革命，或革命性的生产方法。该战略旨在通过充分利用信息通信技术和网络空间虚拟系统 - 信息物理系统相结合的手段，将制造业向智能化转型。

“工业 4.0”项目主要分为三大主题：一是“智能工厂”，重点研究智能化生产系统及过程，以及网络化分布式生产设施的实现；二是“智能生产”，主要涉及整个企业的生产物流管理、人机互动以及 3D 技术在工业生产过程中的应用等，特别注重吸引中小企业参与，力图使中小企业成为新一代智能化生产技术的使用者和受益者，同时也成为先进工业生产技术的创造者和供应者；三是“智能物流”，主要通过互联网、物联网、物流网，整合物流资源，充分发挥现有物流资源供应方的效率，而需求方，则能够快速获得服务匹配，得到物流支持。

7. PLM：Product Life－cycle Management

PLM（Product Life－cycle Management）即产品生命周期管理。根据业界权威的CIMDATA的定义，PLM是一种应用于在单一地点的企业内部、分散在多个地点的企业内部，以及在产品研发领域具有协作关系的企业之间的，支持产品全生命周期的信息的创建、管理、分发和应用的一系列应用解决方案，它能够集成与产品相关的人力资源、流程、应用系统和信息。PLM包含以下方面的内容：基础技术和标准（例如XML、可视化、协同和企业应用集成）；信息创建和分析的工具（如机械CAD、电气CAD、CAM、CAE、计算机辅助软件工程CASE、信息发布工具等）；核心功能（例如数据仓库、文档和内容管理、工作流程和任务管理等）；应用功能（如配置管理、配方管理、合规）；面向业务/行业的解决方案和咨询服务（如汽车和高科技行业）。

从另一个角度而言，PLM是一种理念，即对产品从创建到使用，到最终报废等全生命周期的产品数据信息进行管理的理念。在PLM理念产生之前，PDM（产品数据管理）主要是针对产品研发过程的数据和过程的管理。而在PLM理念之下，PDM的概念得到延伸，成为cPDM，即基于协同的PDM，可以实现研发部门、企业各相关部门，甚至企业间对产品数据的协同应用。软件厂商推出的PLM软件是PLM第三个层次的概念。这些软件部分地覆盖了CIMDATA定义中cPDM应包含的功能，即不仅针对研发过程中的产品数据进行管理，同时也包括产品数据在生产、营销、采购、服务、维修等部门的应用。

8. SRM：Supplier Relationship Management

SRM（Supplier Relationship Management）即供应商关系管理。SRM正如当今流行的CRM（客户关系管理）是用来改善与客户的关系一样，SRM是用来改善与供应链上游供应商的关系的，是一种致力于实现与供应商建立和维持长久、紧密伙伴关系的管理思想和软件技术的解决方案，是一种旨在改善企业与供应商之间关系的新型管理机制，实施于围绕企业采购业务相关的领域，目标是通过与供应商建立长期、紧密的业务关系，并通过对双方资源和竞争优势的整合来共同开拓市场，扩大市场需求和份额，降低产品前期的高额成本，实现双赢的企业管理模式。

企业业务对外的两个最重要的出口就是广义的“买”和“卖”。在“卖”

的方面，企业为了使自己的产品和服务赢得市场、赢得客户，更为重视这方面的管理和加大了在市场上的投入力度。随着这种趋势的发展，从20世纪末90年代中期开始，管理软件供应商纷纷推出了CRM产品，企业也开始利用这种管理思想和这一工具来更好地开拓市场、提高客户的忠诚度，争取新客户和维护老客户。然而，在“买”的方面，在与供应商的关系方面，却一直未能引起企业的重视，也许是由于买方市场的原因，买家认为只要我有购买需求，就会有卖家找上门来，就会人为我提供服务，企业无须下太多的功夫去关心与供应商之间的关系。然而，在21世纪，随着资源在全球化范围内调配，企业间业务联盟的进一步发展，供应链业务紧密联结趋势越来越强等，企业与供应商之间的关系变得越来越重要，当企业发现彼此的贡献可以融合成一种新能力和产生综合效益时，顾客的忠诚度得以重新建立起来，这隐含着与供应商共享合作与创新。这种与供应商合作创造的市场价值，是业务伙伴合作中的一个重要问题，就像与客户之间的伙伴关系一样，与供应链上供应商之间的关系也将转变企业间彼此合作的伙伴关系。

9. CPS：Cyber Physical System

CPS（Cyber Physical System）即信息物理系统。是一个综合计算、网络和物理环境的多维复杂系统，通过3C（Computer、Communication、Control）技术的有机融合与深度协作，实现大型工程系统的实时感知、动态控制和信息服务。CPS实现计算、通信与物理系统的一体化设计，可使系统更加可靠、高效、实时协同，具有重要而广泛的应用前景。

CPS作为计算进程和物理进程的统一体，是集成计算、通信与控制于一体的下一代智能系统。CPS通过人机交互接口实现和物理进程的交互，使用网络化空间以远程的、可靠的、实时的、安全的、协作的方式操控一个物理实体。CPS包含了将来无处不在的环境感知、嵌入式计算、网络通信和网络控制等系统工程，使物理系统具有计算、通信、精确控制、远程协作和自治功能。它注重计算资源与物理资源的紧密结合与协调，主要用于一些智能系统上，如设备互联、物联传感、智能家居、机器人、智能导航等。

海量运算是CPS接入设备的普遍特征，因此，接入设备通常具有强大的计算能力。从计算性能的角度出发，如果把一些高端的CPS应用比作胖客户机/服务器架构，那么物联网则可视为瘦客户机/服务器。因为物联网中的物品不具备控制和自治能力，通信也大都发生在物品与服务器之间，因此物品之间无法进行协同。从这个角度来说物联网可以看作CPS的一种简约应用，或者说，CPS让物联网的定义和概念明晰起来。在物联网中主要是通过RFID与读写器通信，人并没有介入其中。感知在 CPS 中十分重要。众所周知，自然界中各种物理量的变化绝大多数是连续的，或者说是模拟的，而信息空间数据则具有离散性，那么从物理空间到信息空间的信息流动，首先必须通过各种类型的传感器将各种物理量转变成模拟量，再通过模拟/数字转换器变成数字量，从而为信息空间所接受。从这个意义上说，传感器网络也可视为 CPS 的一部分。从产业角度看，CPS 涵盖了小到智能家庭网络大到工业控制系统乃至智能交通系统等国家级甚至世界级的应用。更为重要的是，这种涵盖并不仅仅是比如说将现有的家电简单地连在一起，而是要催生出众多具有计算、通信、控制、协同和自治性能的设备。

CPS 的意义在于将物理设备联网，是连接到互联网上，让物理设备具有计算、通信、精确控制、远程协调和自治五大功能。CPS 本质上是一个具有控制属性的网络，但它又有别于现有的控制系统。CPS 把通信放在与计算和控制同等地位上，因为 CPS 强调的分布式应用系统中物理设备之间的协调是离不开通信的。CPS 对网络内部设备的远程协调能力、自治能力、控制对象的种类和数量，特别是网络规模远远超过现有的工控网络。美国国家科学基金会（NSF）认为，CPS 将让整个世界互联起来。如同互联网改变了人与人的互动一样，CPS 将会改变我们与物理世界的互动。

如果物联网的市场规模像人们所说的有上万亿元，那么，CPS 的市场规模则难以计数，因为 CPS 涵盖了小到智能家庭网络大到工业控制系统乃至智能交通系统等国家级甚至世界级的应用。更为重要的是，这种涵盖并不仅仅是将物与物简单地连在一起，而是要催生出众多具有计算、通信、控制、协同和自治性能的设备。但 CPS 带来的挑战也是物联网所无法比拟的。这些挑战很大程度上来自控制与计算之间的差异。

10. IL：Intelligent Logistics

IL（Intelligent Logistics）即智能物流，是利用集成智能化技术，使物流系统能模仿人的智能，具有思维、感知、学习、推理判断和自行解决物流中某些问题的能力。智能物流的未来发展将会体现出四个特点：在物流作业过程中的大量运筹与决策的智能化；以物流管理为核心，实现物流过程中运输、存储、包装、装卸等环节的一体化和智能物流系统的层次化；智能物流的发展会更加突出“以顾客为中心”的理念，根据消费者需求变化来灵活调节生产工艺，即柔性化；智能物流的发展将会促进区域经济的发展和世界资源优化配置，实现社会化。智能物流系统有四个主要智能技术，即信息的智能获取技术、智能传递技术、智能处理技术、智能运用技术。

智能处理技术应用于企业内部决策，可通过对大量物流数据的分析，对物流客户的需求、商品库存、物流智能仿真等做出决策。实现物流管理自动化（获取数据、自动分类等）、物流作业高效便捷，改变物流仓储型企业“苦力”公司的形象。物流智能获取技术使物流从被动走向主动，实现物流过程中的主动获取信息，主动监控运输过程与货物，主动分析物流信息，使物流从源头开始被跟踪与管理，实现信息流快于实物流。智能传递技术应用于物流企业内部，也可实现外部的物流数据传递功能，提高服务质量，加快响应时间，促使客户满意度增加，使物流供应链环节整合更紧密。

智能物流把条形码、射频识别技术、传感器、全球定位系统等先进的物联网技术通过信息处理和网络通信技术平台广泛应用于物流业运输、仓储、配送、包装、装卸等基本活动环节，实现货物运输过程的自动化运作和高效率优化管理，提高物流行业的服务水平，降低成本，减少自然资源和社会资源消耗。物联网为物流业将传统物流技术与智能化系统运作管理相结合提供了一个很好的平台，进而能够更好、更快地实现智能物流的信息化、智能化、自动化、透明化、系统的运作模式。智能物流在实施的过程中强调的是物流过程数据智慧化、网络协同化和决策智慧化。智能物流在功能上要实现 6 个“正确”，即正确的货物、正确的数量、正确的地点、正确的质量、正确的时间、正确的价格，在技术上要实现：物品识别、地点跟踪、物品溯源、物品监控、实时响应。

智能物流未来的发展方向：运输成本在经济全球化的影响下，竞争日益激烈。如何配置和利用资源，有效地降低制造成本和是企业所要重点关注的问题。要实现这种战略，没有一个高度发达的、可靠快捷的物流系统是不可能的。随着经济全球化的发展和网络经济的兴起，物流的功能也不再是单纯为了降低成本，而是发展成为提高客户服务质量以提高企业综合竞争力的手段。当前，物流产业正逐步形成 7 个发展趋势，它们分别为信息化、智能化、环保化、企业全球化与国际化、服务优质化、产业协同化以及第三方物流。

第 2 章

1. Cloud Computing

Cloud Computing 是指云计算，是基于互联网的相关服务的增加、使用和交付模式，通常涉及通过互联网来提供动态易扩展且经常是虚拟化的资源。云是网络、互联网的一种比喻说法。过去在图中往往用云来表示电信网，后来也用来表示互联网和底层基础设施的抽象。因此，云计算甚至可以让用户体验每秒10万亿次的运算能力，拥有这么强大的计算能力可以模拟核爆炸、预测气候变化和市场发展趋势。用户通过电脑、笔记本、手机等方式接入数据中心，按自己的需求进行运算。

对云计算的定义有多种说法，现阶段广为接受的是美国国家标准与技术研究院（NIST）的定义：云计算是一种按使用量付费的模式，这种模式提供可用的、便捷的、按需的网络访问，进入可配置的计算资源共享池（资源包括网络、服务器、存储、应用软件、服务），这些资源能够被快速提供，只需投入很少的管理工作，或与服务供应商进行很少的交互。

云计算是继20世纪80年代大型计算机到客户端-服务器的大转变之后的又一种巨变。云计算是分布式计算（Distributed Computing）、并行计算（Parallel Computing）、效用计算（Utility Computing）、网络存储（Network Storage）、虚拟化（Virtualization）、负载均衡（Load Balance）、热备份冗余（High Available）等传统计算机和网络技术发展融合的产物。

2. APP：Application

APP（应用程序，Application的缩写）一般指手机软件。手机软件就是安装在手机上的软件，完善原始系统的不足与实现个性化。随着科技的发展，现在手机的功能越来越多，越来越强大。早期的手机主流系统有：Symbian、BlackBerry OS、Windows Mobile。但是在2007年，苹果推出了运行自己软件的iPhone；Google宣布推出Android手机操作系统平台。苹果和安卓两款系统凭着强大的优势，迅速占领了手机市场大部分份额。

3. Cloud Platforms

Cloud Platforms是指云平台。转向云计算，是业界将要面临的一个重大改变。各种云平台的出现是该转变的最重要环节之一。顾名思义，这种平台允许开发者们或是将写好的程序放在“云”里运行，或是使用“云”里提供的服务，或二者皆是。至于这种平台的名称，现在我们可以听到不止一种称呼，比如按需平台（On-Demand Platform）、平台即服务（Platform as a Service，PaaS）等，这种新的支持应用的方式有着巨大的潜力。

应用平台（Application Platforms）是如何被使用的？开发团队在创建一个户内应用（On-Premises Application，即在机构内运行的应用）时，该应用所需的许多基础都已经事先存在了：操作系统为执行应用和访问存储等提供了基础支持；机构里的其他计算机提供了诸如远程存储之类的服务。

为掌握云平台，先从大体上考察一下云服务，可以把通过“云”提供的服务分为三大类。它们是：①软件即服务（Software as a Service，SaaS）：SaaS应用是完全在“云”里（一个Internet服务提供商的服务器上）运行的。其户内客户端（On－Premises Client）通常是一个浏览器或其他简易客户端。Sales Force可能是当前最知名的SaaS应用，不过除此以外也有许多其他应用。②附着服务（Attached Services）：每个户内应用自身都有一定功能，它们可以不时地访问“云”里针对该应用提供的服务，以增强其功能。由于这些服务仅能为该特定应用所使用，所以可以认为它们是附着于该应用的。一个著名的消费级例子就是苹果公司的iTunes：其桌面应用可用于播放音乐等，而附着服务令购买新的音频或视频内容成为可能。微软公司的Exchange托管服务是一个企业级例子，它可以为户内Exchange服务器增加基于“云”的垃圾邮件过滤、存档等服务。③云平台：云平台提供基于“云”的服务，供开发者创建应用时采用。开发者不必构建自己的基础，完全可以依靠云平台来创建新的SaaS应用。云平台的直接用户是开发者，而不是最终用户。

对应用平台的认识，主要来源于户内平台，因此，一种思考云平台的方式，就是考察应用开发者在户内环境里所依赖的服务是如何转变为“云”的。无论在户内环境，还是在“云”里，我们可以认为一个应用平台包含以下三个部分：①一个基础（foundation）：几乎所有应用都会用到一些在机器上运行的平台软件。各种支撑功能（如标准的库与存储，以及基本操作系统等）均属此部分。②一组基础设施服务（infrastructure services）：在现代分布式环境中，应用经常要用到由其他计算机提供的基本服务，比如提供远程存储服务、集成服务及身份管理服务等都是很常见的。③一套应用服务（Application Services）：随着越来越多的应用面向服务，这些应用提供的功能可为新应用所使用。尽管这些应用主要是为最终用户提供服务的，但这同时也令它们成为应用平台的一部分。

4. SaaS：Software－as－a－Service

SaaS是Software－as－a－Service（软件即服务）的简称，是随着互联网技术的发展和应用软件的成熟，在21世纪开始兴起的一种完全创新的软件应用模式。它与按需软件，应用服务提供商（ASP），托管软件具有相似的含义。它是一种通过Internet提供软件的模式，厂商将应用软件统一部署在自己的服务器上，客户可以根据自己实际需求，通过互联网向厂商定购所需的应用软件服务，按定购的服务多少和时间长短向厂商支付费用，并通过互联网获得厂商提供的服务。用户不用再购买软件，而改用向提供商租用基于Web的软件来管理企业经营活动，且无须对软件进行维护，服务提供商会全权管理和维护软件，软件厂商在向客户提供互联网应用的同时，也提供软件的离线操作和本地数据存储，让用户随时随地都可以使用其定购的软件和服务。对于许多小型企业来说，SaaS 是采用先进技术的最好途径，它消除了企业购买、构建和维护基础设施和应用程序的需要。

SaaS 应用软件的价格通常为“全包”费用，囊括了通常的应用软件许可证费、软件维护费以及技术支持费，将其统一为每个用户的月度租用费。对于广大中小型企业来说，SaaS 是采用先进技术实施信息化的最好途径。但 SaaS 绝不仅仅适用于中小型企业，所有规模的企业都可以从 SaaS 中获利。

5. PaaS：Platform - as - a - Service

PaaS 是 Platform - as - a - Service 的缩写，意思是平台即服务。把服务器平台作为一种服务提供的商业模式。通过网络进行程序提供的服务称之为 SaaS（Software as a Service），而云计算时代相应的服务器平台或者开发环境作为服务提供就成了 PaaS（Platform as a Service）。所谓 PaaS 实际上是指将软件研发的平台（计世资讯定义为业务基础平台）作为一种服务，以 SaaS 的模式提交给用户，因此，PaaS 也是 SaaS 模式的一种应用。但是，PaaS 的出现可以加快 SaaS 的发展，尤其是加快 SaaS 应用的开发速度。在 2007 年国内外 SaaS 厂商先后推出自己的 PaaS 平台。PaaS 之所以能够推进 SaaS 的发展，主要在于它能够提供企业进行定制化研发的中间件平台，同时涵盖数据库和应用服务器等。PaaS 可以提高在 Web 平台上利用的资源数量。

PaaS 能将现有各种业务能力进行整合，具体可以归类为应用服务器、业务能力接入、业务引擎、业务开放平台，向下根据业务能力需要测算基础服务能力，通过 IaaS（基础设施即服务）提供的 API（应用程序编程接口）调用硬件资源，向上提供业务调度中心服务，实时监控平台的各种资源，并将这些资源通过 API 开放给 SaaS 用户。PaaS 主要具备以下三个特点：①平台即服务：PaaS 所提供的服务与其他的服务最根本的区别是 PaaS 提供的是一个基础平台，而不是某种应用。在传统的观念中，平台是向外提供服务的基础。一般来说，平台作为应用系统部署的基础，是由应用服务提供商搭建和维护的，而 PaaS 颠覆了这种概念，由专门的平台服务提供商搭建和运营该基础平台，并将该平台以服务的方式提供给应用系统运营商。②平台及服务：PaaS 运营商所需提供的服务，不仅仅是单纯的基础平台，而且包括针对该平台的技术支持服务，甚至针对该平台而进行的应用系统开发、优化等服务。PaaS 的运营商最了解他们所运营的基础平台，所以由 PaaS 运营商所提出的对应用系统优化和改进的建议也非常重要。而在新应用系统的开发过程中，PaaS 运营商的技术咨询和支持团队的介入，也是保证应用系统在以后的运营中得以长期、稳定运行的重要因素。③平台级服务：PaaS 运营商对外提供的服务不同于其他的服务，这种服务的背后是强大而稳定的基础运营平台，以及专业的技术支持队伍。这种平台级服务能够保证支撑 SaaS 或其他软件服务提供商各种应用系统长时间、稳定地运行。PaaS 的实质是将互联网的资源服务化为可编程接口，为第三方开发者提供有商业价值的资源和服务平台。有了 PaaS 平台的支撑，云计算的开发者就获得了大量的可编程元素，这些可编程元素有具体的业务逻辑，这就为开发带来了极大的方便，不但提高了开发效率，还节约了开发成本。有了 PaaS 平台的支持，Web 应用的开发变得更加敏捷，能够快速响应用户需求的开发能力，也为最终用户带来了实实在在的利益。

6. IaaS：Infrastructure as a Service

IaaS（Infrastructure as a Service），即基础设施即服务。消费者通过 Internet 可以从完善的计算机基础设施获得服务。这类服务称为基础设施即服务。基于 Internet 的服务（如存储和数据库）是 IaaS 的一部分。Internet 上其他类型的服务包括 PaaS 和 SaaS。PaaS 提供了用户可以访问的完整或部分的应用程序开发，SaaS 则提供了完整的可直接使用的应用程序，比如通过 Internet 管理企业资源。

提供给消费者的服务是对所有计算基础设施的利用，包括处理 CPU、内存、存储、网络和其他基本的计算资源，用户能够部署和运行任意软件，包括操作系统和应用程序。消费者不管理或控制任何云计算基础设施，但能控制操作系统的选择、存储空间、部署的应用，也有可能获得有限制的网络组件（例如路由器、防火墙、负载均衡器等）的控制。

7. RFID：Radio Frequency Identification

RFID（Radio Frequency Identification）射频识别技术，又称无线射频识别，是一种通信技术，可通过无线电信号识别特定目标并读写相关数据，而无须识别系统与特定目标之间建立机械或光学接触。射频一般是微波，1～100GHz，适用于短距离识别通信。RFID 读写器也分移动式的和固定式的，目前 RFID 技术应用很广，如图书馆、门禁系统、食品安全溯源等。

无线电的信号是通过调成无线电频率的电磁场，把数据从附着在物品上的标签上传送出去，以自动辨识与追踪该物品。某些标签在识别时从识别器发出的电磁场中就可以得到能量，并不需要电池；也有标签本身拥有电源，并可以主动发出无线电波（调成无线电频率的电磁场）。标签包含了电子存储的信息，数米之内都可以识别。与条形码不同的是，射频标签不需要处在识别器视线之内，也可以嵌入被追踪物体之内。许多行业都运用了射频识别技术。将标签附着在一辆正在生产中的汽车，厂方便可以追踪此车在生产线上的进度；仓库可以射频标签追踪药品的所在；射频标签也可以附于牲畜与宠物上，方便对牲畜与宠物的积极识别（积极识别意思是防止数只牲畜使用同一个身份）；射频识别的身份识别卡可以使员工得以进入锁住的建筑物部分；汽车上的射频应答器也可以用来征收收费路段与停车场的费用。

RFID 组成部分：①应答器：由天线，耦合元件及芯片组成。一般来说都是用标签作为应答器，每个标签具有唯一的电子编码，附着在物体上标识目标对象。②阅读器：由天线，耦合元件及芯片组成，读取（有时还可以写入）标签信息的设备，可设计为手持式 RFID 读写器或固定式 RFID 读写器。③应用软件系统：是应用层软件，主要是把收集的数据做进一步处理，并为人们所使用。

8. GPS：Global Positioning System

GPS 是 Global Positioning System（全球定位系统）的简称。GPS 起始于 1958 年美国军方的一个项目，1964 年投入使用。20 世纪 70 年代，美国陆海空三军联合研制了新一代卫星定位系统，主要目的是为陆海空三大领域提供实时、全天候和全球性的导航服务，并用于情报搜集、核爆监测和应急通信等一些军事目的。经过 20 余年的研究实验，耗资 300 亿美元，到 1994 年，全球覆盖率高达 98% 的 24 颗 GPS 卫星星座已布设完成。

利用 GPS 定位卫星，在全球范围内实时进行定位、导航的系统，称为全球卫星定位系统，也简称 GPS。GPS 是由美国国防部研制建立的一种具有全方位、全天候、全时段、高精度的卫星导航系统，能为全球用户提供低成本、高精度的三维位置、速度和精确定时等导航信息，是卫星通信技术在导航领域的应用典范，它极大地提高了地球社会的信息化水平，有力地推动了数字经济的发展。GPS 可以提供车辆定位、防盗、反劫、行驶路线监控及呼叫指挥等功能。要实现以上所有功能必须具备 GPS 终端、传输网络和监控平台三个要素。

9. GUI：Graphical User Interface

Graphical User Interface，简称 GUI，是指图形用户界面（又称图形用户接口）——采用图形方式显示的计算机操作用户界面。与早期计算机使用的命令行界面相比，图形界面对于用户来说在视觉上更易于接受。然而这界面若要通过在显示屏的特定位置，以“各种美观而不单调的视觉消息‘提示用户’状态的改变”，势必得比简单的消息呈现花上更多的计算能力。

GUI 是一种人与计算机通信的界面显示格式，允许用户使用鼠标等输入设备操纵屏幕上的图标或菜单选项，以选择命令、调用文件、启动程序或执行其他一些日常任务。与通过键盘输入文本或字符命令来完成例行任务的字符界面相比，图形用户界面有许多优点。图形用户界面由窗口、下拉菜单、对话框及其相应的控制机制构成，在各种新式应用程序中都是标准化的，即相同的操作总是以同样的方式来完成。在图形用户界面，用户看到和操作的都是图形对象，应用的是计算机图形学的技术。

纵观国际相关产业在图形化用户界面设计方面的发展现状，许多国际知名公司早已意识到 GUI 在产品方面产生的强大增值功能，以及带动的巨大市场价值，因此在公司内部设立了相关部门专门从事 GUI 的研究与设计，同业间也成立了若干机构，以互相交流 GUI 设计理论与经验为目的。

GUI 的广泛应用是当今计算机发展的重大成就之一，它极大地方便了非专业用户的使用。人们从此不再需要死记硬背大量的命令，取而代之的是可以通过窗口、菜单、按键等方式来方便地进行操作。而嵌入式 GUI 具有下面几个方面的基本要求：轻型、占用资源少、高性能、高可靠性、便于移植、可配置等。

第 3 章

1. Public Cloud

Public Cloud 是指公有云，通常指第三方提供商为用户提供的能够使用的云，公有云一般可通过 Internet 使用，可能是免费的或成本低廉的，公有云的核心属性是共享资源服务。这种云有许多实例，可在当今整个开放的公有网络中提供服务。

公有云的计算模型分为三个部分：①公有云接入。个人或企业可以通过普通的互联网来获取云计算服务，公有云中的“服务接入点”负责对接入的个人或企业进行认证，判断权限和服务条件等，通过“审查”的个人和企业，就可以进入公有云平台并获取相应的服务了。②公有云平台。公有云平台负责组织协调计算资源，并根据用户的需要提供各种计算服务。③公有云管理。公有云管理对“公有云接入”和“公有云平台”进行管理监控，它面向的是端到端的配置、管理和监控，为用户可以获得更优质的服务提供了保障。

2. Private Cloud

Private Cloud 是指私有云，为一个客户单独使用而构建的，因而提供对数据、安全性和服务质量的最有效控制。使用私有云的公司应具备基础设施，并可以控制在此基础设施上部署应用程序的方式。私有云可部署在企业数据中心的防火墙内，也可以部署在一个安全的主机托管场所。私有云的核心属性是专有资源。

私有云可由公司自己的IT机构，也可由云提供商进行构建。在此“托管式专用”模式中，像Sun、IBM这样的云计算提供商可以安装、配置和运营基础设施，以支持一个公司企业数据中心内的专用云。此模式赋予公司对于云资源使用情况的极高水平的控制能力，同时带来建立并运作该环境所需的专门知识。

私有云平台分为以下三个部分：①私有云平台，向用户提供各类私有云计算服务、资源和管理系统；②私有云服务，提供了以资源和计算能力为主的云服务，包括硬件虚拟化、集中管理、弹性资源调度等；③私有云管理平台，负责私有云计算各种服务的运营，并对各类资源进行集中管理。

3. Hybrid Cloud

Hybrid Cloud是指混合云，融合了公有云和私有云，是近年来云计算的主要模式和发展方向。我们已经知道私有云企业主要是面向企业用户，出于安全考虑，企业更愿意将数据存放在私有云中，但是同时又希望可以获得公有云的计算资源，在这种情况下混合云被越来越多地采用，它将公有云和私有云进行混合和匹配，以获得最佳的效果。这种个性化的解决方案，达到了既省钱又安全的目的。

对于信息控制、可扩展性、突发需求，以及故障转移需求来说。混合和匹配私有云和公有云是一件好事情。我们已经建立了一些云计算模式：私有云、公有云、公众云以及混合云。根据国家标准和技术研究所的定义，很多企业已经在不同的、更加复杂的方向上适应了这些模式。最近，云计算的发展计划开始围绕整个架构支持方面，围绕混合云，或者是混合、匹配各种云计算模式来展开。

混合云，是目标架构中公有云、私有云和/或者公众云的结合。由于安全和控制原因，并非所有的企业信息都能放置在公有云上，这样大部分已经应用云计算的企业将会使用混合云模式。很多将选择同时使用公有云和私有云，有一些也会同时建立公众云。并不是说私有云和公有云各自为政，而是私有云和公有云同时协调工作。下面是一个经典事例：在私有云里实现利用存储、数据库和服务处理，同时，在无须购买额外硬件的情况下，在需求高峰期充分利用公有云来完成数据处理需求。目前，已经有很多企业都朝着这种集中云的架构发展，同时这也是实现利益最大化的关键。因为公有云只会向用户使用的资源收费，所以集中云将会变成处理需求高峰的一个非常经济的方式。比如对一些零售商来说，他们的操作需求会随着假日的到来而剧增，或者是有些业务会有季节性的上扬。

同时混合云也为其他目的的弹性需求提供了一个很好的基础，比如，灾难恢复。这意味着私有云把公有云作为灾难转移的平台，并在需要的时候去使用它。这是一个极具成本效应的理念。另一个好的理念是，使用公有云作为一个选择性的平台，同时选择其他的公有云作为灾难转移平台。

4. SLA：Service – Level Agreement

SLA：Service – Level Agreement 的缩写，意思是服务等级协议，是关于网络服务供应商和客户间的一份合同，其中定义了服务类型、服务质量和客户付款等术语。SLA 是在一定开销下为保障服务的性能和可靠性，服务提供商与用户间定义的一种双方认可的协定。通常这个开销是驱动提供服务质量的主要因素。一个完整的 SLA 同时也是一个合法的文档，包括所涉及的当事人、协定条款（包含应用程序和支持的服务）、违约的处罚、费用和仲裁机构、政策、修改条款、报告形式和双方的义务等。同样服务提供商可以对用户在工作负荷和资源使用方面进行规定。

传统上，SLA 包含了对服务有效性的保障，譬如对故障解决时间、服务超时等的保证。但是随着更多的商业应用在 Internet 上的广泛开展，越来越需要 SLA 对性能（如响应时间）做出保障。这种需要将会随着越来越多的商业在 Internet 上的开展而重要起来。实际上，SLA 的保障是以一系列的服务等级目标（SLO）的形式定义的。SLO 是一个或多个有限定的服务组件的测量的组合。一个 SLO 被实现是指那些有限定的组件的测量值在限定范围里。SLO 有所谓的操作时段，在这个时间范围内，SLO 必须被实现。但是由于 Internet 的统计特性，不可能任何时候都能实现这些保障，因此 SLA 一般都有实现时间段和实现比例。实现比例被定义为 SLA 必须实现的时间与实现时段的比值。

5. ICT：Information Communications Technology

ICT（Information Communications Technology）是信息、通信和技术三个英文单词的词头组合。它是信息技术与通信技术相融合而形成的一个新的概念和新的技术领域。信息通信技术是 21 世纪社会发展的最强有力动力之一，并将迅速成为世界经济增长的重要动力。作为一种技术，一般人的理解是 ICT 不仅可提供基于宽带、高速通信网的多种业务，也不仅是信息的传递和共享，而且还是一种通用的智能工具。至于业务会多到什么程度，这个工具会“智能”到什么地步，目前的概念还十分模糊。三网融合只是 ICT 的一个基础和前奏，IPTV、手机电视等恐怕也仅仅是冰山一角而已。

对于已经吹响转型号角的固网运营商来说，目前更多地把 ICT 作为一种向客户提供的服务，这种服务是 IT（信息业）与 CT（通信业）两种服务的结合和交融，通信业、电子信息产业、互联网、传媒业都将融合在 ICT 的范围内。固网运营商如中国移动、中国电信和中国联通等为客户提供的一站式 ICT 整体服务中，包含集成服务、咨询服务、外包服务、专业服务、知识服务以及软件开发服务等。事实上，ICT 服务不仅为企业客户提供线路搭建、网络构架的解决方案，还减轻了企业在建立应用、系统升级、运行维护、安全等方面的负担，节约了企业运营成本，因此受到了企业用户的欢迎。

6. IDC：International Data Corporation

IDC 作为公司名称是指 International Data Corporation（国际数据公司），全球著名的信息技术、电信行业和消费科技市场咨询、顾问和活动服务专业提供商。在 IT 领域的市场跟踪数据已经成为行业标准。IDC 帮助 IT 专业人士、业务主管和投资机构制定以事实为基础的技术采购决策和业务发展战略。IDC 在全球拥有超过 1 000 名分析师，他们具有全球化、区域性和本地化的专业视角，对 110 多个国家的技术发展趋势和业务营销机会进行深入分析。在 IDC 超过 48 年的发展历史中，众多企业客户借助 IDC 的战略分析而达致关键业务目标的成功。

7. DMS：Database Management System

DMS（Database Management System）即数据库管理系统，是一种操纵和管理数据库的大型软件，用于建立、使用和维护数据库。它对数据库进行统一的管理和控制，以保证数据库的安全性和完整性。用户通过 DMS 访问数据库中的数据，数据库管理员也通过 DMS 进行数据库的维护工作。DMS 是数据库系统的核心，是管理数据库的软件。DMS 就是实现把用户意义下抽象的逻辑数据处理，转换成为计算机中具体的物理数据处理的软件。有了 DMS，用户就可以在抽象意义下处理数据，而不必顾及这些数据在计算机中的布局和物理位置。DMS 使多个应用程序和用户用不同的方法在同时或不同时刻去建立、修改和询问数据库。

DMS 的主要功能：①数据定义：DMS 提供数据定义语言 DDL（Data Definition Language），供用户定义数据库的三级模式结构、两级映像以及完整性约束和保密限制等约束。DDL 主要用于建立、修改数据库的库结构。DDL 所描述的库结构仅仅给出了数据库的框架，数据库的框架信息被存放在数据字典（Data Dictionary）中。②数据操作：DMS 提供数据操作语言 DML（Data Manipulation Language），供用户实现对数据的追加、删除、更新、查询等操作。③数据库的运行管理：数据库的运行管理功能是DMS的运行控制、管理功能，包括多用户环境下的并发控制、安全性检查和存取限制控制、完整性检查和执行、运行日志的组织管理、事务的管理和自动恢复，即保证事务的原子性。这些功能保证了数据库系统的正常运行。④数据组织、存储与管理：DMS要分类组织、存储和管理各种数据，包括数据字典、用户数据、存取路径等，需确定以何种文件结构和存取方式在存储级上组织这些数据，如何实现数据之间的联系。数据组织和存储的基本目标是提高存储空间利用率，选择合适的存取方法提高存取效率。⑤数据库的保护：数据库中的数据是信息社会的战略资源，所以数据的保护至关重要。DMS对数据库的保护通过4个方面来实现：数据库的恢复、数据库的并发控制、数据库的完整性控制、数据库安全性控制。DMS的其他保护功能还有系统缓冲区的管理以及数据存储的某些自适应调节机制等。⑥数据库的维护：这一部分包括数据库的数据载入、转换、转储、数据库的重组和重构以及性能监控等功能，这些功能分别由各个使用程序来完成。⑦通信：DMS具有与操作系统的联机处理、分时系统及远程作业输入的相关接口，负责处理数据的传送。对网络环境下的数据库系统，还应该包括DMS与网络中其他软件系统的通信功能以及数据库之间的互操作功能。

第4章

1. CRM：Customer Relationship Management

CRM（Customer Relationship Management）即客户关系管理，其定义是：企业为提高核心竞争力，利用相应的信息技术以及互联网技术来协调企业与顾客间在销售、营销和服务上的交互，从而提升其管理方式，向客户提供创新式的个性化的客户交互和服务的过程。其最终目标是吸引新客户、保留老客户以及将已有客户转为忠实客户，增加市场份额。

对CRM应用的重视来源于企业对客户长期管理的观念，这种观念认为客户是企业最重要的资产并且企业的信息支持系统必须在给客户以信息自主权的要求下发展。成功的客户自主权将产生竞争优势并提高客户忠诚度最终提高公司的利润率。CRM的方法在注重关键要素的同时，反映出在营销体系中各种交叉功能的组合，其重点在于赢得客户。这样，营销重点从客户需求进一步转移到客户保持上，并且保证企业把适当的时间、资金和管理资源直接集中在这两个关键任务上。

1999年，Gartner Group Inc公司提出了CRM概念。Gartner Group Inc公司在早些提出的ERP概念中，强调对供应链进行整体管理。在ERP的实际应用中人们发现，由于ERP系统本身功能方面的局限性，也由于IT技术发展阶段的局限性，ERP系统并没有很好地实现对供应链下游（客户端）的管理，针对3C因素中的客户多样性，ERP并没有给出良好的解决办法。另一方面，到90年代末期，互联网的应用越来越普及，CTI、客户信息处理技术（如数据仓库、商业智能、知识发现等技术）得到了长足的发展。结合新经济的需求和新技术的发展，Gartner Group Inc公司提出了CRM概念。从90年代末期开始，CRM市场一直处于一种爆炸性增长的状态。

2. BO：Business Object

BO（Business Object）即业务对象，是对数据进行检索和处理的组件。是简单的真实世界的软件抽象。业务对象通常位于中间层或者业务逻辑层。业务对象是由第三方开发的，在GeneXus社区内可获得的知识对象。用其可以在一个应用中自动地加入一个特定的功能来获得增值效应。使知识重用变为可能。比如，如果要开发一个包含多货币处理的应用，可以选择使用一个已经开发完成的，包含所有多货币处理功能的业务对象来开始开发。使开发工作极大地减少。Remote Data Service 提供默认的中间层业务对象 RDSServer. DataFactory，用于接收客户端请求并提供对指定数据源的读写访问，但不包含任何验证或业务规则逻辑。用户可以创建能够提供与RDSServer. DataFactory功能相同的自定义业务对象，并且对应用程序的业务规则进行封装。

分类：①实体业务对象。表达了一个人、地点、事物或者概念，根据业务中的名词从业务域中提取，如客户、订单、物品。在EJB应用程序中，一般为实体（Bean）；在传统的Web应用程序中，可能是包含业务应用的状态和行为的普通JavaBean。②过程业务对象。表达应用程序中业务处理过程或者工作流程任务。通常依赖于实体业务对象，是业务的动词。在EJB应用程序中，通常是模型的会话Bean，或者消息驱动Bean；在非EJB应用中，可能是JavaBean，包含特定的行为，作为应用程序的管理者或者控制者。③事件业务对象。表达应用程序中由于系统的一些操作造成或产生的一些事件。

3. FTP：File Transfer Protocol

FTP是File Transfer Protocol（文件传输协议）的英文简称，而中文简称为“文传协议”。用于Internet上的控制文件的双向传输。同时，它也是一个应用程序。基于不同的操作系统有不同的FTP应用程序，而所有这些应用程序都遵守同一种协议以传输文件。在FTP的使用当中，用户经常遇到两个概念：“下载”（Download）和“上传”（Upload）。“下载”文件就是从远程主机复制文件至自己的计算机上；“上传”文件就是将文件从自己的计算机中复制至远程主机上。用 Internet 语言来说，用户可通过客户机程序向（从）远程主机上传（下载）文件。

简单地说，支持 FTP 协议的服务器就是 FTP 服务器。与大多数 Internet 服务一样，FTP 也是一个客户机/服务器系统。用户通过一个支持 FTP 协议的客户机程序，连接到在远程主机上的 FTP 服务器程序。用户通过客户机程序向服务器程序发出命令，服务器程序执行用户所发出的命令，并将执行的结果返回到客户机。比如说，用户发出一条命令，要求服务器向用户传送某一个文件的一份副件，服务器会响应这条命令，将指定文件送至用户的机器上。客户机程序代表用户接收到这个文件，将其存放在用户目录中。

使用 FTP 时必须首先登录，在远程主机上获得相应的权限以后，方可下载或上传文件。也就是说，要想同哪一台计算机传送文件，就必须具有哪一台计算机的适当授权。换言之，除非有用户 ID 和口令，否则便无法传送文件。这种情况违背了 Internet 的开放性，Internet 上的 FTP 主机何止千万，不可能要求每个用户在每一台主机上都拥有账号。匿名 FTP 就是为解决这个问题而产生的。

匿名 FTP 是这样一种机制，用户可通过它连接到远程主机上，并从其下载文件，而无须成为其注册用户。系统管理员建立了一个特殊的用户 ID，名为 anonymous，Internet 上的任何人在任何地方都可使用该用户 ID。通过 FTP 程序连接匿名 FTP 主机的方式同连接普通 FTP 主机的方式差不多，只是在要求提供用户标识 ID 时必须输入 anonymous，该用户 ID 的口令可以是任意的字符串。习惯上，用自己的 E - mail 地址作为口令，使系统维护程序能够记录下来谁在存取这些文件。值得注意的是，匿名 FTP 不适用于所有 Internet 主机，它只适用于那些提供了这项服务的主机。当远程主机提供匿名 FTP 服务时，会指定某些目录向公众开放，允许匿名存取。系统中的其余目录则处于隐匿状态。作为一种安全措施，大多数匿名 FTP 主机都允许用户从其下载文件，而不允许用户向其上传文件，也就是说，用户可将匿名 FTP 主机上的所有文件全部复制到自己的机器上，但不能将自己机器上的任何一个文件复制至匿名 FTP 主机上。即使有些匿名 FTP 主机确实允许用户上传文件，用户也只能将文件上传至某一指定上传目录中。随后，系统管理员会去检查这些文件，会将这些文件移至另一个公共下载目录中，供其他用户下载，利用这种方式，远程主机的用户得到了保护，避免了有人上传有问题的文件，如带病毒的文件。

4. JMS：Java Message Service

JMS（Java Message Service）指 Java 消息服务的意思。是一个 Java 平台中

关于面向消息中间件（MOM）的 API，用于在两个应用程序之间，或分布式系统中发送消息，进行异步通信。Java 消息服务是一个与具体平台无关的 API，绝大多数 MOM 提供商都对 JMS 提供支持。JMS 是一种与厂商无关的 API，用来访问消息收发系统消息，它类似于 JDBC（Java Database Connectivity）。这里，JDBC 是可以用来访问许多不同关系数据库的 API，而 JMS 则提供同样与厂商无关的访问方法，以访问消息收发服务。许多厂商都支持 JMS，包括 IBM 的 MQ Series、BEA 的 Web Logic JMS Service 和 Progress 的 Sonic MQ。JMS 使用户能够通过消息收发服务（有时称为消息中介程序或路由器）从一个 JMS 客户机向另一个 JMS 客户机发送消息。消息是 JMS 中的一种类型对象，由两部分组成：报头和消息主体。报头由路由信息以及有关该消息的元数据组成。消息主体则携带着应用程序的数据或有效负载。根据有效负载的类型来划分，可以将消息分为几种类型，它们分别携带：简单文本（Text Message）、可序列化的对象（Object Message）、属性集合（Map Message）、字节流（Bytes Message）、原始值流（Stream Message），还有无有效负载的消息（Message）。

5. SQL：Structured Query Language

SQL（Structured Query Language）即结构化查询语言，是一种特殊目的的编程语言，是一种数据库查询和程序设计语言，用于存取数据以及查询、更新和管理关系数据库系统；同时也是数据库脚本文件的扩展名。SQL 是高级的非过程化编程语言，允许用户在高层数据结构上工作。它不要求用户指定对数据的存放方法，也不需要用户了解具体的数据存放方式，所以具有完全不同底层结构的不同数据库系统，可以使用相同的 SQL 作为数据输入与管理的接口。SQL 语句可以嵌套，这使它具有极大的灵活性和强大的功能。

SQL 基本上独立于数据库本身、使用的机器、网络、操作系统，基于 SQL 的 DMS 产品可以运行在从个人机、工作站到基于局域网、小型机和大型机的各种计算机系统上，具有良好的可移植性。可以看出标准化的工作是很有意义的。

早在 1987 年就有些有识之士预测 SQL 的标准化是“一场革命”，是“关系数据库管理系统的转折点”。数据库和各种产品都使用 SQL 作为共同的数据存取语言和标准的接口，使不同数据库系统之间的互操作有了共同的基础，进而实现异构机、各种操作环境的共享与移植。1974 年，在 IBM 公司圣约瑟研究实验室研制的大型关系数据库管理系统 SYSTEM R 中，使用 SEQUEL（由 BOYCE 和 CHAMBERLIN 提出），后来在 SEQUEL 的基础上发展了 SQL。SQL 是一种交互式查询语言，允许用户直接查询存储数据，但它不是完整的程序语言，如它没有DO或FOR类似的循环语句，但它可以嵌入到另一种语言中，也可以借用VB、C、JAVA等语言，通过调用级接口（Call Level Interface）直接发送到数据库管理系统。SQL基本上是域关系演算，但可以实现关系代数操作。1986年10月，美国国家标准协会对SQL进行规范，以此作为关系式数据库管理系统的标准语言（ANSI X3. 135 – 1986），1987年在国际标准组织的支持下成为国际标准。不过各种通行的数据库系统在其实践过程中都对SQL规范做了某些编改和扩充。所以，实际上不同数据库系统之间的SQL不能完全相互通用。

6. IAM：Identity and Access Management

IAM（Identity and Access Management），即“身份识别与访问管理”，具有单点登录、强大的认证管理、基于策略的集中式授权和审计、动态授权、企业可管理性等功能。IAM是一套全面地建立和维护数字身份，并提供有效的、安全的IT资源访问的业务流程和管理手段，从而实现组织信息资产统一的身份认证、授权和身份数据集中管理与审计的系统。身份和访问管理是一套业务处理流程，也是一个用于创建、维护和使用数字身份的支持基础结构。

IAM关键功能：①单点登录（SSO），通过对跨多种不同Web应用程序、门户和安全域的无缝访问允许单点登录，还支持对企业应用程序（例如，SAP、Siebel、PeopleSoft以及Oracle应用程序）的无缝访问。②强大的认证管理，提供了统一的认证策略，确保Internet和局域网应用程序中的安全级别都正确。这确保高安全级别的应用程序可受到更强的认证方法保护，而低安全级别应用程序可以只用较简单的用户名/密码方法保护。为许多认证系统（包括密码、令牌、X. 509证书、智能卡、定制表单和生物识别）及多种认证方法组合提供了访问管理支持。③基于策略的集中式授权和审计，将一个企业Web应用程序中的客户、合作伙伴和员工的访问管理都集起来，因此，不需要冗余、特定于应用程序的安全逻辑。可以按用户属性、角色、组和动态组对访问权进行限制，并按位置和时间确定访问权。授权可以在文件、页面或对象级别上进行。此外，受控制的“模拟”（在此情形中，诸如客户服务代表的某个授权用户，可以访问其他用户可以访问的资源）也由策略定义。④动态授权，从不同本地或外部源（包括Web服务和数据库）实时触发评估数据的安全策略，从而确定进行访问授权或拒绝访问。通过环境相关的评估，可获得更加细化的授权。例如，限制满足特定条件（最小账户余额）的客户对特定应用程序（特定银行服务）的访问权。授权策略还可以与外部系统（例如，基于风险的安全系统）结合应用。⑤企业可管理性，提供了企业级系统管理工具，使安全人员可以更有效地监控、管理和维护多种环境（包括管理开发、测试和生产环境）。

7. EPC：Electronic Product Code

EPC（Electronic Product Code）即产品电子代码。EPC的载体是RFID电子标签，并借助互联网来实现信息的传递。EPC旨在为每一件单品建立全球的、开放的标识标准，实现全球范围内对单件产品的跟踪与追溯，从而有效提高供应链管理水平、降低物流成本。EPC是一个完整的、复杂的、综合的系统。

电子标签、产品电子码和互联网三个元素的有效组合，孕育出正在改变世界产品生产和销售管理的新网络。产品的电子标签中有这个产品的唯一编码，当这个带有标签的产品通过一个读写器时，这个产品的信息就会通过互联网传输至指定的计算机内，这是一个全自动的产品流动监测网络。EPC开放网络系统（物联网）将在全球范围内从根本上改变对产品生产、运输、仓储、销售各环节物品流动监控的管理水平。EPC开放网络（物联网）是构建在互联网之上的全球物品流动信息传递网络。互联网上开展了许多服务，这些应用开始渗透到人们的生活中，如电子邮件、IP电话、网上新闻、网上游戏，这些都是互联网的应用，EPC开放网络（物联网）也是一种应用，但这种应用是和产品生产、销售紧密结合的应用。

EPC/RFID电子标签的数据特点是：无接触读取、远距离读取、动态读取、多数量、品种读取、标签无源、海量存储量等，这些都是条码无法比拟的。因此，采用EPC技术，可以实现数字化库房管理；配合使用EPC编码，可使库存货品真正实现网络化管理。

在仓库管理系统中应用EPC/RFID技术能够实现：①货品动态出入库管理；②极大提高出入库产品信息记录采集的准确性；③灵活的可持续发展的体系；④系统能在任何时间及时地显示当前库存状态；⑤独立的工作平台与高度的互动性；⑥实时性信息收集和传输，提高工作效率；⑦方便的管理模式、准确快捷的信息交流；⑧通过易操作的界面设计降低库存管理的难度等。

8. VAN：Value Added Network

VAN（Value Added Network）即增值网络，是将制造业、批发业、物流业、零售业等之间的信息，通过计算机服务网络来相互交换的信息系统。VAN最大的特点是通过计算机服务网络，使不同企业、不同的网络系统可以相互连接，从而使不同形式的数据交换成为可能。由于VAN实现了不同系统的对接和不同格式的交换，为无数的使用者提供了交换数据的服务，创造了附加价值，因而被称作增值网络。

VAN 类型：①大型企业 VAN。这是由大型生产企业、批发企业、物流企、零售企业在自己构筑的流通渠道中建立的、自主运营的网络系统；②行业 VAN。这是由一个行业建立的、自主运营的网络系统；③地区 VAN。这是由一定地区范围内的不同企业共同建立、共同利用的网络系统。

VAN 功能：①VAN 处理功能，包括交易信息的交换（订货、商品信息等）、物流信息（交货、储存、库存、配送等）、结算业务（银行转账、支付查询、信用卡结算等）。②信息供给功能，包括数据库、图像资料、调查服务等。③通信功能，包括电子邮件、声像传递等。

9. ISP：Internet Service Provider

ISP（Internet Service Provider）即 Internet 服务提供商，向广大用户综合提供 Internet 接入业务、信息业务和增值业务的电信运营商。ICP（Internet Content Provider）是 Internet 内容提供商，向广大用户综合提供 Internet 信息业务和增值业务的电信运营商。在 Internet 应用服务产业链“设备供应商—基础网络运营商—内容收集者和生产者—业务提供者—用户”中，ISP/ICP 处于内容收集者、生产者以及业务提供者的位置。

ISP，能提供拨号上网服务、网上浏览、下载文件、收发电子邮件等服务，是网络最终用户进入 Internet 的入口和桥梁。它包括 Internet 接入服务和 Internet 内容提供服务。这里主要是 Internet 接入服务，即通过电话线把计算机或其他终端设备连入 Internet。因为接驳国际互联网需要租用国际信道，所以其成本对于一般用户是无法承担的。Internet 接入提供商作为提供接驳服务的中介，需投入大量资金建立中转站，租用国际信道和大量的当地电话线，购置一系列计算机设备，通过集中使用，分散压力的方式，向本地用户提供接驳服务。较大的 ISP 拥有他们自己的高速租用线路以至于他们很少依赖电信供应商，并且能够为他们的客户提供更好的服务。最大的国际和地域性 ISP 有：AT&T World Net、IBM 全球网、MCI、Netcom、UUNet 和 PSINet。在 ISP 证书上指的是“第二类增值电信业务中的 Internet 接入服务业务”，可以这么理解，这个“接入服务”，指的是“为接入互联网而进行的一系列配套服务”，这个接入概念并不仅仅指连接一个宽带光纤等物理接入，也指把一个网站等信息载体成功和 Internet 连接，为接入 Internet 而进行的一系列配套增值服务，如空间出租，服务器托管等。因此信息产业部的表达比仅仅用“技术服务商”解释 ISP 要完整。

第5章

1. SOA：Service Oriented Architecture

SOA（Service Oriented Architecture）即面向服务的体系结构，是一个组件模型，它将应用程序的不同功能单元（称为服务）通过这些服务之间定义良好的接口和契约联系起来。接口是采用中立的方式进行定义的，它应该独立于实现服务的硬件平台、操作系统和编程语言。这使得构建在各种这样的系统中的服务可以以一种统一和通用的方式进行交互。

SOA 可以根据需求通过网络对松散耦合的粗粒度应用组件进行分布式部署、组合和使用。服务层是 SOA 的基础，可以直接被应用调用，从而有效控制系统中与软件代理交互的人为依赖性。SOA 是一种粗粒度、松耦合服务架构，服务之间通过简单、精确定义接口进行通信，不涉及底层编程接口和通信模型。SOA 可以看作是 B/S 模型、XML（标准通用标记语言的子集）/Web Service 技术之后的自然延伸。SOA 将能够帮助软件工程师们站在一个新的高度理解企业级架构中的各种组件的开发、部署形式，它将帮助企业系统架构者以更迅速、更可靠、更具重用性架构整个业务系统。较之以往，以 SOA 架构的系统能够更加从容地面对业务的急剧变化。

不同种类的操作系统、应用软件、系统软件和应用基础结构相互交织，这便是 IT 企业的现状。一些现存的应用程序被用来处理当前的业务流程，因此从头建立一个新的基础环境是不可能的。企业应该能对业务的变化做出快速的反应，利用对现有的应用程序和应用基础结构的投资来解决新的业务需求，为客户、商业伙伴以及供应商提供新的互动渠道，并呈现一个可以支持有机业务的构架。SOA 凭借其松耦合的特性，使得企业可以按照模块化的方式来添加新服务或更新现有服务，以解决新的业务需要。提供选择从而可以通过不同的渠道提供服务，并可以把企业现有的或已有的应用作为服务，从而保护了现有的 IT 基础建设投资。

2. MPS：Master Production Schedule

MPS（Master Production Schedule）即主生产计划。MPS 是闭环计划系统的一个部分。MPS 的实质是保证销售规划和生产规划对规定的需求（需求什么，需求多少和什么时候需求）与所使用的资源取得一致。MPS 考虑了经营规划和销售规划，使生产规划同它们相协调。它着眼于销售什么和能够制造什么，这就能为车间制订一个合适的“主生产进度计划”，并且以粗能力数据调整这个计划，直到负荷平衡。

简单地说，MPS 是确定每一具体的最终产品在每一具体时间段内生产数量的计划；有时也可能先考虑组件，最后再下达最终装配计划。这里的最终产品是指对于企业来说最终完成、要出厂的完成品，它要具体到产品的品种、型号。这里的具体时间段，通常是以周为单位，在有些情况下，也可以日、旬、月为单位。MPS 详细规定生产什么、什么时段应该产出，它是独立需求计划。MPS 根据客户合同和市场预测，把经营计划或生产大纲中的产品系列具体化，使之成为展开物料需求计划的主要依据，起到了从综合计划向具体计划过渡的承上启下作用。

MPS 是按时间分段方法来计划企业将生产的最终产品的数量和交货期。MPS 是一种先期生产计划，它给出了特定的项目或产品在每个计划周期的生产数量。这是个实际的详细制造计划，力图考虑各种可能的制造要求。MPS 是 MRPⅡ的一个重要的计划层次。粗略地说，MPS 是关于“将要生产什么”的一种描述，它根据客户合同和预测，把销售与运作规划中的产品系列具体化，确定出厂产品，使之成为展开 MRP 与 CRP（粗能力计划）运算的主要依据，它起着承上启下、从宏观计划向微观计划过渡的作用。

MPS 是计划系统中的关键环节。一个有效的 MPS 是生产对客户需求的一种承诺，它充分利用企业资源，协调生产与市场，实现生产计划大纲中所表达的企业经营目标。MPS 在计划管理中起“龙头”模块作用，它决定了后续的所有计划及制造行为的目标。在短期内作为物料需求计划、零件生产计划、订货优先级和短期能力需求计划的依据；在长期内作为估计本厂生产能力、仓储能力、技术人员、资金等资源需求的依据。

3. HTTP：Hypertext Transfer Protocol

HTTP（Hypertext Transfer Protocol）即超文本传输协议，是互联网上应用最为广泛的一种网络协议。所有的 WWW 文件都必须遵守这个标准。设计 HTTP 最初的目的是提供一种发布和接收 HTML 页面的方法。1960 年美国人 Ted Nelson 构思了一种通过计算机处理文本信息的方法，并称之为超文本（Hypertext），这成了 HTTP 标准架构的发展根基。Ted Nelson 组织协调万维网协会（World Wide Web Consortium）和 Internet 工程工作小组（Internet Engineering Task Force）共同合作研究，最终发布了一系列的 RFC，其中著名的 RFC 2616 定义了 HTTP 1.1。

HTTP 是用于从 WWW 服务器传输超文本到本地浏览器的传输协议。它可以使浏览器更加高效，使网络传输减少。它不仅保证计算机正确、快速地传输超文本文档，还确定传输文档中的哪一部分，以及哪部分内容首先显示（如文本先于图形）等。HTTP是客户端浏览器或其他程序与Web服务器之间的应用层通信协议。在Internet上的Web服务器上存放的都是超文本信息，客户机需要通过HTTP传输所要访问的超文本信息。HTTP包含命令和传输信息，不仅可用于Web访问，也可以用于其他Internet/Intranet应用系统之间的通信，从而实现各类应用资源超媒体访问的集成。

4. REST：Representational State Transfer

REST（Representational State Transfer）即表述性状态传递，是Roy Fielding博士在他2000年的博士论文中提出来的一种软件架构风格。它是一种针对网络应用的设计和开发方式，可以降低开发的复杂性，提高系统的可伸缩性。目前，在三种主流的Web服务实现方案中，因为REST模式的Web服务与复杂的SOAP和XML-RPC对比来讲，明显地更加简洁，越来越多的Web服务开始采用REST风格设计和实现。例如，amazon. com提供接近REST风格的Web服务进行图书查找；雅虎提供的Web服务也是REST风格的。

表述性状态转移是一组架构约束条件和原则。满足这些约束条件和原则的应用程序或设计就是RESTful。需要注意的是，REST是设计风格而不是标准。REST通常基于使用HTTP、URI和XML（标准通用标记语言下的一个子集）以及HTML（标准通用标记语言下的一个应用）这些现有的广泛流行的协议和标准。REST定义了一组体系架构原则，用户可以根据这些原则设计以系统资源为中心的Web服务，包括使用不同语言编写的客户端如何通过HTTP处理和传输资源状态。如果考虑使用它的Web服务的数量，REST近年来已经成为最主要的Web服务设计模式。事实上，REST对Web的影响非常大，由于其使用相当方便，已经普遍地取代了基于SOAP和WSDL的接口设计。

5. JSON：Java Script Object Notation

JSON（Java Script Object Notation）是一种轻量级的数据交换格式。它基于ECMAScript的一个子集。JSON采用完全独立于语言的文本格式，但是也使用了类似于C语言家族的习惯（包括C、C++、C#、Java、JavaScript、Perl、Python等）。这些特性使JSON成为理想的数据交换语言。易于人们阅读和编写，同时也易于机器解析和生成（一般用于提升网络传输速率）。

6. MRP：Material Requirement Planning

MRP（Material Requirement Planning）即物料需求计划，是指根据产品结构各层次物品的从属和数量关系，以每个物品为计划对象，以完工时期为时间基准倒排计划，按提前期长短区别各个物品下达计划时间的先后顺序，是一种工业制造企业内物资计划管理模式。MRP是根据市场需求预测和顾客订单制订产品的生产计划，然后基于产品生成进度计划，组成产品的材料结构表和库存状况，通过计算机计算所需物料的需求量和需求时间，从而确定材料的加工进度和订货日程的一种实用技术。

MRP 的主要内容包括客户需求管理、产品生产计划、原材料计划以及库存记录。其中客户需求管理包括客户订单管理及销售预测，将实际的客户订单数与科学的客户需求预测相结合即能得出客户需要什么以及需要多少。MRP 是一种推式体系，根据预测和客户订单安排生产计划，因此，MRP 基于天生不精确的预测建立计划，“推动”物料经过生产流程。也就是说，传统 MRP 方法依靠物料运动经过功能导向的工作中心或生产线（而非精益单元），这种方法是为最大化效率和大批量生产来降低单位成本而设计的。计划、调度并管理生产以满足实际和预测的需求组合。生产订单出自 MPS，然后经由 MRP 计划出的订单被“推”向工厂车间及库存。

MRP 特点：①需求的相关性：在流通企业中，各种需求往往是独立的。而在生产系统中，需求具有相关性。例如，根据订单确定了所需产品的数量之后，由新产品结构文件 BOM 即可推算出各种零部件和原材料的数量，这种根据逻辑关系推算出来的物料数量称为相关需求。不但品种数量有相关性，需求时间与生产工艺过程的决定也是相关的。②需求的确定性：MRP 的需求都是根据主产进度计划、产品结构文件和库存文件精确计算出来的，品种、数量和需求时间都有严格要求，不可改变。③计划的复杂性：MRP 要根据主产品的生产计划、产品结构文件、库存文件、生产时间和采购时间，把主产品的所有零部件需要数量、时间、先后关系等准确计算出来。当产品结构复杂，零部件数量特别多时，其计算工作量非常庞大，人力根本不能胜任，必须依靠计算机实施这项工程。

MRP 计算步骤。一般来说，物料需求计划的制订是遵照先通过主生产计划导出有关物料的需求量与需求时间，然后，再根据物料的提前期确定投产或订货时间的计算思路。其基本计算步骤如下：①计算物料的毛需求量，即根据主生产计划、物料清单得到第一层级物料品目的毛需求量，再通过第一层级物料品目计算出下一层级物料品目的毛需求量，依次一直往下展开计算，直到最低层级原材料毛坯或采购件为止。②净需求量计算，即根据毛需求量、可用库存量、已分配量等计算出每种物料的净需求量。③批量计算，即由相关计划人员对物料生产做出批量策略决定，不管采用何种批量规则或不采用批量规则，净需求量计算后都应该表明有否批量要求。④安全库存量、废品率和损耗率等的计算，即由相关计划人员来规划是否要对每个物料的净需求量作这三项计算。⑤下达计划订单，即指通过以上计算后，根据提前期生成计划订单。物料需求计划所生成的计划订单，要通过能力资源平衡确认后，才能开始正式下达计划订单。⑥再一次计算。物料需求计划的再次生成大致有两种方式：第一种方式会对库存信息重新计算，同时覆盖原来计算的数据，生成的是全新的物料需求计划；第二种方式则只是在制订、生成物料需求计划的条件发生变化时，才相应地更新物料需求计划有关部分的记录。这两种生成方式都有实际应用的案例，至于选择哪一种要看企业实际的条件和状况。

7. MRPⅡ：Manufacture Resource Plan Ⅱ

MRPⅡ（Manufacture Resource Plan Ⅱ）即制造资源计划。是一种生产管理的计划与控制模式，因其效益显著而被当成标准管理工具在当今世界制造业普遍采用。MRP Ⅱ实现了物流与资金流的信息集成，是 CIMS（Computer Integrated Manufacturing Systen，计算机集成制造系统）的重要组成部分，也是 ERP 的核心主体，是解决企业管理问题，提高企业运作水平的有效工具。简单来说，是在 MRP 上发展出的一种规划方法和辅助软件。

MRPⅡ是先进的现代企业管理模式，目的是合理配置企业的制造资源，包括财、物、产、供、销等因素，以使之充分发挥效能，使企业在激烈的市场竞争中赢得优势，从而取得最佳经济效益。ERP 系统在 MRP Ⅱ的基础上扩展了管理范围，提出了新的管理体系结构，把企业的内部和外部资源有机地结合在了一起。ERP 充分贯彻了供应链的管理思想，将用户的需求和企业内部的制造活动以及外部供应商的制造资源全部包括进来，体现了完全按客户需求制造的思想。

MRPⅡ的特点可以从以下几个方面来说明，每一项特点都含有管理模式的变革和人员素质或行为变革两方面，这些特点是相辅相成的。①计划的一贯性与可行性。MRPⅡ是一种计划主导型管理模式，计划层次从宏观到微观、从战略到技术、由粗到细逐层优化，但始终保证与企业经营战略目标一致。它把通常的三级计划管理统一起来，计划编制工作集中在厂级职能部门，车间班组只能执行计划、调度和反馈信息。计划下达前需反复验证和平衡生产能力，并根据反馈信息及时调整，处理好供需矛盾，保证计划的一贯性、有效性和可执行性。②管理的系统性。MRPⅡ是一项系统工程，它把企业所有与生产经营直接相关部门的工作联结成一个整体，各部门都从系统整体出发做好本职工作，每个员工都知道自己的工作质量同其他职能的关系。这只有在“一个计划”下才能成为系统，所以条块分割、各行其是的局面应被团队精神所取代。③数据共享性。MRPⅡ是一种制造企业管理信息系统，企业各部门都依据同一数据信息进行管理，任何一种数据变动都能及时地反映给所有部门，做到数据共享。

在统一的数据库支持下，按照规范化的处理程序进行管理和决策。改变了过去那种信息不通、情况不明、盲目决策、相互矛盾的现象。④动态应变性。MRPⅡ是一个闭环系统，它要求跟踪、控制和反馈瞬息万变的实际情况，管理人员可随时根据企业内外环境条件的变化迅速做出响应，及时决策调整，保证生产正常进行。它可以及时掌握各种动态信息，保持较短的生产周期，因而有较强的应变能力。⑤模拟预见性。MRPⅡ具有模拟功能。它可以解决“如果怎样……将会怎样”的问题，可以预见在相当长的计划期内可能发生的问题，事先采取措施消除隐患，而不是等问题已经发生了再花几倍的精力去处理。这将使管理人员从忙碌的事务堆里解脱出来，致力于实质性的分析研究，提供多个可行方案供领导决策。⑥物流、资金流的统一。MRPⅡ包含了成本会计和财务功能，可以由生产活动直接产生财务数据，把实物形态的物料流动直接转换为价值形态的资金流动，保证生产和财务数据一致。财务部门及时得到资金信息用于控制成本，通过资金流动状况反映物料和经营情况，随时分析企业的经济效益，参与决策，指导和控制经营和生产活动。以上几个方面的特点表明，MRPⅡ是一个比较完整的生产经营管理计划体系，是实现制造业企业整体效益的有效管理模式。

8. ASS：Automatic Sorting System

ASS（Automatic Sorting System）即自动分拣系统，是先进配送中心所必需的设施条件之一。具有很高的分拣效率，通常每小时可分拣商品6 000－12 000箱；可以说，自动分拣机是提高物流配送效率的一项关键因素。它是第二次世界大战后美国、日本的物流中心广泛采用的一种自动分拣系统。该系统目前已经成为发达国家大中型物流中心不可缺少的一部分。

ASS 的作业过程可以简单描述如下：物流中心每天接收成百上千家供应商或货主通过各种运输工具送来的成千上万种商品，在最短的时间内将这些商品卸下并按商品品种、货主、储位或发送地点进行快速准确的分类，将这些商品运送到指定地点（如指定的货架、加工区域、出货站台等），同时，当供应商或货主通知物流中心按配送指示发货时，ASS 在最短的时间内从庞大的高层货存架存储系统中准确找到要出库的商品所在位置，并按所需数量出库，将从不同储位上取出的不同数量的商品按配送地点的不同运送到不同的理货区域或配送站台集中，以便装车配送。

ASS 一般由控制装置、分类装置、输送装置及分拣道口组成。控制装置的作用是识别、接收和处理分拣信号，根据分拣信号的要求指示分类装置，按商品品种、按商品送达地点或按货主的类别对商品进行自动分类。这些分拣需求可以通过不同方式，如可通过条形码扫描、色码扫描、键盘输入、重量检测、语音识别、高度检测及形状识别等方式，输入 ASS 中去，根据对这些分拣信号的判断，来决定某一种商品该进入哪一个分拣道口。分类装置的作用是根据控制装置发出的分拣指示，当具有相同分拣信号的商品经过该装置时，该装置动作，使改变在输送装置上的运行方向进入其他输送机或进入分拣道口。分类装置的种类很多，一般有推出式、浮出式、倾斜式和分支式几种。不同的装置对分拣货物的包装材料、包装重量、包装物底面的平滑程度等有不完全相同的要求。输送装置的主要组成部分是传送带或输送机，其主要作用是使待分拣商品贯通控制装置、分类装置，并输送到装置的两侧，一般要连接若干分拣道口，使分好类的商品滑下主输送机（或主传送带）以便进行后续作业。分拣道口是已分拣商品脱离主输送机（或主传送带）进入集货区域的通道，一般由钢带、皮带、滚筒等组成滑道，使商品从主输送装置滑向集货站台，在那里由工作人员将该道口的所有商品集中后或是入库储存，或是组配装车并进行配送作业。以上四部分装置通过计算机网络联结在一起，配合人工控制及相应的人工处理环节构成一个完整的 ASS。

自动分拣机只适于分拣底部平坦且具有刚性的包装规则的商品。袋装商品、包装底部柔软且凹凸不平、包装容易变形、易破损、超长、超薄、超重、超高、不能倾覆的商品不能使用普通的自动分拣机进行分拣，因此为了使大部分商品都能用机械进行自动分拣，可以采取两条措施：一是推行标准化包装，使大部分商品的包装符合国家标准；二是根据所分拣的大部分商品的统一的包装特性定制特定的分拣机。但要让所有商品的供应商都执行国家的包装标准是很困难的，定制特定的分拣机又会使硬件成本上升，并且越是特定的其通用性就越差。因此公司要根据经营商品的包装情况来确定是否建或建什么样的 ASS。

第6章

1. OAGIS：Open Applications Group Interoperability Standard

OAGIS（Open Applications Group Interoperability Standard）即开放应用程序组互操作标准。开放应用程序组（OAG）是又一个尝试将 XML 格式标准化以用于组织间交换的开拓小组。他们的核心工作产品是 OAGIS。

OAGIS 包含一组用 XML 格式化的公共业务交易的消息集，称为业务对象文档（BOD）。构成公共业务交互的消息序列称为方案。OAG 鼓励用户使用电子应用程序集成（EAI）特性、基本或安全的 HTTP 或 SMTP，或者 SOAP，甚至是在 ebXML 框架中，直接交换方案中的每个 BOD。OAGIS 版本 8.0 提供了与版本 7.2.1 相同的 BOD 集合。添加了对更具描述性的标记名称的支持，但大多数更改是添加了技术特性规范。尤其是，BOD 现在具有 W3C XML 模式定义语言（XSDL）定义；还有用 XPath 定义的映射，用于根据消息内容集成应用程序执行。版本 8.0 中的所有 BOD 文档都是以强交叉引用的 HTML 提供的。

OAG 似乎还很认真地采用了与其他组的可互操作的思想。7.2.1 发行版已经提供了对 ebXML、RosettaNet 实现框架（RNIF）和 Microsoft 的 BizTalk 的支持。随着核心 XML 技术映射的添加，现在，在各种通用 XML 工具中支持 OAGIS 的道路越发清晰了。OAGIS 8.0 可免费下载，下载后得到一个大的 zip 文件，在解压缩之后，可以通过在 Web 浏览器中查看所包含的 index.html 来开始。压缩文档还包含 XML 概要（仅 XSDL 格式，没有 DTD）和示例 BOD。这个概要很大，并且展开成错综复杂的互连文件。OAG 推荐使用 XML IDE，也许是基于这样的设想：这样的工具有助于理解散乱的模式文档。为方便起见，Xerces 解析器、Saxon XSLT 引擎和 XSV XSDL 验证器被捆绑在一起。

2. UML：Unified Modeling Language

UML（Unified Modeling Language）称为统一建模语言或标准建模语言，是始于 1997 年的一个 OMG 标准，它是一个支持模型化和软件系统开发的图形化语言，为软件开发的所有阶段提供模型化和可视化支持，包括由需求分析到规格，到构造和配置。面向对象的分析与设计（OOA&D，OOAD）方法的发展在 20 世纪 80 年代末至 90 年代中出现了一个高潮，UML 是这个高潮的产物。它不仅统一了 Booch、Rumbaugh 和 Jacobson 的表示方法，而且对其做了进一步的发展，并最终统一为大众所接受的 UML。

Grady Booch 的描述对象集合和它们之间的关系的方法、James Rumbaugh 的对象建模技术（OMT）、Ivar Jacobson 的包括用例方法的方式，还有其他一些想法也对 UML 起到了作用。UML 已经被对象管理组织（OMG）接受为标准，这个组织还制定了通用对象请求代理体系结构（CORBA），是分布式对象编程行业的领头羊。计算机辅助软件工程（CASE）产品的供应商也支持 UML，并且它基本上已经被所有的软件开发产品制造商所认可，这其中包括 IBM 和 Microsoft（用于它的 VB 环境）。

UML 的目标是以面向对象图的方式来描述任何类型的系统，具有很宽的应用领域。其中最常用的是建立软件系统的模型，但它同样可以用于描述非软件领域的系统，如机械系统、企业机构或业务过程，以及处理复杂数据的信息系统、具有实时要求的工业系统或工业过程等。总之，UML 是一个通用的标准建模语言，可以对任何具有静态结构和动态行为的系统进行建模。此外，UML 适用于系统开发过程中从需求规格描述到系统完成后测试的不同阶段。在需求分析阶段，可以用用例来捕获用户需求。通过用例建模，描述对系统感兴趣的外部角色及其对系统（用例）的功能要求。分析阶段主要关心问题域中的主要概念（如抽象、类和对象等）和机制，需要识别这些类以及它们相互间的关系，并用 UML 类图来描述。为实现用例，类之间需要协作，这可以用 UML 动态模型来描述。在分析阶段，只对问题域的对象（现实世界的概念）建模，而不考虑定义软件系统中技术细节的类（如处理用户接口、数据库、通信和并行性等问题的类）。这些技术细节将在设计阶段引入，因此设计阶段为构造阶段提供更详细的规格说明。编程（构造）是一个独立的阶段，其任务是用面向对象编程语言将来自设计阶段的类转换成实际的代码。在用 UML 建立分析和设计模型时，应尽量避免考虑把模型转换成某种特定的编程语言。因为在早期阶段，模型仅仅是理解和分析系统结构的工具，过早考虑编码问题十分不利于建立简单正确的模型。

UML 模型还可作为测试阶段的依据。系统通常需要经过单元测试、集成测试、系统测试和验收测试。不同的测试小组使用不同的 UML 图作为测试依据：单元测试使用类图和类规格说明；集成测试使用部件图和合作图；系统测试使用用例图来验证系统的行为；验收测试由用户进行，以验证系统测试的结果是否满足在分析阶段确定的需求。UML 适用于以面向对象技术来描述任何类型的系统，而且适用于系统开发的不同阶段，从需求规格描述直至系统完成后的测试和维护。

3. EDI：Electronic Data Interchange

EDI，全称 Electronic Data Interchange，译名：电子数据交换，港、澳及海外华人地区称作“电子资料通”。是由国际标准化组织（ISO）推出使用的国际标准，是指一种将商业或行政事务处理按照一个公认的标准，形成结构化的事务处理或消息报文格式，从计算机到计算机的电子传输方法，也是计算机可识别的商业语言。例如，国际贸易中的采购订单、装箱单、提货单等数据的交换。简单地说，EDI 就是按照商定的协议，将商业文件标准化和格式化，并通过计算机网络，在贸易伙伴的计算机网络系统之间进行数据交换和自动处理。俗称“无纸化贸易”。

EDI 特点：①EDI 使用电子方法传递信息和处理数据。EDI 一方面用电子传输的方式取代了以往纸单证的邮寄和递送，从而提高了传输效率；另一方面通过计算机处理数据取代人工处理数据，从而减少了差错和延误。②EDI 是采用统一标准编制数据信息的。这是EDI与电传、传真等其他传递方式的重要区别，电传、传真等并没有统一格式标准，而EDI必须有统一的标准方能运作。③EDI是计算机应用程序之间的连接。一般的电子通信手段是人与人之间的信息传递，传输的内容即使不完整、格式即使不规范，也能被人所理解。这些通信手段仅仅是人与人之间的信息传递工具，不能处理和返回信息。EDI实现的是计算机应用程序与计算机应用程序之间的信息传递与交换。由于计算机只能按照给定的程序识别和接收信息，所以电子单证必须符合标准格式并且内容完整准确。在电子单证符合标准且内容完整的情况下，EDI系统不但能识别、接收、存储信息，还能对单证数据信息进行处理，自动制作新的电子单据并传输到有关部门。在有关部门就自己发出的电子单证进行查询时，计算机还可以反馈有关信息的处理结果和进展状况。在收到一些重要电子邮件时，计算机还可以按程序自动产生电子收据并传回对方。④EDI系统采用加密防伪手段。EDI系统有相应的保密措施，EDI传输信息的保密通常是采用密码系统，各用户掌握自己的密码，可打开自己的“邮箱”取出信息，外人不能打开这个“邮箱”，有关部门和企业发给自己的电子信息均自动进入自己的“邮箱”。一些重要信息在传递时还要加密，即把信息转换成他人无法识别的代码，接收方计算机按特定程序译码后还原成可识别信息。为防止有些信息在传递过程中被篡改，或防止有人传递假信息，还可以使用证实手段，即将普通信息与转变成代码的信息同时传递给接收方，接收方把代码翻译成普通信息进行比较，如二者完全一致，可知信息未被篡改，也不是伪造的信息。

一个传统企业简单的购货贸易过程：买方向卖方提出订单。卖方得到订单后，就进行它内部的纸张文字票据处理，准备发货。纸张票据中包括发货票等。买方在收到货和发货票之后，开出支票，寄给卖方。卖方持支票至银行兑现。银行再开出一个票据，确认这笔款项的汇兑。而一个生产企业的EDI系统，就是要把上述买卖双方在贸易处理过程中的所有纸面单证由EDI通信网来传送，并由计算机自动完成全部（或大部分）处理过程。具体为：企业收到一份EDI订单，则系统自动处理该订单，检查订单是否符合要求；然后通知企业内部管理系统安排生产；向零配件供销商订购零配件等；有关部门申请进出口许可证；通知银行并给订货方开出EDI发票；向保险公司申请保险单等。从而使整个商贸活动过程在最短时间内准确地完成。一个真正的EDI系统是将订单、发货、报关、商检和银行结算合成一体的，从而大大加速贸易的全过程，因此，EDI对企业文化、业务流程和组织机构的影响是巨大的。

4. JPA：Java Persistence API

JPA全称Java Persistence API，是Sun官方提出的Java持久化规范。JPA

通过 JDK 5.0 注解或 XML 描述对象－关系表的映射关系，并将运行期的实体对象持久化到数据库中。JPA 是 JCP 组织发布的 Java EE 标准之一，因此任何声称符合 JPA 标准的框架都遵循同样的架构，提供相同的访问 API，这保证了基于 JPA 开发的企业应用经过少量的修改就能够在不同的 JPA 框架下运行。

容器级特性的支持：JPA 框架中支持大数据集、事务、并发等容器级事务，这使得 JPA 超越了简单持久化框架的局限，在企业应用中发挥更大的作用。JPA 的主要目标之一就是提供更加简单的编程模型：在 JPA 框架下创建实体和创建 Java 类一样简单，没有任何的约束和限制，只需要使用 javax.persistence.Entity 进行注释，JPA 的框架和接口也都非常简单，没有太多特别的规则和设计模式的要求，开发者很容易掌握。JPA 基于非侵入式原则设计，因此可以很容易地和其他框架或者容器集成。PA 的查询语言是面向对象而非面向数据库的，它以面向对象的自然语法构造查询语句，可以看成是 Hibernate HQL 的等价物。JPA 定义了独特的 JPQL（Java Persistence Query Language），JPQL 是 EJB QL 的一种扩展，它是针对实体的一种查询语言，操作对象是实体，而不是关系数据库的表，而且能够支持批量更新和修改、JOIN、GROUP BY、HAVING 等通常只有 SQL 才能够提供的高级查询特性，甚至还能够支持子查询。

JPA 中能够支持面向对象的高级特性，如类之间的继承、多态和类之间的复杂关系，这样的支持能够让开发者最大限度地使用面向对象的模型设计企业应用，而不需要自行处理这些特性在关系数据库的持久化。JPA 的目标之一是制定一个可以由很多供应商实现的 API，并且开发人员可以编码来实现该 API，而不是使用私有供应商特有的 API，因此开发人员只需使用供应商特有的 API 来获得 JPA 规范没有解决但应用程序中需要的功能。尽可能地使用 JPA API，但是当需要供应商公开但是规范中没有提供的功能时，则使用供应商特有的 API。

5. B2B：Business－to－Business

B2B（Business－to－Business，也有写成 BTB 的）是指企业与企业之间通过专用网络或 Internet，进行数据信息的交换、传递，开展交易活动的商业模式。它将企业内部网和企业的产品及服务，通过 B2B 网站或移动客户端与客户紧密结合起来，通过网络的快速反应，为客户提供更好的服务，从而促进企业的业务发展。

电子商务是现代 B2B 营销的一种主要的具体表现形式。含有三要素：①买卖：B2B 网站或移动平台为消费者提供质优价廉的商品，吸引消费者购买的同时促使更多商家入驻；②合作：与物流公司建立合作关系，为消费者的购买行为提供最终保障，这是 B2B 平台硬性条件之一；③服务：物流主要是为消费者提供购买服务，从而实现再一次的交易。

6. XSD：XML Schema Definition

XSD（XML Schema Definition）即可扩展标记语言架构。是以可扩展标记语言（标准通用标记语言的子集）为基础的，它用于可替代文档类型定义（外语缩写：DTD）；一份 XML Schema 文件描述了可扩展标记语言文档的结构。

它的作用是定义一份 XML 文档的合法组件群，就像 DTD 的作用一样，一份 XML Schema 定义了：可以出现在文档里的元素；可以出现在文档里的属性；哪些元素是子元素；子元素的顺序；子元素的数量；一个元素是否能包含文本，或应该是空的；元素和属性的数据类型；元素和属性的默认值和固定值。

XML Schema 比 DTD 更强大。其优势包括以下几点：①支持数据类型。XML Schema 最重要的能力之一就是对数据类型的支持。通过对数据类型的支持：可更容易地描述允许的文档内容；可更容易地验证数据的正确性；可更容易地与来自数据库的数据一并工作；可更容易地定义数据约束；可更容易地定义数据模型（或称数据格式）；可更容易地在不同的数据类型间转换数据。②它使用 XML 语法。另一个关于 XML Schema 的重要特性是，它们由 XML 编写。由 XML 编写 XML Schema 有很多好处：不必学习新的语言；可使用 XML 编辑器来编辑 Schema 文件；可使用 XML 解析器来解析 Schema 文件；可通过 XML DOM 来处理 Schema 文件；可通过 XSLT 来转换 Schema 文件。③可保护数据通信。当数据从发送方被发送到接收方时，其要点是双方应有关于内容的相同的“期望值”。通过 XML Schema，发送方可以用一种接收方能够明白的方式来描述数据。④可扩展性。XML Schema 是可扩展的，因为它们由 XML 编写。通过可扩展的 Schema 定义，可以：在其他 Schema 中重复使用用户自己的 Schema；创建由标准类型衍生而来的用户自己的数据类型；在相同的文档中引用多重的 Schema。⑤可捕获到错误。即使文档的形式良好，仍然不能保证它们不会包含错误，并且这些错误可能会产生严重的后果。

劣势：虽然被写入 XML 是一个优势，在某些方面也有缺点。W3C XML Schema 语言可能非常冗长，而 DTD 可以简洁且相对容易编辑。W3C XML Schema 没有实现大部分提供的数据元素到文档的 DTD 能力。

7. UN/CEFACT：the United Nations Center for Trade Facilitation and Electronic Business

UN/CEFACT 全称 the United Nations Center for Trade Facilitation and Electronic Business，即联合国贸易便利化与电子业务中心，是另一个专门从事研究、制定、发布和推广国际贸易便利化与标准化的机构。它的主要任务就是制定全球统一的标准来消除国际贸易中的技术壁垒，提高效率。

它与 ISO 最大的不同在于 ISO 是一个全球性的非政府组织，而 UN/CEFACT 是一个联合国下属的官方机构。它所研制和推荐使用的建议书、标准以及技术规范都是在联合国框架内向其成员国推广使用，因此，这些建议书、标准以及技术规范的推荐使用更具效果，同时也更加具有约束力和强制性。UN/CEFACT 建议联合国各成员国建立全国性的贸易便利化机构。目前，全世界已有 60 多个国家建立了自己国家的“全国性的贸易便利化机构”。“全国性的贸易便利化机构”的性质属于各国的官方机构，该机构的成员主要由主管贸易、运输、海关、行政机构的部门代表和民间企业的代表组成。

8. RMI：Remote Method Invocation

RMI（Remote Method Invocation，远程方法调用）是 Java 的一组拥护开发分布式应用程序的 API。RMI 使用 Java 语言接口定义了远程对象，它集合了 Java 序列化和 Java 远程方法协议（Java Remote Method Protocol）。简单地说，这样使原先的程序在同一操作系统的方法调用，变成了不同操作系统之间程序的方法调用，由于 J2EE 是分布式程序平台，它以 RMI 机制实现程序组件在不同操作系统之间的通信，比如，一个 EJB 可以通过 RMI 调用 Web 上另一台机器上的 EJB 远程方法，是用 Java 在 JDK1. 1 中实现的，它大大增强了 Java 开发分布式应用的能力。Java 作为一种风靡一时的网络开发语言，其巨大的威力就体现在它强大的开发分布式网络应用的能力上，而 RMI 就是开发百分之百纯 Java 的网络分布式应用系统的核心解决方案之一。其实它可以被看作是 RPC 的 Java 版本。但是传统 RPC 并不能很好地应用于分布式对象系统。而 Java RMI 则支持存储于不同地址空间的程序级对象之间彼此进行通信，实现远程对象之间的无缝远程调用。

RMI 目前使用 Java 远程消息交换协议（Java Remote Messaging Protocol，JRMP）进行通信。JRMP 是专为 Java 的远程对象制定的协议。因此，Java RMI 具有 Java 的“编写一次就能在任何地方运行”的优点，是分布式应用系统的百分之百纯 Java 解决方案。用 Java RMI 开发的应用系统可以部署在任何支持 JRE（Java Run Environment，Java 运行环境）的平台上。但由于 JRMP 是专为

Java 对象制定的，因此，RMI 对于用非 Java 语言开发的应用系统的支持不足。不能与用非 Java 语言书写的对象进行通信。

RMI 为采用 Java 对象的分布式计算提供了简单而直接的途径。这些对象可以是新的 Java 对象，也可以是围绕现有 API 的简单的 Java 包装程序。Java 体现了“编写一次就能在任何地方运行的模式。而 RMI 可将 Java 模式进行扩展，使之可在任何地方运行”。因为 RMI 是以 Java 为核心的，所以，它将 Java 的安全性和可移植性等强大功能带给了分布式计算。用户可将代理和业务逻辑等属性移动到网络中最合适的地方。

RMI 可利用标准 Java 本机方法接口 JNI 与现有的和原有的系统相连接。RMI 还可利用标准 JDBC 包与现有的关系数据库连接。RMI/JNI 和 RMI/JDBC 相结合，可帮助用户利用 RMI 与目前使用非 Java 语言的现有服务器进行通信，而且在用户需要时可扩展 Java 在这些服务器上的使用。RMI 可帮助用户在扩展使用时充分利用 Java 的强大功能。

RMI 应用程序通常包括两个独立的程序：服务器程序和客户机程序。典型的服务器应用程序将创建多个远程对象，使这些远程对象能够被引用，然后等待客户机调用这些远程对象的方法。而典型的客户机程序则从服务器中得到一个或多个远程对象的引用，然后调用远程对象的方法。RMI 为服务器和客户机进行通信和信息传递提供了一种机制。

在与远程对象的通信过程中，RMI 使用标准机制：stub 和 skeleton。远程对象的 stub 担当远程对象的客户本地代表或代理人角色。调用程序将调用本地 stub 的方法，而本地 stub 将负责执行对远程对象的方法调用。

利用 RMI 编写分布式对象应用程序需要完成以下工作：①定位远程对象。应用程序可使用两种机制中的一种得到对远程对象的引用。它既可用 RMI 的简单命名工具 rmiregistry 来注册它的远程对象，也可以将远程对象引用作为常规操作的一部分来进行传递和返回。②与远程对象通信。远程对象间通信的细节由 RMI 处理，对于程序员来说，远程通信看起来就像标准的 Java 方法调用。③给作为参数或返回值传递的对象加载类字节码。因为 RMI 允许调用程序将纯 Java 对象传给远程对象，所以，RMI 将提供必要的机制，既可以加载对象的代码又可以传输对象的数据。在 RMI 分布式应用程序运行时，服务器调用注册服务程序以使名字与远程对象相关联。客户机在服务器上的注册服务程序中用远程对象的名字查找该远程对象，然后调用它的方法。

9. ESB：Enterprise Service Bus

ESB 全称为 Enterprise Service Bus，即企业服务总线。它从面向服务体系架构发展而来，是传统中间件技术与 XML、Web 服务等技术结合的产物。ESB 提供了网络中最基本的连接中枢，是构筑企业神经系统的必要元素。ESB 的出现改变了传统的软件架构，可以提供比传统中间件产品更为廉价的解决方案，同时它还可以消除不同应用之间的技术差异，让不同的应用服务器协调运作，实现了不同服务之间的通信与整合。从功能上看，ESB 提供了事件驱动和文档导向的处理模式，以及分布式的运行管理机制，它支持基于内容的路由和过滤，具备了复杂数据的传输能力，并可以提供一系列的标准接口。

ESB 提供了网络中最基本的连接中枢，是构筑企业神经系统的必要元素。ESB 采用了“总线”这样一种模式来管理和简化应用之间的集成拓扑结构，以广为接受的开放标准为基础来支持应用之间在消息、事件和服务级别上动态的互连互通，是一种在松散耦合的服务和应用之间的标准的集成方式。它可以作用于：①面向服务的架构——分布式的应用由可重用的服务组成；②面向消息的架构——应用之间通过 ESB 发送和接收消息；③事件驱动的架构——应用之间异步地产生和接收消息。ESB 的出现改变了传统的软件架构，可以提供比传统中间件产品更为低廉的解决方案，同时它还可以消除不同应用之间的技术差异，让不同的应用服务器协调运作，实现了不同服务之间的通信与整合。从功能上看，ESB 提供了事件驱动和文档导向的处理模式，以及分布式的运行管理机制，它支持基于内容的路由和过滤，具备了复杂数据的传输能力，并可以提供一系列的标准接口。

大规模分布式的企业应用需要相对简单而实用的中间件技术来简化和统一越来越复杂、烦琐的企业级信息系统平台。面向服务体系架构能够将应用程序的不同功能单元通过服务之间定义良好的接口和契约联系起来。面向服务体系架构使用户可以不受限制地重复使用软件、把各种资源互连起来，只要 IT 人员选用标准接口包装旧的应用程序、把新的应用程序构建成服务，那么其他应用系统就可以很方便地使用这些功能服务。

10. BPMN：Business Process Modeling Notation

BPMN（Business Process Modeling Notation）即业务流程建模与标注，包括：这些图元如何组合成一个业务流程图（Business Process Diagram）；讨论 BPMN 的各种的用途，包括以何种精度来影响一个流程图中的模型；BPMN 作为一个标准的价值，以及 BPMN 未来发展的远景。

BPMN 定义了一个业务流程图（Business Process Diagram），该业务流程图基于一个被设计用于创建业务流程操作的图形化模型的流程图。而一个业务流程模型（Business Process Model），指一个由图形对象组成的网状图，图形对象包括活动和用于定义这些活动执行顺序的流程控制器（Flow Controls）。

业务流程图由一系列的图形化元素组成，这些元素简化了模型的开发。这些元素每个都有各自的特性，且与大多数的建模器类似，比如，活动是矩形，条件是菱形。应该强调的是：开发 BPMN 的动力就是为了在创建业务流程模型时提供一个简单的机制，同时又能够处理来自业务流程的复杂问题。要处理这两个矛盾的需求的方法就是将标记的图形化方面组织分类为特定的类别。

11. EDIFACT：Electronic Data Interchange for Administration，Commerce，and Transport

EDIFACT 指行政管理、商务与运输用电子资料交换，是由联合国管理的数据交换标准，是一个多重工业 EDI 标准。标准提供了一套语法规则的结构、互动交流协议，并提供了一套允许多国和多行业的电子商业文件交换的标准消息。在北美和欧洲，很多企业很早就采纳了 EDIFACT，所以其应用很广泛。

为了实现各公司计算机系统间传递贸易单证，必须保证这种贸易单证具有标准格式并能够为各公司的计算机所识别。正如语言在人类交流中的媒介作用一样，EDI 标准是实施 EDI 必不可少的，它是计算机系统之间的语言。作为 EDI 标准，应达到以下目的：①提供一种任何贸易伙伴都可使用的语句，这种语句是无歧义的，可以使使用者明白其含义的；②这种标准是不受计算机机型影响的，既适用于计算机间的数据交换，同时又独立于计算机之外；③EDI 传递的贸易单证是电子单证，目的是为了以电子手段完成传统贸易单证的传递，从而加速单证的周转，缩短贸易进程。EDI 标准的制定正是基于此目的，因此贸易数据元就是 EDI 标准的重要组成部分。

贸易数据元是电子单证最基本的单位，任何电子单证都由贸易数据元组成。订立 EDI 标准首先就要定义此标准所涉及的贸易数据元，对贸易数据元的名称、使用范围、数据类型和数据段长度做出详细的规定。贸易数据元是制定 EDI 标准的基础，它决定了标准的适用范围，起到对标准的支持和限定作用。每一个段都是由多个数据元组成的，与现在贸易单证中的各项所起的作用一样，段在电子单证中完成一定的功能，是组成电子单证的单元。电子单证是以报文形式在计算机网络上传输的，它除包含相应的贸易单证的内容外，还包含一些必要的控制段。因此，段的种类就分成数据段和控制段。在 EDI 标准中数据段的定义包括段标识、段名、段功能和组成段的数据项，其中段标识是由段名的英文首字母缩写构成的。控制段的定义结构与数据段差不多，所不同的是，在功能上，一个数据段完成的功能基本上是贸易单证中一个项所起的作用，而控制段是对整个 EDI 报文的控制、标识与描述；在使用上，不同类型的

EDI 报文都具有相同的控制段，而数据段的取舍则取决于 EDI 报文的类型。EDI 标准中定义的段是 EDI 报文设计中所需段的集合，任何在此标准下设计的 EDI 报文中涉及的段都不超出标准定义的范围。

EDI 标准如果仅有数据元目录和段目录，而公司计算机系统间传递的电子单证格式由用户自行定义，那么用户间传递的报文将不能被彼此理解，EDI 的应用将处于混乱状态，其优越性就无从体现。因此，EDI 标准除包括贸易数据元目录和段目录外，还应包括标准报文格式，即用户都能识别的电子单证式样。标准报文格式一般包括两部分：报文控制部分和报文内容部分。报文控制部分由控制段构成，至少包括报文头（Message Header）和报文尾（Message Tailer）两个段；报文内容部分由数据段构成，涉及的段由报文性质决定，例如订单报文与发票报文涉及的数据段就有所不同。报文中用到的数据段根据需要从相应的段目录中选取出来，并根据报文设计需要按一定先后次序出现在标准报文中。这样，必要的控制段，加上一定数量有序的数据段就构成了 EDI 报文标准。为达到 EDI 标准所希望的目的，起到 EDI 标准所应起的作用，EDI 标准至少要包括数据元目录、段目录和 EDI 标准报文格式。因此，数据元、段和标准报文格式是 EDI 标准的三要素。

第 7 章

1. Dropbox

Dropbox 成立于 2007 年，提供免费和收费服务，在不同操作系统下有客户端软件，并且有网页客户端，能够将存储在本地的文件自动同步到云端服务器保存。因为云端服务的特性，Dropbox 的存储成本将被无限摊薄。Dropbox 是一款非常好用的免费网络文件同步工具，是 Dropbox 公司运行的在线存储服务，通过云计算实现 Internet 上的文件同步，用户可以存储并共享文件和文件夹。Dropbox 提供免费和收费服务，Dropbox 的收费服务包括 Dropbox Pro 和 Dropbox for Business。在不同操作系统下有客户端软件，并且有网页客户端。当用户在电脑 A 使用 Dropbox 时，指定文件夹里所有文件的改动均会自动地“同步”到 Dropbox 的服务器，当下次在电脑 B 需要使用这些文件时，只需登录原账户，则所有被同步的文件均会自动下载到电脑 B 中。同样，在电脑 B 对某文件的修改，也会体现在电脑 A 上，而所有这一切均是全自动的，这样文件可以说是随时随地都能保持着最新了。将文件放入一台电脑的 Dropbox 里面去，文件就能即时地同步到 Dropbox 的服务器端，这些文件在任何安装了 Dropbox 的电脑上都可以访问。用户可以用电脑或者移动终端从 Dropbox 网站来访问这些文件。

用户可以通过 Dropbox 客户端，把任意文件丢入指定文件夹，然后文件就会被同步到云，以及该用户其他装有 Dropbox 客户端的其他计算机中。Dropbox 文件夹中的文件随后就可以与其他 Dropbox 用户分享，或通过网页来获取。用户也可以通过网页浏览器来手工上传文件。Dropbox 作为存储服务，主要专注于同步和共享。Dropbox 支持修订历史记录，即使文件被删，也可以从任何一个同步计算机中得以恢复。用户通过 Dropbox 的版本控制，可以知道他们共同作业文件的历史记录，这样多人参与编辑、再发布文件，就不会因为并发而丢失先前的记录。版本记录历史仅限于 30 天，而通过付费可以实现无限的版本记录，也就是所谓的“Pack－Rat”。版本记录用到了差分编码技术，为了节省带宽和时间，当用户 Dropbox 文件夹中的文件发生变化后，Dropbox 只上传改变的文件部分，并实施同步。尽管桌面客户端对单个文件大小不作限制，而通过网站上传的单个文件大小上限则是 300MB。Dropbox 使用亚马逊的 S3 存储系统来存放文件。并采用 Soft Layer 技术来购建后端的基础设施。Dropbox 同步采用 SSL 传输数据，而存储则通过 AES－256 进行加密。Dropbox 用户数量已经超过 1 亿人。公司获得了 Y Combinator 和 Sequoia Capital 的种子基金。

2. Petri Net

Petri Net（Petri 网）是一种用于描述离散的、分布式系统的数学建模工具。它用形式化手段描述协议的技术，类似于有穷状态自动机，其文法规则有利于计算机程序维护。它可以用来检测协议中的错误、死锁状态。其概念起源于 1939 年 8 月，当时 13 岁的 Carl Adam Petri 发明了它并使用它作为描述化学反应过程的工具。1962 年，Carl Adam Petri 正式提出了 Petri 网论，这一年被视作 Petri 网的诞生之年。1970 年以后，Petri 又将他的网论发展为通用网论。现在，世界各地有许多科研人员专注于 Petri 网的研究，每年都举行 Petri 网国际会议。

简单的 Petri 网含有四个基本元素：①Place（库所）：也称为位置，一般用圆形表示，描述一个状态，库所作为托肯（Token）的容器，其中的托肯数用于表示不同的状态；②Transition（变迁）：一般用矩形或者一条短线表示，描述了从一个状态到另一状态的变化。变迁的发生一般是原子性的，即不可中断；③Arc（有向弧）：一般用一段有向弧表示，从库所指向变迁或者由变迁指向库所，表征了两者之前的一种偏序关系。弧上可以设定权值大小，即一次性消耗的资源数目；④Token（令牌）：也叫托肯，即网系统中的资源，托肯的数目即资源数。在活的网系统中，资源可以在库所变迁中不断流动。

3. LDAP：Lightweight Directory Access Protocol

LDAP（Lightweight Directory Access Protocol）是指轻量目录访问协议。它是基于 X. 500 标准的，但是简单多了，并且可以根据需要定制。与 X. 500 不同，LDAP 支持 TCP/IP 协议，这对访问 Internet 是必需的。LDAP 的核心规范在 RFC 中都有定义，所有与 LDAP 相关的 RFC 都可以在 LDAPman RFC 网页中找到。LDAP 目录以树状的层次结构来存储数据。如果对自顶向下的 DNS 树或 UNIX 文件的目录树比较熟悉，也就很容易掌握 LDAP 目录树这个概念了。就像 DNS 的主机名那样，LDAP 目录记录的标识名（Distinguished Name，DN）是用来读取单个记录，以及回溯到树的顶部。后面会做详细的介绍。

LDAP 是跨平台的和标准的协议，因此应用程序就不用为 LDAP 目录放在什么样的服务器上操心了。实际上，LDAP 得到了业界的广泛认可，因为它是 Internet 的标准。厂商都很愿意在产品中加入对 LDAP 的支持，因为他们根本不用考虑另一端（客户端或服务端）是怎么样的。LDAP 服务器可以是任何一个开放源代码或商用的 LDAP 目录服务器（或者还可能是具有 LDAP 界面的关系型数据库），因为可以用同样的协议、客户端连接软件包和查询命令与 LDAP 服务器进行交互。与 LDAP 不同的是，如果软件厂商想在软件产品中集成对 DMS 的支持，那么通常都要对每一个数据库服务器单独进行定制。不像很多商用的关系型数据库，用户不必为 LDAP 的每一个客户端连接或许可协议付费。大多数的 LDAP 服务器安装起来很简单，也容易维护和优化。

4. RDBMS：Relational Database Management System

RDBMS（Relational Database Management System）即关系数据库管理系统，是将数据组织为相关的行和列的系统，而管理关系数据库的计算机软件就是 RDBMS，常用的数据库软件有 Oracle、SQL Server 等。它通过数据、关系和对数据的约束三者组成的数据模型来存放和管理数据。自被提出以来，RDBMS 获得了长足的发展，许多企业的在线交易处理系统、内部财务系统、客户管理系统等大多采用了 RDBMS。字节级关系型数据库在大型企业集团中已是司空见惯。业界普遍使用的关系型数据库管理系统产品有 IBMDB2 通用数据库、Oracle、My SQL 以及 SQL Server 等。

5. SSO：Single Sign On

SSO 英文全称 Single Sign On，即单点登录。SSO 是指在多个应用系统中，用户只需要登录一次就可以访问所有相互信任的应用系统。它包括可以将这次主要的登录映射到其他应用中用于同一个用户的登录的机制。它是目前比较流行的企业业务整合的解决方案之一。当用户第一次访问应用系统 1 的时候，因为还没有登录，会被引导到认证系统中进行登录；根据用户提供的登录信息，认证系统进行身份校验，如果通过校验，应该返回给用户一个认证的凭据——Ticket；用户再访问别的应用的时候就会将这个 Ticket 带上，作为自己认证的凭据，应用系统接收到请求之后会把 Ticket 送到认证系统进行校验，检查 Ticket 的合法性。如果通过校验，用户就可以在不用再次登录的情况下访问应用系统 2 和应用系统 3 了。

用户在访问页面 1 的时候进行了登录，但是客户端的每个请求都是单独的连接，当客户再次访问页面 2 的时候，如何才能告诉 Web 服务器，客户刚才已经登录过了呢？浏览器和服务器之间有约定：通过使用 Cookie 技术来维护应用的状态。Cookie 是可以被 Web 服务器设置的字符串，并且可以保存在浏览器中。当浏览器访问了页面 1 时，Web 服务器设置了一个 Cookie，并将这个 Cookie 和页面 1 一起返回给浏览器，浏览器接到 Cookie 之后，就会保存起来，在它访问页面 2 的时候会把这个 Cookie 也带上，Web 服务器接到请求时也能读出 Cookie 的值，根据 Cookie 值的内容就可以判断和恢复一些用户的信息状态。Web - SSO 完全可以利用 Cookie 技术来完成用户登录信息的保存，将浏览器中的 Cookie 和上文中的 Ticket 结合起来，完成 SSO 的功能。

6. CEP：Complex Event Processing

CEP（Complex Event Processing）指复杂事件处理。业界应用：算法交易（Algorithmic Trading），量化投资（Quantitative Investment），风险管理（Risk Management），传感器数据管理和模式分析，商业活动监控，群众智能，网络监测，系统动态校验。

有效利用事件驱动架构要求用户真正理解 CEP 的含义、CEP 的三个基本模型及其特性，以及 CEP 内在的限制。CEP 的最简单方案是触发或者阈值激活处理。该模型里，事件要么直接导致一些操作的发生，要么是当事件达到某个阈值时会执行某个操作。CEP 能够在从源到目的地的事件流里引入事件处理，比如在线事务处理，因为生成的延时很小。虽然触发或阈值 CEP 能够通过单个类型事件实现，但是也可以使用多个不同权重的不同事件来提供对条件更为深入的理解。第二种模型是上下文模型，该模型假定一个事件或者事件集在某个特定的上下文里才有意义，因此需要维护这个上下文。可以通过模式匹配来完成，意味着查找满足某个模式的特定事件集，或者当事件改变某个显式上下文或状态时通过状态事件处理，随后在上下文理解事件。后一种方案很广泛地用于网络管理，这里上下文示例可能包括初始化、激活或者错误。对于更为复杂的 CEP，可以使用级联分析模型，这里的事件流包括使用某个 CEP 模型处理的一种或者多种类型的事件。它们并不是直接采取操作加以处理，而是生成其他事件或者事件上下文，随后注入 CEP 的其他阶段，直到能够最终决定采取什么操作。

7. GWT：Google Web Toolkit

GWT（Google Web Toolkit）是指谷歌网络工具包。编写网络应用程序是一个单调乏味且易于出错的过程。开发人员可能要花费 90% 的时间来处理浏览器行话。此外，构建、重复使用以及维护大量 JavaScript 代码库和 AJAX 组件可能困难且不可靠。有了 GWT 可以使用 Java 编程语言编写 AJAX 前端，然后 GWT 会交叉编译到优化的 JavaScript 中，而 JavaScript 可以自动在所有主要浏览器上运行。GWT 允许开发人员使用 Java 编程语言快速构建和维护复杂但性能高的 JavaScript 前端应用程序，从而降低开发难度，尤其是与 Eclipse Google 插件结合使用时，优势更明显。在开发过程中，用户可以用 JavaScript 按习惯实现“编辑 - 刷新 - 查看”循环快速反复，还有另一个好处就是能够调试和逐行单步调试 Java 代码。准备好进行部署后，GWT 会将 Java 源代码编译到优化且独立的 JavaScript 文件中。使用 GWT 可以轻松地为现有网页或整个应用程序构建一个 Widget。

GWT 支持一组开放的传输协议，例如 JSON 和 XML，但 GWT RPC 使所有 Java 通信都特别轻松且有效。类似于传统 Java RMI，GWT RPC 只需创建一个用于指定要调用的远程方法的接口。从浏览器调用远程方法时，GWT RPC 将自动串行化参数，并调用服务器上的适当方法，然后反串行化客户端代码的返回值。GWT RPC 已经非常成熟，其可以处理多态类层次结构、对象图循环，甚至可以跨网抛出异常。延时绑定是 GWT 的一种功能，可以生成许多版本的编译代码，而在运行时自引导期间仅其中一个版本需要由特殊客户端载入。每个版本均以浏览器为基础生成，并带有应用程序定义或使用的任何其他轴。例如，如果要使用 GWT 的国际化模块来国际化应用程序，GWT 编译器可能会根据每个浏览器环境生成各个版本的应用程序，例如英文版 Firefox、法文版 Firefox、英文版 Internet Explorer 等，因此，部署的 JavaScript 代码非常紧凑，并且下载比在 JavaScript 中编码然后声明更快。

8. API：Application Programming Interface

API（Application Programming Interface）即应用程序编程接口，是一些预先定义的函数，目的是提供应用程序与开发人员基于某软件或硬件得以访问一组例程的能力，而又无须访问源码，或理解内部工作机制的细节。

Windows API 函数包含在 Windows 系统目录下的动态连接库文件中。

Windows API 是一套用来控制 Windows 的各个部件的外观和行为的预先定义的 Windows 函数。用户的每个动作都会引发一个或几个函数的运行以告诉 Windows 发生了什么。这在某种程度上很像 Windows 的天然代码。而其他的语言只是提供一种能自动而且更容易的访问 API 的方法。当用户点击窗体上的一个按钮时，Windows 会发送一个消息给窗体，VB 获取这个调用并经过分析后生成一个特定事件。更易理解地来说：Windows 系统除了协调应用程序的执行、内存的分配、系统资源的管理外，同时也是一个很大的服务中心。调用这个服务中心的各种服务（每一种服务就是一个函数）可以帮助应用程序达到开启视窗、描绘图形和使用周边设备等目的，由于这些函数服务的对象是应用程序，所以称之为 API 函数。WIN32 API 也就是 Microsoft Windows 32 位平台的应用程序编程接口。

基于互联网的应用正变得越来越普及，在这个过程中，有更多的站点将自身的资源开放给开发者来调用。对外提供的 API 调用使得站点之间的内容关联性更强，同时这些开放的平台也为用户、开发者和中小网站带来了更大的价值。开放是目前的发展趋势，越来越多的产品走向开放。目前的网站不能靠限制用户离开来留住用户，开放的架构反而更增加了用户的黏性。在 Web 2.0 的浪潮到来之前，开放的 API 甚至源代码主要体现在桌面应用上，而现在越来越多的 Web 应用面向开发者开放了 API。具备分享、标准化、去中心化、开放、模块化的 Web 2.0 站点，在为使用者带来价值的同时，更希望通过开放的 API 来让站点提供的服务拥有更大的用户群和服务访问数量。站点在推出基于开放 API 标准的产品和服务后，无须花费力气做大量的市场推广，只要提供的服务或应用出色易用，其他站点就会主动将开放 API 提供的服务整合到自己的应用之中。同时，这种整合 API 带来的服务应用，也会激发更多富有创意的应用产生。为了对外提供统一的 API，需要对开发者开放资源调用 API 的站点提供开放统一的 API 环境，来帮助使用者访问站点的功能和资源。当然，开放 API 的站点为第三方的开发者提供良好的社区支持也是很有意义的，这有助于吸引更多的技术人员参与到开放的开发平台中，并开发出更为有趣的第三方应用。

9. JNDI：Java Naming and Directory Interface

JNDI（Java Naming and Directory Interface，Java 命名和目录接口）是 Sun 公司提供的一种标准的 Java 命名系统接口，JNDI 提供统一的客户端 API，通过不同的访问服务提供者接口（SPI）的实现，由管理者将 JNDI API 映射为特定的命名服务和目录系统，使得 Java 应用程序可以和这些命名服务和目录服务之间进行交互。集群 JNDI 实现了高可靠性 JNDI，通过服务器的集群，保证了 JNDI 的负载平衡和错误恢复。在全局共享的方式下，集群中的一个应用服务器保证本地 JNDI 树的独立性，并拥有全局的 JNDI 树。每个应用服务器在把部署的服务对象绑定到自己本地的 JNDI 树的同时，还绑定到一个共享的全局 JNDI 树，实现全局 JNDI 和自身 JNDI 的联系。JNDI 是一个应用程序设计的 API，为开发人员提供了查找和访问各种命名和目录服务的通用、统一的接口，类似 JDBC（Java Data Base Connectivity，Java 数据库连接）都是构建在抽象层上。现在 JNDI 已经成为 J2EE 的标准之一，所有的 J2EE 容器都必须提供一个 JNDI 的服务。

JNDI 架构提供了一组标准的独立于命名系统的 API，这些 API 构建在与命名系统有关的驱动之上。这一层有助于将应用与实际数据源分离，因此不管应用访问的是 LDAP、RMI、DNS，还是其他的目录服务。换句话说，JNDI 独立于目录服务的具体实现，只要有目录的服务提供接口（或驱动），就可以使用目录。关于 JNDI 要注意的重要一点是，它提供了 API 和 SPI。这一点的真正含义是，要让应用与命名服务或目录服务交互，必须有这个服务的 JNDI 服务提供者，这正是 JNDI SPI 发挥作用的地方。服务提供者基本上是一组类，这些类为各种具体的命名和目录服务实现了 JNDI——很像 JDBC 驱动为各种具体的数据库系统实现了 JDBC 接口一样。作为应用开发者，不必操心 JNDI SPI 的具体实现，只需要确认要使用的每一个命名或目录服务都有服务提供者。

命名或目录服务使用户可以集中存储共有信息，这一点在网络应用中是重要的，因为这使得这样的应用更协调、更容易管理。例如，可以将打印机设置存储在目录服务中，以便被与打印机有关的应用使用。命名系统中的对象可以是 DNS 记录中的名称、应用服务器中的 EJB 组件、LDAP 中的用户 Profile。目录服务是命名服务的自然扩展。两者之间的关键差别是目录服务中对象可以有属性（例如，用户有 E-mail 地址），而命名服务中对象没有属性。因此，在目录服务中，可以根据属性搜索对象。JNDI 允许访问文件系统中的文件，定位远程 RMI 注册的对象，访问像 LDAP 这样的目录服务，定位网络上的 EJB 组件。对于像 LDAP 客户端、应用 launcher、类浏览器、网络管理实用程序，甚至地址簿这样的应用来说，JNDI 是一个很好的选择。

10. OMS：Order Management System

OMS（Order Management System）即订单管理系统，负责接受客户订单信息，以及仓储管理系统发来的库存信息，然后按客户和紧要程度给订单归类，对不同仓储地点的库存进行配置，并确定交付日期，OMS 是物流管理系统的一部分，通过对客户下达的订单进行管理及跟踪，动态掌握订单的进展和完成情况，提升物流过程中的作业效率，从而节省运作时间和作业成本，提高物流企业的市场竞争力。

OMS 的主要功能是通过统一订单提供用户整合的一站式供应链服务，订单管理以及订单跟踪管理能够使用户的物流服务得到全程满足。OMS 是物流管理链条中的不可或缺的部分，通过对订单的管理和分配，使仓储管理和运输管理有机结合，稳定有效地实现物流管理中各个环节充分发挥作用，使仓储、运输、订单成为一个有机整体，满足物流系统信息化的需求。订单管理是对商户下达的各种指令进行管理、查询、修改、打印等功能，同时将业务部门处理信息反馈至商户。订单管理系统一般包括：订单处理，订单确认，订单状态管理（包括取消、付款、发货等多种状态，以及订单出库和订单查询）等。

OMS 基本功能：①订单管理。系统可实现单次及批量订单，订单管理与库存管理相连接，并且在下订单时有库存预警及提示功能，订单管理同时与客户管理相连接，可查询历史订单情况以及订单的执行情况。②经销商管理。系统以企业的销售渠道建设为重点，对供应链中的信息流、物流和资金流进行系统规划，全面实施和过程监控，加强企业与销售商之间业务的紧密合作，通过规范经销商内部的业务流程提高其资源管理方面的能力，同时向客户提供了全方位的销售体验和服务。③仓管管理。仓库管理以条形码为数据源，使用数据采集终端扫描条码标识，进行数据采集。系统从级别、类别、货位、批次、单件等不同角度来管理库存物品的数量，以便企业可以及时了解和控制库存业务各方面的准情况，有效地进行产品物流监控。④销售费用管理。不少企业的市场负责人都在为销售费用而苦恼，投入了大量经费用于渠道和终端建设，但是在市场上似乎感觉不到一点力度。销售费用管理为企业建立一套完善的销售费用管理体系，帮企业把费用控制到合理范围内。⑤费用预算及考核。企业财务预算的监控就是在财务预算执行过程中对预算执行情况所进行的日常监督和控制。通过预算监控发现预算执行的偏差，对企业各责任中心预算执行结果的考核，是保证财务预算管理体制发挥作用的重要手段和环节。⑥直供客户结算。统计报表和直供客户的对账单都可以自动生成 Excel 电子表格文件，避免了大量烦琐的计算和文件格式转换。对账单能够明确地反映每个直供客户的款项明细。

11. CBPM：Cloud Business Process Management

CBPM（Cloud Business Process Management）指云业务流程管理。基于云计算的 BPM（业务流程管理），透过流程帮助企业实现各种业务环节整合的全面管理模式。BPM 作为一种帮助企业实现流程自动化、流程整合与流程优化的软件系统，通过流程的梳理、固化、监控与优化的闭环管理，帮助企业固化企业流程、提升企业执行力、提升企业运作效率、降低管理成本、降低运营风险，并通过不断的微创新，不断提升企业管理水平，实现企业管理水平的螺旋式提升。基于云计算的 BPM，透过流程帮助企业实现各种业务环节整合的全面管理模式，以流程管理作为切入点去改善企业的管理，采用申请即用的方式，减少了系统的建设、维护难度；采用按照用量计费的模式，大大降低了初次投入成本和总体拥有成本，给中小型企业实施 BPM 带来了极大的可能。

CBPM 应用方向：①流程中心。通过统一的流程平台，建立统一的流程中心，采用新技术，适应企业快速发展的新需求。流程中心通过本项目的流程引擎、集成引擎、多样终端接入引擎等功能，充分整合客户现有系统，搭建符合客户长期发展要求的流程中心。②端到端流程集成引擎。为企业数据总线集成客户现有各业务系统，流程引擎与企业数据总线交互，编排各业务系统提供的服务、数据与流程，最终实现构架于各业务系统之上的端到端流程。③协同办公。门户、流程引擎、集成引擎、应用引擎、移动办公平台为基础，在客户实施过程中沉淀的门户内容库、流程模板库、业务应用库、移动办公功能库以及业务集成库，集成企业各业务系统，搭建完全符合企业协同管理需求的协同应用。④企业的非核心类应用。基本都是表单 + 流程 + 报表类应用，包含有应用引擎模块，帮助企业在统一的 CBPM 平台上，实现所有此类业务的搭建。

后　记

德国“工业4.0”和美国“先进制造伙伴计划”在全球范围持续发挥着巨大的影响力和渗透力，企业实践者和理论工作者对其给予了极大的关注。

德国“工业4.0”研究项目由德国联邦教研部与联邦经济技术部联手资助，在德国工程院、弗劳恩霍夫协会、西门子公司等德国学术界和产业界的建议和推动下形成，并已上升为国家级战略，德国联邦政府累计投入达2亿欧元。工业4.0包含四个方面：智能设计、智能制造、智能车间和智能物流。原文作者来自弗劳恩霍夫协会，对智能物流研究很有前沿性和原创性，原文的研究重点在智能物流方面——物流的信息化提升。

在此国际背景下，中国启动了“中国制造2025”计划，“中国制造2025”计划由150名院士专家历时1年半着手制订，为中国制造业未来10年设计顶层规划和路线图，通过努力实现中国制造向中国创造、中国速度向中国质量、中国产品向中国品牌三大转变，推动中国到2025年基本实现工业化，迈入制造强国行列。

智能物流的发展路线，国内外学者还在探索，译者希望通过引入德国弗劳恩霍夫协会最前沿的理论成果，从源头进行引进、吸收和消化，为中国的智能物流的实践工作者和理论工作提供相关参考。

译著得到了国家自然科学基金（基于Lotka-Volterra种群模型和广义效益的公共交通出行结构优化方法：51508432）、湖北省自然科学基金（面向汽车制造领域的集群式供应链服务支持系统：2014CFB850）、交通运输部信息化技术研究项目（基于云平台的开放式公共出行信息服务研究与示范：2014-364-223-150）的资助；武汉理工大学汽车工程学院王爱民、张国方教授给本书提供了学科前沿咨询。为确保译著翻译和校对质量，武汉理工大学汽车工程学院李梦依、王丽平、姚宏义、苏仁辉、陈辉、周明芳、鲁拂尘、盛慧鹏、肖海峰、孙婧慧同学参与了译著翻译工作，武汉理工大学汽车工程学院和国际教育学院的程云湖、粟博文、谢书桥、邓喻、张磊、吕晨阳、张焱林、李果真、向勇、王轶群、刘肖、倪必荣、路程同学参与了译著校对工作，在此一并表示感谢。

因译者水平有限，欢迎读者批评指正。

武汉理工大学李顺喜

2016 年 3 月